Hippeli
Kapitalmarktrecht

Kapitalmarktrecht

von

Dr. Michael Hippeli, LL.M., MBA
Oberregierungsrat
Lehrbeauftragter an der Frankfurt University of Applied Sciences,
der FOM – Hochschule für Ökonomie und Management
und der Nordakademie – Hochschule der Wirtschaft

2020

C.H.BECK

www.beck.de

ISBN 978 3 406 75935 2

Wilhelmstraße 9, 80801 München
Druck: Druckhaus Nomos
In den Lissen 12, 76547 Sinzheim

Satz: DTP-Vorlagen des Autors
Umschlaggestaltung: Druckerei C.H.Beck Nördlingen

CO_2 neutral

chbeck.de/nachhaltig

Gedruckt auf säurefreiem, alterungsbeständigem Papier
(hergestellt aus chlorfrei gebleichtem Zellstoff)

Vorwort

Das Kapitalmarktrecht ist ein Rechtsgebiet, welches immer noch in der Ausformung befindlich ist. Doch die Bedeutung des Rechtsgebiets wächst zunehmend. So ist das Kreditgeschäft für Banken aufgrund der Niedrigzinspolitik der EZB kaum mehr attraktiv, so dass Unternehmen auf alternative Finanzierungsmöglichkeiten am Kapitalmarkt angewiesen sind. Eine besondere Schwierigkeit des Rechtsgebiets liegt dabei daran verankert, dass das Kapitalmarktrecht kaum auf national autonomen Rechtsakten beruht, sondern durch eine Vielzahl an europ. Rechtsakten (Richtlinien und Verordnungen) geprägt ist. Eine weitere Schwierigkeit liegt in der Verschränkung mit dem rein nationalen Gesellschaftsrecht, bei dem wiederum dem europ. Normengeber allenfalls flankierende Maßnahmen (bspw. in Bezug auf die wichtigen Aktionärsrechte) verbleiben. Weiterhin steht das gesamte Rechtsgebiet durch den Hypertrend der Digitalisierung vor grundlegenden Umbrüchen (Stichwort: Einführung elektronischer Wertpapiere).

Ausgehend hiervon will das vorliegende Werk eine auszumachende Lücke im Schrifttum bezogen auf das Rechtsgebiet füllen. So fehlt bislang im Markt ein kurzer und prägnanter Überblick von und für Praktiker. Adressaten des Werks sind damit insbesondere Personen, die sich schnell in das neue Rechtsgebiet Kapitalmarktrecht einfinden müssen. Dies ist insbesondere bei Juristen von Finanzdienstleistern/FinTechs und Compliance Officern der Fall. Daneben soll das Werk aber auch für Studierende etwa mit einschlägigem Schwerpunktbereich eine gute Handreichung sein.

Sämtliche im Werk zum Ausdruck kommenden Auffassungen sind rein persönlicher Natur und haben mit der dienstlichen Eigenschaft des Autors als langjähriger Mitarbeiter der BaFin nichts zu tun und sollen auch nicht in dieser Weise verstanden werden. Literatur und Rechtsprechung wurden bis zum Mai 2020 berücksichtigt. Anregungen und Verbesserungsvorschläge sind natürlich jederzeit willkommen und werden dankend angenommen (MichaelHippeli@mail.de).

Bad Homburg, im Mai 2020 *Michael Hippeli*

Inhaltsverzeichnis

Abkürzungsverzeichnis

Abs.	Absatz
AEUV	Vertrag über die Arbeitsweise der Europäischen Union
a.F.	alte Fassung
AG	Aktiengesellschaft/Die Aktiengesellschaft (Zeitschrift)
AIF	Alternative Investment Fonds
AIFM-RL	Richtlinie 2011/61/EU (RL betreffend Alternative Investment Fonds)
AktG	Aktiengesetz
Aktionärsrechte-RL II	Richtlinie 2017/828/EU (2. RL betreffend Aktionärsrechte)
AO	Abgabenordnung
Art.	Artikel
Aufl.	Auflage
BaFin	Bundesanstalt für Finanzdienstleistungsaufsicht
BB	Betriebs-Berater
BGB	Bürgerliches Gesetzbuch
BGH	Bundesgerichtshof
BörsG	Börsengesetz
bspw.	beispielsweise
BVerwG	Bundesverwaltungsgericht
bzgl.	bezüglich
bzw.	beziehungsweise
ca.	circa
CB	Compliance Berater (Zeitschrift)
CCP	Central Counter Party (zentrale Gegenpartei)
c.i.c.	culpa in contrahendo
CRIM-MAD	Richtlinie 2014/57/EU (Marktmissbrauchs-RL)
DCGK	Deutscher Corporate Governance Kodex
DepotG	Gesetz über die Verwahrung und Anschaffung von Wertpapieren
d.h.	das heißt
EG	Europäische Gemeinschaft
EMIR-VO	Verordnung (EU) Nr. 648/2012 (Marktinfrastruktur-VO)
ErbStG	Schenkungs- und Erbschaftssteuergesetz
ESG	Environmental Social Governance (Kriterium für nachhaltige Produkte)
ESMA	Europäische Wertpapieraufsichtsbehörde
ESMA-VO	Verordnung (EU) Nr. 1095/2010 (ESMA-VO)

EU	Europäische Union
EUGH	Europäischer Gerichtshof
EUR	Euro
Eurex	European Exchange (Terminbörse für Finanzderivate)
EURIBOR	Euro InterBank Offered Rate (ein Referenzzinssatz für Termingelder in Euro im Interbankengeschäft)
europ.	europäisch
EWR	Europäischer Wirtschaftsraum
EZB	Europäische Zentralbank
f.	und der/die Folgende
FAQs	Frequently Asked Questions (häufig gestellte Fragen und Antworten hierauf)
ff.	und der/die Folgenden
FiMaNoG	Finanzmarktnovellierungsgesetz (1. und 2.)
FinDAG	Finanzdienstleistungsaufsichtsgesetz
FS	Festschrift
FWB	Frankfurter Wertpapierbörse
GbR	Gesellschaft bürgerlichen Rechts
GG	Grundgesetz
ggf.	gegebenenfalls
GmbHG	Gesetz betreffend die Gesellschaften mit beschränkter Haftung
grds.	grundsätzlich
h.M.	herrschende Meinung
HGB	Handelsgesetzbuch
HS	Halbsatz
IAS	International Accounting Standards (Internationale Bewertungsgrundsätze)
i.e.S.	im engeren/eigentlichen Sinne
IFG	Informationsfreiheitsgesetz
i.H.v.	in Höhe von
IOSCO	Internationale Organisation der Wertpapieraufsichtsbehörden
i.S.	im Sinne
i.S.d.	im Sinne des (der)
i.S.v.	im Sinne von
ITS	Implemental Technical Standards (technischer Regulierungsstandard)
i.V.m.	in Verbindung mit
i.w.S.	im weiteren Sinne
JSE	Jura Studium & Examen (Zeitschrift)
KAGB	Kapitalanlagegesetzbuch
KapMuG	Kapitalanlager-Musterverfahrensgesetz
KG	Kommanditgesellschaft
KVG	Kapitalverwaltungsgesellschaft
KWG	Kreditwesengesetz

Leerverkaufs-VO	Verordnung (EU) Nr. 236/2012 (Leerverkaufs-VO)
LIBOR	London Interbank Offered Rate (ein Referenzzinssatz in London im Interbankengeschäft)
lit.	litera (Buchstabe)
Lit.	Literatur
M&A	Mergers & Acquisition (Fusionen und Unternehmenskäufe)
MAD	Richtlinie 2003/6/EG (Marktmissbrauchs-RL)
MAR	Verordnung (EU) Nr. 596/2014 (Marktmissbrauchs-VO)
MiFID	Richtlinie 2004/39/EG (Finanzmarkt-RL)
MiFID II	Richtlinie 2014/65/EU (2. Finanzmarkt-RL)
MiFIR	Verordnung (EU) Nr. 600/2014 (Finanzmarkt-VO)
Mio.	Millionen
Mrd.	Milliarden
MTF	Multilateral Trading Facility (Multilaterales Handelssystem)
n.F.	neue Fassung
Nr.	Nummer
NZG	Neue Zeitschrift für Gesellschaftsrecht (Zeitschrift)
OGAW	Organismen für gemeinsame Anlagen in Wertpapieren
OGAW-RL	Richtlinie 85/611/EWG (RL betreffend Organismen für gemeinsame Anlagen in Wertpapieren)
oHG	offene Handelsgesellschaft
OLG	Oberlandesgericht
OTC	over the counter (außerbörslich)
OTF	Organised Trading Facility (Organisiertes Handelssystem)
OWiG	Ordnungswidrigkeitengesetz
PD	Richtlinie 2003/71/EG (Prospekt-RL)
PRIIP-VO	Verordnung (EU) Nr. 1286/2014 (Beipackzettel-VO betreffend verpackte Anlageprodukte)
Prospekt-VO	Verordnung (EU) Nr. 2017/1129 (Verordnung über den Prospekt, der beim öffentlichen Angebot von Wertpapieren oder bei deren Zulassung zum Handel an einem geregelten Markt zu veröffentlichen ist und zur Aufhebung der PD)
Q&As	Questions and Answers (Fragen und Antworten)
Rating-VO	Verordnung (EU) Nr. 1060/2009 (Verordnung über Ratingagenturen)
RdF	Recht der Finanzinstrumente (Zeitschrift)
RegE	Gesetzentwurf der Bundesregierung
RL	Richtlinie
Rs.	Rechtssache
Rspr.	Rechtsprechung

RTS	Regulatory Technical Standards (technischer Regulierungsstandard)
S.	Seite
sog.	so genannt
StGB	Strafgesetzbuch
TD	Richtlinie 2004/109/EG (Transparenz-RL)
TOD	Richtlinie 2004/25/EG (Übernahme-RL)
u.a.	und andere; unter anderem
u.ä.	und ähnliche
UmwG	Umwandlungsgesetz
US	United States (Vereinigte Staaten)
usw.	und so weiter
v.a.	vor allem
Var.	Variante
VG	Verwaltungsgericht
VGH	Verwaltungsgerichtshof
vgl.	vergleiche
VO	Verordnung
WA	Wertpapieraufsicht
WM	Wertpapiermitteilungen (Zeitschrift)
WpAIV	Wertpapierhandelsanzeige- und Insiderverzeichnisverordnung
WpDiU	Wertpapierdienstleistungsunternehmen
WpDVerOV	Wertpapierdienstleistungs-, Verhaltens- und Organisationsverordnung
WpHG	Wertpapierhandelsgesetz
WpPG	Wertpapierprospektgesetz
WpÜG	Wertpapierwerbs- und Übernahmegesetz
WpÜG-AV	WpÜG-Angebotsverordnung
z.B.	zum Beispiel
ZGR	Zeitschrift für Unternehmens- und Gesellschaftsrecht (Zeitschrift)
ZHR	Zeitschrift für das gesamte Handelsrecht und Wirtschaftsrecht (Zeitschrift)
z.T.	zum Teil

Literaturverzeichnis

ohne Autor, StA Braunschweig: Marktmanipulation – Anklage gegen Winterkorn, Pötsch und Diess, in: BB 2019, S. 2306

Milan Bayram/Dominik Meier, Pinging, Front Running und Quote Matching – Verbotene Handelspraktiken nach der Marktmissbrauchsverordnung?, in: WM 2018, S. 1095 ff.

Madeleine Bialluch, Systematische Internalisierung de lege lata, in: WM 2015, S. 2030 ff.

Thomas Blöink/Nina Kumm, Überblick über die Regelpublizität nach dem RegE eines Gesetzes zur Umsetzung der Transparenzrichtlinie-Änderungsrichtlinie – Update zu BB 2013, 1963 ff., in: BB 2015, S. 1515 ff.

Michael Brellochs, Die Neuregelung der kaptalmarktrechtlichen Beteiligungspublizität – Anmerkungen aus Sicht der M&A- und Kapitalmarktpraxis, in: AG 2016, S. 157 ff.

Petra Buck-Heeb, Kapitalmarktrecht, 10. Aufl. 2019

dieselbe, Der Product-Governance-Prozess, in: ZHR 179 (2015), S. 782 ff.

dieselbe, Die Haftung für ein fehlerhaftes Basisinformationsblatt, in: WM 2018, S. 1197 ff.

Lars Bühren, Auswirkungen des Insiderhandelsverbots der EU-Marktmissbrauchsverordnung auf M&A-Transaktionen, in: NZG 2017, S. 1172 ff.

Ulrich Burgard/Carsten Heimann, Das neue Kapitalanlagegesetzbuch, in: WM 2014, S. 821 ff.

Danny Busch, Product Governance und Produktintervention unter MiFID II/MiFIR, in: WM 2017, S. 409 ff.

Jean-Pierre Bußalb, Produktintervention und Vermögensanlagen, in: WM 2017, S. 553 ff.

Gundula Deipenbrock, Kritische Anmerkungen zur Umsetzung des Regulierungs- und Aufsichtsrahmens für den europäischen Ratingsektor seit seiner Einführung Ende 2009, in: WM 2016, S. 2277 ff.

Tobias Eggers, Die Bußgeldleitlinien der BaFin – großer Wurf oder Stolperstein?, in: BB 2015, 651 ff.

Jan-Heinrich Ehlers, Das Produktinterventionsrecht der BaFin nach § 4b WpHG, in: WM 2017, S. 420 ff.

Ulrich Eisenhardt/Ulrich Wackerbarth, Gesellschaftsrecht I, 16. Aufl. 2015

Anika Feger, Product Governance als Bestandteil des Compliance Managements, in: CB 2018, S. 355 ff.

Patrick Felcht/Harald Glander, Vertrieb von Investmentfonds im Lichte der Änderungsvorschläge der EU-Kommission, in: RdF 2018, S. 203 ff.

Marius Fischer, Aufsichtsrechtliche Produktintervention und Tokenplatzierungen, in: WM 2019, S. 2004 ff.

Bernd Geier/Laura Druckenbrodt, Product Governance: MiFID II, PRIIP, Kleinanlegerschutzgesetz – quo vadis?, in: RdF 2015, S. 21 ff.

Ursula Gerold/Dorothee Kohleick, Aktuelle europäische Vorgaben für das Basisinformationsblatt nach der PRIIP-VO, in: RdF 2017, S. 276 ff.
Harald Glander/Daniel Lühmann, Auswirkungen der europäischen ESG-Regulierung auf Asset Manager, in: RdF 2020, S. 12 ff.
Barbara Grunewald/Michael Schlitt, Einführung in das Kapitalmarktrecht, 3. Aufl. 2014
Mariam Güllner, MiFID II: Die neue Handelsplatzarchitektur in der EU, in: WM 2017, S. 938 ff.
Thomas O. Günther, Aufsichtsrechtliche Vorgaben zum Umgang mit Produktinformationsblättern, in: RdF 2014, S. 204 ff.
Elke Gurlit, Handlungsformen der Finanzmarktaufsicht, in: ZHR 177 (2013), S. 862 ff.
Mathias Habersack, Schranken des Verlusts von Rechten aus zugerechneten Aktien nach § 20 Abs. 7 AktG, § 44 Abs. 1 WpHG, § 59 WpÜG, in: AG 2018, S. 133 ff.
Mathias Habersack/Peter O. Mülbert/Michael Schlitt, Handbuch der Kapitalmarktinformation, 2. Aufl. 2013
Sebastian Hartrott/Sascha Goller, Immobilienfonds nach dem Kapitalanlagegesetzbuch, in: BB 2013, S. 1603 ff.
Caroline Herkströter/Sabine Kimmich, Produktinformationsblätter im Lichte des neuen BaFin-Rundschreibens – ein nationaler Vorgriff auf die europäische PRIIP-Verordnung?, in: RdF 2014, S. 9 ff.
Michael Hippeli, Fortgeschrittenenklausur Strafrecht: Der Knallkopf – Anschlag auf den Mannschaftsbus, in: JSE 2017, S. 87 ff.
derselbe, Verbotsirrtum über die Erlaubnispflicht von Bankgeschäft oder Finanzdienstleistung bei Auskunft der Aufsichtsbehörde, in: WM 2018, S. 253 ff.
derselbe, Das öffentliche Übernahmerecht in der aktuellen Verwaltungspraxis, in: Der Konzern 2018, S. 465 ff.
Christian Hoops, Bedeutung des organisierten Handelssystems in der gegenwärtigen Marktinfrastruktur, in: RdF 2017, S. 14 ff.
Thomas A. Jesch/Klaus Alten, Erlaubnisantrag für Kapitalverwaltungsgesellschaften nach §§ 21 ff. KAGB – bisherige Erkenntnisse und offene Fragen, in: RdF 2013, S. 191 ff.
Matthias Kapteina, Matthias/Christopher Davis, Die ordnungsgemäße Verwahrung durch Verwahrstellen und Unterverwahrer nach dem neuen Kapitalanlagegesetzbuch, in: WM 2013, S. ff.
Lars Klöhn/Sebastian Mock, Festschrift 25 Jahre WpHG, 2020
Georg Köpferl/Kilian Wegner, Marktmissbrauch durch einen Sprengstoffanschlag? – Überlegungen zur Marktmanipulation und zum Insiderhandel am Beispiel des Anschlags auf den Mannschaftsbus von Borussia Dortmund, in: WM 2017, S. 1924 ff.
Stefan Korch/David Lang, Schwerpunktbereichsklausur – Zivilrecht: Aktien- und Kapitalmarktrecht, in: JuS 2019, S. 1088 ff.
Jan Kraushaar, Die Funktion der Verwahrstelle bei der Abwicklung von Wertpapierfonds, in: WM 2016, S. 1377 ff.
Jens H. Kunz/Sebastian de Schmidt, Aktuelles zu Bußgeldverfahren der BaFin, in: CB 2019, S. 462 ff.

Christoph Kumpan, Die neuen Regelungen zu Directors' Dealings in der Marktmissbrauchsverordnung, in: AG 2016, S. 446 ff.
Katja Langenbucher, Aktien- und Kapitalmarktrecht, 4. Aufl. 2018
Matthias Lehmann, Grundriss des Bank- und Kapitalmarktrechts, 2016
Angelo Lercara/Oliver Kittner, Auswirkungen von MIFID II/MiFIR auf die Produktentwicklung und den Vertrieb von Finanzanlagen, in: RdF 2018, S. 100 ff.
Karl-Georg Loritz/Katharina Uffmann, Der Geltungsbereich des Kapitalanlagegesetzbuches (KAGB) und Investmentformen außerhalb desselben – Erste Überlegungen, auch zum Auslegungsschreiben der BaFin vom 14.6.2013, in: WM 2013, S. 2193 ff.
Philipp Maume/Martin Kellner, Directors' Dealings unter der EU-Marktmissbrauchsverordnung, in: ZGR 2017, S. 273 ff.
Andreas Merkner/Marco Sustmann/Alexander Retsch, Insiderrecht und Ad-hoc-Publizität im neuen Emittentenleitfaden der BaFin, in: AG 2019, S. 621 ff.
Peter O. Mülbert, Rechtsschutzlücken bei Short Seller-Attacken – und wenn ja, welche?, in: ZHR 182 (2018), S. 105 ff.
Dörte Poelzig, Kapitalmarktrecht, 1. Aufl. 2018
Martin Riederer/Verena Weick-Ludewig, Grenzen des Leerverkaufsbegriffs, in: RdF 2017, S. 284 ff.
Gerhard Ring/Line Olsen-Ring, Internationales Privatrecht, 2. Aufl. 2017
Martin Schockenhoff/Johannes Culmann, Rechtsschutz gegen Leerverkäufer?, in: AG 2016, S. 517 ff.
Martin Schockenhoff/Anton Nußbaum, Die neuen Transparenzvorschriften für Stimmrechtsberater, in: ZGR 2019, S. 163 ff.
Jascha Seitz, Die Beschränkung von Contracts for Difference (CFDs) nach § 4b Abs. 1 WpHG, in: WM 2017, S. 1883 ff.
Katharina Stüber, Der Einfluss von „Proxies" in der Hauptversammlung, in: WM 2020, S. 211 ff.
André-M. Szesny/Thorsten Kuthe, Kapitalmarkt-Compliance, 2. Aufl. 2018
Marc Tüngler, Wirecard – BaFin stellt sich (zu Recht) gegen Shortseller, in: BOARD 2019, S. 82 f.
Rüdiger Veil, Europäisches Kapitalmarktrecht, 2. Aufl. 2014
derselbe, MiFID II – ein erstes Fazit nach zehn Monaten. in: BB 2018, S. I
Patrick Velte, Regulierung von Stimmrechtsberatern nach ARUG II, in: AG 2019, S. 893 ff.
Fabian Walla/Michael Knierbein, „State of the Art"-Compliance für Emittenten im Zeitalter der MAR, in: WM 2018, S. 2349 ff.
Jasper Wentz, Shortseller-Attacken – ökonomische und juristische Bewertung eines ambivalenten Geschäftsmodells, in: WM 2019, S. 196 ff.
Rüdiger Wilhelmi, Investmentrecht und Anlegerschutz, in: WM 2019, S. 2093 ff.
Oliver Wilken/Jana Bertus, Professionelle Leerverkaufsattacken – rechtliche Grundlagen und Grenzen, in: BB 2019, S. 2754 ff.

Kapitel 1. Grundlagen des Kapitalmarktrechts

A. Grundbegriffe und Börsenbezug

Literatur: *Buck-Heeb*, Kapitalmarktrecht, § 2; *Langenbucher*, Aktien- und Kapitalmarktrecht, § 13; *Lehmann*, Grundriss des Bank- und Kapitalmarktrechts, § 9; *Poelzig*, Kapitalmarktrecht, § 1; *Schlitt*, in: *Grunewald/Schlitt*, Einführung in das Kapitalmarktrecht, § 1

Das **Kapitalmarktrecht** meint die Gesamtheit sämtlicher Normen und Grundsätze, welche die Emission, den öffentlichen Vertrieb und den Umlauf von Wertpapieren regeln und sowohl den Anlegerschutz als auch den Funktionsschutz des Kapitalmarkts und der Wirtschaft zum Ziel haben. 1

Kapitalmarktrecht bildet somit eine gebietsübergreifende Disziplin, welche Rechtsgebiete wie Aktienrecht, Wertpapierrecht und Börsenrecht zusammen betrachtet. Die besondere Schwierigkeit des Kapitalmarktrechts ist also der Umstand, dass **kein abgeschlossenes Rechtsgebiet** vorliegt.

Die wesentlichen deutschen Gesetze des Kapitalmarktrechts sind BörsG, WpHG, WpÜG, WpPG und KAGB. Neben den deutschen Gesetzen existieren zahlreiche wichtige europ. Verordnungen, welche wie die deutschen Gesetze unmittelbar anwendbar sind. Dies sind insbesondere die MAR, die Prospekt-VO, die PRIIP-VO und die Leerverkaufs-VO. Europ. Richtlinien sind grds. nicht unmittelbar anwendbar, sondern müssen lediglich ins nationale Recht umgesetzt werden. Falls jedoch wie zuletzt bei der Umsetzung der Aktionärsrechte-RL II die Umsetzungsfrist nicht gewahrt wird, kann nach der Rspr. des EuGH im Einzelfall auch der RL-Inhalt unmittelbar anwendbar sein. Voraussetzungen hierfür sind, dass 1. die Umsetzungsfrist der RL abgelaufen ist, 2. die RL nicht, nicht vollständig oder nicht fehlerfrei umgesetzt worden ist, und 3. die RL inhaltlich unbedingt sowie (für eine unmittelbare Anwendung) hinreichend bestimmt ist.

Grob untergliedern lässt sich das Kapitalmarktrecht dem Wesen nach in:

- Publizitätspflichten
- Verbotenes marktmissbräuchliches Verhalten

- Regulierung von Marktinfrastruktur und von Finanzintermediären
- Produktbezogene Regulierung
- Sonstiges

2 Der **Kapitalmarkt** bildet zusammen mit dem Geldmarkt und dem Rentenmarkt den Finanzmarkt. Am Kapitalmarkt als dem Markt für Finanzinstrumente treffen Angebot und Nachfrage bezogen auf Kapital aufeinander. Das Kapitalangebot erfolgt seitens der Emittenten, die Nachfrager sind als Anleger zu begreifen. Kernfunktion des Kapitalmarkts ist die **Kapitalsammel- bzw. Kapitalbündelungsfunktion** (Finanzierung mit Eigen- und Fremdkapital). Der Emittentenbegriff ist in mehreren kapitalmarktrechtlichen Gesetzen wie dem WpPG und dem WpHG fixiert. Ein alternativer Begriff hierfür ist etwa die Zielgesellschaft des WpÜG. Der Anlegerbegriff findet sich etwa im WpPG, im WpHG oder im KAGB. Die einzelnen kapitalmarktrechtlichen Gesetze unterscheiden insbesondere nach Privatanlegern, semiprofessionellen und professionellen Anlegern sowie z.T. qualifizierten Anlegern. Dementsprechend sind die Voraussetzungen für zu gewährleistenden Anlegerschutz unterschiedlich. Synonym für **Anlegerschutz** ist auch auf der Ebene des Kapitalmarktrechts und dort der Kapitalmarktaufsicht bisweilen der **Verbraucherschutz**. Insgesamt wird also auch der Anlegerbegriff bisweilen alternativ mit dem Verbraucherbegriff beschrieben, welcher an sich eher dem reinen Zivilrecht entstammt (§ 13 BGB). Verstanden wird der Verbraucherschutz an dieser Stelle allerdings als kollektiver Verbraucherschutz (vgl. § 4 Abs. 1a FiNDAG) im Gegensatz zu einem individuellen und auch individuell einklagbaren Anlegerschutz.

3 **Beispiel:** Die Brauerei Müller GmbH möchte weiter wachsen. Auf Basis der bestehenden Vermögens-, Finanz- und Ertragslage ist ihr Kreditspielraum aber schon ausgereizt. Für die geplanten Neuinvestitionen kommt alternativ eine Mittelbeschaffung am Kapitalmarkt in Betracht, etwa durch die Ausgabe von Wertpapieren. Voraussetzung ist dafür aber der mögliche Zugang zum Kapitalmarkt. Die Begebung von Wertpapieren und damit verbunden der Erhalt des entsprechenden Zeichnungsbetrags ist einer GmbH aber nicht möglich. Sie müsste vorher erst in eine andere, d.h. für den Kapitalmarkt geeignete Rechtsform i.S.d. UmwG gewandelt werden.

4 Eine GmbH wie im vorgenannten Beispiel ist zwar eine Kapitalgesellschaft. Dennoch können die Geschäftsanteile an einer GmbH nicht an der Börse i.S. einer Notierung gehandelt werden. Eine Börsennotie-

rung ihrer Anteile und damit einen Zugang zum Kapitalmarkt als Emittent können nur solche Gesellschaften erhalten, die aufgrund ihrer Rechtsform die entsprechende Eignung aufweisen. An einer Börse notierbare Anteile können lediglich bei der **AG, SE oder KGaA** vorkommen. Das Gegenstück zum Börsenhandel ist im Übrigen der OTC-Handel, welcher zwischen Emittent und Anleger direkt, also ohne die Börse als Plattform für die Zusammenführung von Angebot und Nachfrage, stattfindet.

Der Börsenhandel wiederum lässt sich anhand von **Handelsplätzen** 5 untergliedern. So gibt es **organisierte/regulierte Märkte** und **andere Handelsplätze** (MTFs, darunter der Freiverkehr, und OTFs). Je nachdem gelten andere Regeln (insbesondere die §§ 32 ff. BörsG vs. § 48 BörsG). Sowohl das BörsG als auch das WpHG differenzieren insoweit strikt. Das BörsG, welches schon den Marktzugang regelt, enthält im Wesentlichen die weiteren Organisationsnormen für öffentlich organisierte Börsen als Veranstalter des Börsenhandels. Daneben finden sich im BörsG Publizitäts- und Verhaltenspflichten, welche sich überwiegend auf den organisierten Markt, teilweise aber auch auf die anderen Handelsplätze beziehen. Das WpHG als das „Grundgesetz des Kapitalmarkts" regelt demgegenüber nicht die börsliche Organisation, sondern den Wertpapierhandel i.e.S. Auch bei den dortigen Publizitäts- und Verhaltenspflichten wird an den jeweiligen Handelsplatz angeknüpft. Das WpHG erfasst neben dem rein auf Emissionen bezogenen **Primärmarkt**, wobei dort allerdings auch die Prospektpflichten u.a. nach dem WpPG zu beachten sind, ebenso den **Sekundärmarkt**, also den eigentlichen Handel mit bereits begebenen Wertpapieren. Das BörsG bezieht sich dagegen rein auf Sekundärmärkte.

Der organisierte Markt gleich an welcher einzelnen Börse ist, wo- 6 rauf der Name schon hinweist, deutlich stärker reguliert. Diese Regulierung ist staatlicher Natur in Form von öffentlichem Aufsichtsrecht, während sich etwa der Freiverkehr als MTF auf privatrechtliche Freiverkehrsrichtlinien der jeweiligen Börse stützt. Der organisierte Markt hat jedenfalls deutlich strengere Zulassungsvoraussetzungen und beinhaltet traditionell sämtliche großen deutschen börsennotierten Gesellschaften. Mit dem vollständigen Inkrafttreten der MAR im Jahr 2016 sind die bislang deutlichen Unterschiede zwischen dem organisierten Markt und dem Freiverkehr jedoch weitreichend eingeebnet worden, da der Anwendungsbereich zahlreicher **Zulassungsfolgepflichten** auf reine Freiverkehrsemittenten ausgedehnt wurde. Kernelement der Zulassung von Wertpapieren zum organisierten Markt ist i.S.d. § 33 Abs. 1 Nr. 2 BörsG, dass keine Umstände bekannt geworden sind, die zu einer Übervorteilung des Publikums oder einer Schädigung erheblicher allgemeiner Interessen führen. Diese Erwägungen prägen letztlich auch das fortwährende Listing im Rahmen der Zulassungsfolgepflichten.

7 Bezugspunkt von Emission, öffentlichem Vertrieb und Umlauf sind insbesondere **Wertpapiere** (vgl. etwa § 1 Abs. 1 DepotG, §§ 32 ff. BörsG, §§ 1 und 2 WpHG, § 2 WpPG, § 2 Abs. 2 WpÜG). Die Bedeutung des Begriffs Wertpapier variiert indes, so dass der Anwendungsbereich des einzelnen kapitalmarktrechtlichen Gesetzes von Fall zu Fall genau zu untersuchen ist. Ein Wertpapier ist nach allgemeinem Verständnis ein in einer Urkunde verbrieftes Vermögensrecht, welches dann aus der Urkunde folgt. Das Vermögensrecht kann z.B. eine Forderung (bei Anleihen oder Schuldverschreibungen), ein Mitgliedschaftsrecht (bei Aktien) oder ein Miteigentumsanteil (bei Investmentzertifikaten) sein. Wertpapiere i.S.d. Kapitalmarktrechts müssen jedenfalls fungibel (= vertretbar) sein, sonst sind sie nicht an der Börse handelbar, sondern allenfalls ein Fall des OTC-Handels.

8 **Beispiel:** Die Geschäftsanteile an einer GmbH etwa sind nicht fungibel. Zu ihrer Abtretung durch einen bestimmten Gesellschafter bedarf es schließlich nach § 15 Abs. 3 GmbHG eines in notarieller Form geschlossenen Vertrags. Um Rechte gegenüber der GmbH geltend machen zu können, muss der Neugesellschafter dann auch noch nach § 16 Abs. 1 Satz 1 GmbHG in die Gesellschafterliste der GmbH eingetragen werden.

9 Die Verbriefung und Verwahrung von Wertpapieren erfolgt auf Basis des DepotG entweder in Einzelurkunden des Inhabers als effektive Stücke (veraltet) oder aber in Form von **Girosammelverwahrung** von Globalurkunden beim Zentralverwahrer Clearstream (heute Standard). An der Globalurkunde erwirbt der neue Inhaber dann Bruchteilseigentum. Gemäß den Eckpunkten des Bundesministeriums der Finanzen für die regulatorische Behandlung von elektronischen Wertpapieren und Krypto-Token vom 8.3.2019 ist damit zu rechnen, dass alsbald erstmals urkundslose Wertpapiere (jenseits der Verbriefung und Verwahrung nach dem DepotG) auf Basis der sog. Blockchain-Technologie begeben werden können, wobei die Eckpunkte den Anwendungsbereich vorerst auf Schuldverschreibungen begrenzen wollen. Die elektronische Aktie steht dabei ausdrücklich (noch) nicht zur Diskussion. Den eigentlichen Depotvertrag schließt der Anleger bislang mit seiner Bank ab, welche ihm ein Depotkonto für Wertpapiere führt. Sinnbild des Wertpapiers und in jeder gesetzlichen Normierung erfasst, ist dabei die **Aktie**. Die Aktie ist ein Wertpapier, welches den Anteil an einer AG, SE oder KGaA verbrieft. Sie ist bis heute das wichtigste Handelsobjekt an Börsen. Klarzustellen ist dabei im Übrigen, dass das BörsG

nicht nur **Wertpapierbörsen**, sondern auch **Warenbörsen** regelt, an denen ebenfalls ein umfassender Handel (dann aber z.B. mit Gold, Erdöl, Getreide, Schweinebäuchen oder Orangensaft) stattfindet.

Das Verhältnis von Wertpapieren zu **Finanzinstrumenten** wird maßgeblich von § 2 Abs. 4 WpHG geprägt. Danach sind Finanzinstrumente als Wertpapiere, Fondsanteile, Geldmarktinstrumente, Derivate bzw. Termingeschäfte, Emissionszertifikate, Rechte auf Zeichnung von Wertpapieren sowie Vermögensanlagen im i.S.d. VermAnlG zu begreifen. D.h. letztlich nichts anderes, als dass ein Wertpapier auch ein Finanzinstrument ist, umgekehrt ein Finanzinstrument aber nicht zugleich ein Wertpapier sein muss. Neben der **Vielschichtigkeit des Wertpapierbegriffs** in den kapitalmarktrechtlichen Einzelgesetzen gilt es auch zu beachten, dass der Wertpapierbegriff in der Bilanzierung (vgl. etwa § 266 Abs. 2 HGB sowie die IAS 32.11 und IAS 39.8) und bankaufsichtsrechtlich (vgl. § 1 Abs. 11 KWG) wieder anders definiert sein kann. 10

B. Systematisierung und rechtliche Abgrenzung

Literatur: *Eisenhardt/Wackerbarth*, Gesellschaftsrecht I, § 1; *Grundmann*, in: *Klöhn/Mock*, FS 25 Jahre WpHG, S. 5. ff; *Gurlit*, ZHR 177 (2013), 862 ff.; *Lehmann*, Grundriss des Bank- und Kapitalmarktrechts, § 1; *Poelzig*, Kapitalmarktrecht, § 2; *Ring/Olsen-Ring*, IPR, Kapitel 7; *Veil*, Europäisches Kapitalmarktrecht, §§ 1 ff. *Walla/Knierbein*, WM 2018, 2349 ff.

Das Kapitalmarkrecht lässt sich einerseits anhand des **Mehrebenensystems Internationales Kapitalmarktrecht, Europäisches Kapitalmarktrecht und Nationales Kapitalmarktrecht** systematisieren. Andererseits ist es möglich, seinerseits das Nationale Kapitalmarktrecht von benachbarten Rechtsgebieten abzugrenzen. 11

I. Das Mehrebenensystem

Eine Besonderheit des Kapitalmarktrechts ist sein **Mehrebenensystem**. Dieses existiert in anderen Rechtsgebieten in dieser Form nicht. So gelten etwa im Bereich des Gesellschaftsrechts die nachfolgend genannten, klaren Zuständigkeitsabgrenzungen: 12

– Das Internationale Gesellschaftsrecht wird zwar aus mehreren Rom-VOs ausgeklammert, so dass es jenseits der EU-Fälle keine geschriebenen Regelungen gibt. Dennoch wird hier anhand von Sitz- und Gründungstheorie auch für andere Fälle beurteilt, wie Gesellschaften transnational behandelt werden.

– Das Europäische Gesellschaftsrecht regelt im Rahmen der EuGH-Rspr. unter Anwendung von Sitz- und Gründungstheorie, wie die Niederlassungs- und Dienstleistungsfreiheit bei EU-Fällen gewährleistet wird (Rs. Daily Mail, Inspire Art, Centros, Überseering, Cartesio, VALE). Daneben kann die EU insbesondere gestützt auf die Ermächtigung zur Verwirklichung des Binnenmarktes (Art. 114 AEUV) oder zur Verwirklichung der Niederlassungsfreiheit (Art. 49 und 50 AEUV) ergänzend zum Nationalen Gesellschaftsrecht rechtssetzend tätig werden.
– Das Nationale Gesellschaftsrecht regelt dabei nach wie vor den Kernbereich des Gesellschaftsrechts.

Demgegenüber ist das **Kapitalmarktrecht geprägt von** einer **Verschränkung und Überlappung** dieser einzelnen Ebenen.

1. Internationales Kapitalmarktrecht

13 Ein Internationales Kapitalmarktrecht vergleichbar dem Internationalen Gesellschaftsrecht als Bestandteil des Internationalen Privatrechts gibt es nicht. Der Grund ist recht einfach. Gesellschaftsrecht hat einen zweigliedrigen Charakter: Es ist einerseits Vertragsrecht, andererseits hat es auch einen verbandsrechtlichen Charakter. Die vertragsrechtliche Komponente weist jedenfalls den Weg zum Internationalen Privatrecht. Anders ist dies beim Kapitalmarktrecht. Dieses dient über Pflichten und Verhaltensvorschriften zwei Regelungszielen: der Aufrechterhaltung der Funktionsfähigkeit des Kapitalmarktes und dem Anlegerschutz. In aller Regel ist die Einhaltung sämtlicher Ge- und Verbote durch die Aufsichtsbehörden i.w.S. sicherzustellen, Vertragskomponenten gibt es in aller Regel nicht und klagbarer Drittschutz wird nicht gewährleistet. Insoweit besteht kein Anknüpfungspunkt für Internationales Privatrecht.

14 Dennoch gibt es – folgend aus der weltweiten Aufsichtstätigkeit der Wertpapierbehörden – internationale Kooperationselemente. So nimmt die International Organization of Securities Commissions (**IOSCO**), gewissermaßen die global operierende Dachorganisation aller Wertpapieraufsichtsbehörden, eine führende Rolle bei der Aufgabe ein, internationale Standards auf dem Gebiet der Wertpapieraufsicht aufzustellen. IOSCO fördert ferner die Kooperation zwischen den einzelnen Behörden der Wertpapieraufsicht. Die Mitgliedsbehörden tauschen Informationen aus und entwickeln Standards, um national ebenso wie grenzüberschreitend die Aufsicht über den Wertpapierhandel und über die entsprechenden Markteilnehmer zu verbessern. Ziel ist ein fairer und effizienter Wertpapierhandel, der die Interessen der Anleger hinreichend berücksichtigt. Die Empfehlungen von IOSCO prägen vielfach das Recht und die Marktstrukturen auf nationaler und EU-Ebene. Zudem arbeiten die IOSCO-Mitglieder auf Basis von gegenseitigen Abkommen über Beratung und Zusammenarbeit und den Austausch von Informationen (Multilateral Memorandum of Understanding Concerning Consultation and Cooperation and the Exchange of Information) miteinander.

2. Europäisches Kapitalmarktrecht

Tipp: Ein stetig aktuell gehaltener Überblick u.a. zum Europäischen Kapitalmarktrecht samt der entsprechenden Gesetzesmaterialien ist unter der folgenden Adresse der Universität Augsburg zu finden: www.caplaw.eu/de/Rechtsgebiete/Kapitalmarktrecht 15

Das Europäische Kapitalmarktrecht entstammt unmittelbar anwendbaren **Verordnungen** (sozusagen „europ. Gesetze“, welche neben den nationalen Gesetzen gelten) sowie **Richtlinien**, welche in der Folge erst noch in nationales Recht umzusetzen sind. Nach der Umsetzung von Richtlinien gilt nur noch das nationale Umsetzungsgesetz, nicht aber mehr die Richtlinie. Jedoch kann das nationale Umsetzungsgesetz als fünfte juristische Auslegungsmethode (richtlinienkonforme Auslegung) noch anhand der betreffenden Richtlinie ausgelegt werden. Ein interessanter Aspekt der Richtlinienumsetzung ist es auch, dass insbesondere kleinere EU/EWR-Länder dazu neigen, die betreffende kapitalmarktrechtliche Richtlinie 1:1 umzusetzen. Deutschland dagegen tendiert in der Regel dazu, die jeweilige Richtlinie bloß als Mindestrahmen zu begreifen und zusätzliche, weiterreichende oder vertiefte Regelungen im Umsetzungsgesetz zu schaffen (sog. Gold-Plating). Letzteres ist in der Form allerdings nur dann möglich, sofern die einzelne Richtlinie lediglich eine Mindestharmonisierung vorsieht und keine Vollharmonisierung. Die **Vollharmonisierung** wird dabei im Kapitalmarktrecht aber zusehends üblich. 16

Die Rechtsetzung der EU im Kapitalmarktrecht erfolgt seit 2002 im vierstufigen sog. **Lamfalussy-Verfahren**. Stufe 1 ist der Erlass der jeweiligen VO oder RL. Stufe 2 bedeutet, dass Konkretisierungsakte erlassen werden, welche die zugrundeliegende VO oder RL weiter verständlich machen. Dies erfolgt entweder durch die EU-Kommission nach Konsultation der europ. Wertpapieraufsicht **ESMA** im Wege einer delegierten Verordnung oder RL. Oder aber durch ESMA selbst im Wege von technischen Regulierungsstandards (RTS) oder technischen Durchführungsstandards (ITS) auf Basis von Art. 10, 15 ESMA-VO. Die ESMA-VO regelt im Übrigen auch – ähnlich wie das FinDAG bei der BaFin – Status und Kompetenzen von ESMA. In beiden 17

Fällen (RTS, ITS) bedarf es jedenfalls einer entsprechenden Ermächtigung im zugrundeliegenden Rechtsakt auf Ebene von Stufe 1. Stufe 3 bedeutet ferner die Möglichkeit, dass ESMA Empfehlungen und Leitlinien schafft, welche der Auslegung der Rechtsakte auf Ebene von Stufe 1 dienlich sind. Hier gibt es einen gewissen Verschränkungsbereich zu den Komplementär-Handlungsformen auf Ebene der nationalen Aufsichtsbehörden (z.B. Merkblätter, Hinweise, Rundschreiben etc. der BaFin), welche teilweise auch zwecks Auslegung Europäischen Kapitalmarktrechts geschaffen werden und dann oftmals Verlautbarungen von ESMA implementieren. Stufe 4 ist schließlich die fortwährende Kontrolle der nationalen Rechtsumsetzung durch die EU-Kommission und ESMA.

3. Nationales Kapitalmarktrecht

18 Dem rein nationalen Kapitalmarktrecht verbleibt im Verhältnis zum Europäischen Kapitalmarktrecht zunehmend ein immer kleinerer Anwendungsbereich. Emission, öffentlicher Vertrieb und Umlauf von Wertpapieren folgen mittlerweile weitestgehend Verordnungen und Richtlinienumsetzungen, wobei aufgrund des Trends zur Vollharmonisierung auch bei der Richtlinienumsetzung **kein besonders großer Spielraum des nationalen Gesetzgebers** verbleibt. Nischen finden sich vereinzelt dort, wo das nationale Recht auf vergleichsweise älteren Richtlinien beruht. Dies ist etwa beim WpÜG der Fall. Demzufolge ist dann jeweils noch ein gewisser Unterschied in den einzelnen nationalen Umsetzungsgesetzen vorzufinden. Dennoch ist dort dann bei (doch eher seltenen) transnationalen Übernahmen festzustellen, dass die nationalstaatliche Unterschiedlichkeit zu Problemen führen kann, die zunächst mit Gesetzesauslegung gefüllt werden muss. Auf Mittelsicht ist auch hier mit einer stärkeren Vereinheitlichung zu rechnen. Eine weitere Nische bilden Regulierungsbereiche wie das DepotG, das KapMuG oder das VermAnlG, die (noch) weitestgehend national geprägt sind.

19 Der deutsche Gesetzgeber arbeitet, wie schon der Wortlaut anzeigt, gesetzestechnisch mit dem Erlass von **Gesetzen**. Im Bereich der Kapitalmarktaufsicht erfolgt die Abfassung der Entwürfe aufgrund der ministeriellen Geschäftsverteilung regelmäßig durch das Bundesministerium der Finanzen und teils innerhalb dieses Geschäftsbereichs durch die BaFin. Teilweise liegt die Zuständigkeit, zumindest aber die Federführung, jedoch beim Bundesministerium für Justiz und Verbraucherschutz, sofern der Schwerpunkt des Gesetzes im Bereich des Gesellschaftsrechts oder des Verbraucherschutzes liegt. Neben Gesetzen bedient sich der deutsche Gesetzgeber ferner **Rechtsverordnungen**, um kapitalmarktrechtliche Gesetze weiter zu konkretisieren. Diese

Rechtsverordnungen dürfen dabei keinesfalls mit den bereits beschriebenen europ. Verordnungen verwechselt werden. Typische Rechtsverordnungen sind etwa die Börsenzulassungsverordnung zum BörsG, die Wertpapierhandelsanzeige- und Insiderverzeichnisverordnung und die Finanzanalyseverordnung zum WpHG, die Vermögensanlagen-Verkaufsprospektverordnung zum VermAnlG sowie die Wertpapier-Angebotsverordnung zum WpÜG.

Tipp: Taucht in der abgekürzten Bezeichnung „VO" auf, geht es immer um eine europ. Verordnung, dieses Kürzel ist für deutsche Rechtsverordnungen dagegen unüblich. **20**

Weiterhin ist für die Zulassung von Aktien zum Handel sowie den eigentlichen Handel als Innenrecht die **Börsenordnung** der jeweiligen Börse maßgeblich. Börsenordnungen werden als Satzung der jeweiligen Börse in ihrer Eigenschaft als Anstalt des öffentlichen Rechts erlassen. Mit weitem Abstand ist die Börsenordnung der FWB am wichtigsten. Darüber hinaus gibt es weiteres Regelwerk der jeweiligen Börse (Handelsbedingungen etc.), welches stets in der aktuellen Fassung online abrufbar ist. Die Börsenaufsicht ist dabei aufgrund der Kompetenzverteilung des GG anders als die Wertpapieraufsicht nicht dem Bund, sondern den Ländern überantwortet. So ist, was die Aufsicht über die FWB anbelangt, das Hessische Ministerium für Wirtschaft, Energie, Verkehr und Wohnen zuständig. Bisweilen kommt auch den AGBs des Zentralverwahrers Clearstream eine gewisse Bedeutung zu, etwa wenn es um die Frage des zeitlich exakten Eigentumsübergangs an Aktien geht, was dann kapitalmarktrechtliche Folgen haben kann. Im Schwerpunkt geht es dabei um die Depoteinbuchung und die Umstellung der betroffenen Besitzmittlungsverhältnisse. **21**

Die bereits genannten **Handlungsformen der BaFin** in ihrer Ausprägung als Wertpapieraufsichtsbehörde (z.B. Merkblätter, Hinweise, Rundschreiben) entfalten keinerlei Gesetzeskraft. Auf der Ebene darunter ist aber bis heute umstritten, ob es sich dabei jeweils um norminterpretierende (so etwa der BGH zum sog. Emittentenleitfaden der BaFin) oder normkonkretisierende Verwaltungsvorschriften handelt. Unabhängig von der dogmatischen Einordnung ist die zumindest faktische Bindungswirkung der vorgenannten Handlungsformen der BaFin enorm. Denn wenn es etwa um die Frage einer ggf. einzuholenden Erlaubnis oder die Befolgung von kapitalmarktrechtlichen Pflichten geht und jeweils Sanktionen wie Bußgeld, Rechtsverlust etc. in Rede stehen, steigt der Druck, die entsprechenden Publikationen zu beachten und sein Handeln oder Unterlassen hieran auszurichten. **22**

Zumal gilt dies für etwaige (anwaltliche) Berater, welche sich im Falle der Nichtbeachtung deutlichen Haftungsrisiken aussetzen.

II. Rechtliche Abgrenzung

23 Am bekanntesten ist sicherlich der thematische Zusammenhang mit dem **Bankrecht**. Schließlich existiert etwa der Fachanwalt für Bank- und Kapitalmarktrecht. Zwischen diesen beiden Rechtsbereichen gibt es oftmals in der Tat zahlreiche Überschneidungen. Zum einen ist auch das Bankrecht ebenfalls eine Querschnittsmaterie verschiedener Gesetze und gesetzesähnlicher Rechtsnormen. Dabei geht es um das Kreditwesen i.e.S., um jegliche Form von Bankgeschäften und um das Bankenaufsichtsrecht. Das Kreditwesen meint wiederum institutionell etwa die Erlaubnispflicht i.S.d. § 32 KWG. Diese Erlaubnispflicht zielt auf **Kreditinstitute** (im Volksmund auch Banken genannt) i.S.d. § 1 Abs. 1 KWG und **Finanzdienstleistungsinstitute** i.S.d. § 1 Abs. 2 KWG. Um als Kreditinstitut zu gelten, ist es erforderlich, dass mindestens eines der in § 1 Abs. 1 KWG aufgelisteten 12 Bankgeschäfte (z.B. Einlagengeschäft, Kreditgeschäft oder Depotgeschäft) betrieben wird. Spiegelbildlich hierzu müssen Finanzdienstleistungsinstitute mindestens eine der in § 1 Abs. 1a KWG aufgelisteten 15 Finanzdienstleistungen (z.B. Anlageberatung, Anlagevermittlung und neuerdings das Kryptoverwahrgeschäft) ausführen. Die relativ neuen **FinTechs** (aus den Begriffen Financial Services und Technology zusammengesetzt) bieten mit Hilfe technologiebasierter Systeme spezialisierte und besonders kundenorientierte Finanzdienstleistungen an. Dazu zählen etwa die folgenden neuartigen Geschäftsmodelle, die zumeist als erlaubnispflichtige Finanzdienstleistungen eingestuft werden, aber auch erlaubnisfrei sein können oder vereinzelt als Bankgeschäft einzustufen sind: Alternative Bezahlverfahren, Automatisierte Finanzportfolioverwaltung, Virtual Currency Geschäft oder Crowdfunding. Zum anderen weist auch das Bankrecht ein Mehrebenensystem (International, Europäisch, National) auf. Der wesentliche Unterschied zwischen Kapitalmarktrecht und Bankrecht liegt darin, dass das Kapitalmarktrecht, abgesehen von den Regelungen zum Markteintritt (Listing) und Marktaustritt (Delisting), verhaltensbedingt i.S. einer Marktteilnahme ist, während das Bankrecht eher die existentiellen Grundverhältnisse von Kredit- und Finanzdienstleistungsinstituten für den Geschäftsbetrieb (z.B. Erlaubnis i.S.d. § 32 KWG oder Eigenkapitalausstattung i.S.d. § 10 KWG) regelt.

24 Weiterhin existiert eine deutliche Verschränkung zwischen Kapitalmarktrecht und **Gesellschaftsrecht**, dort v.a. zum Aktienrecht. Dabei ist das Aktienrecht historisch auf die börsennotierte AG i.S.d.

§ 3 Abs. 2 AktG zugeschnitten, obwohl in der Praxis rein zahlenmäßig nicht börsennotierte AGs deutlich überwiegen. Das Gesellschaftsrecht regelt in diesem Verschränkungsbereich eher die inneren Verhältnisse der Gesellschaft, welche allerdings über interne Verhaltensvorgaben auch direkte Kapitalmarktbezüge aufweisen können.

Schließlich weist auch das bis heute schwer abgrenzbare Rechtsge- **25**
biet **Compliance** Überschneidungen mit dem Kapitalmarktrecht auf. Compliance bedeutet jedenfalls die Einhaltung von Regeln in Form von Recht und Gesetz sowie die unternehmensinterne Organisation einer hinreichenden Struktur zur Verhinderung von Rechtsverstößen als Aufgabe in der Verantwortung des Vorstands oder der Geschäftsführung. Der DCGK führt insoweit Kapitalmarkt-, Gesellschaftsrecht und Compliance verbindend zusammen. Denn der DCGK stellt ein Regelwerk dar, welches v.a. Empfehlungen und Anregungen für börsennotierte Unternehmen zur guten Unternehmensführung enthält. Vermittels § 161 AktG müssen Vorstand und Aufsichtsrat der börsennotierten Gesellschaft jährlich erklären, ob sie den Empfehlungen und Anregungen des DCGK folgen oder begründen, warum sie dies nicht tun. Im Wesentlichen geht es beim Inhalt des DCGK um gesellschaftsrechtliche Vorgaben für die Leitungsorgane. Daneben beinhaltet der DCGK aber auch Transparenzvorgaben, welche unmittelbare Bezüge zum Kapitalmarktrecht aufweisen.

III. Kapitalmarkt-Compliance und personelle Adressaten

Für börsennotierte Unternehmen hat sich in den letzten Jahren das **26**
Sonderrechtsgebiet der **Kapitalmarkt-Compliance** herausgebildet. Neben der allgemeinen Compliance und den entsprechenden Organisationsstrukturen gilt es dabei auch, die kapitalmarktrechtlichen Vorschriften besonders zu beachten. Von größerer Bedeutung sind dabei im Hintergrund Fragen der **Haftung zivilrechtlicher und strafrechtlicher Natur**. Während es im Rahmen der allgemeinen Compliance fast ausschließlich um die zivilrechtliche Haftung der Compliance-Verantwortlichen geht (insbesondere eine Innenhaftung der Leitungsorgane nach § 93 Abs. 2 Satz 1 AktG oder § 43 Abs. 2 GmbHG gegenüber dem Unternehmen), liegt der Fall bei der Kapitalmarkt-Compliance gänzlich anders. Die v.a. in § 120 WpHG angelegten **Geldbußen** als Sanktion für Verstöße haben aufgrund ihrer Zuordnung zum Ordnungswidrigkeitenrecht strafrechtlichen Charakter, was die parallele zivilrechtliche Haftung indes unberührt lässt. Derartig mögliche Geldbußen sind aufgrund der Vorgaben der MAR und der CRIM-MAD 2016 zuletzt betragsmäßig stark angestiegen. Der Vorgang der Bemessung/Festsetzung der Bußgelder innerhalb des Bußgeldrahmens

kann dabei den Bußgeld-Leitlinien der BaFin entnommen werden. Dem Empfinden der Betroffenen nach noch wesentlich schwerer wirkt oftmals der Umstand, dass Maßnahmen und Sanktionen wegen Verstößen gegen das WpHG einem „**Naming and Shaming**" unterliegen (§§ 123 ff. WpHG). D.h. die BaFin kann bzw. muss die entsprechenden Maßnahmen oder Sanktionen wie etwa die Verhängung eines Bußgeldes veröffentlichen. Hierdurch oder alleine schon im Vorfeld durch das Bekanntwerden von Ermittlungen wegen Verstößen gegen die kapitalmarktrechtlichen Pflichten kann die Integrität eines Emittenten, seiner Leitungsorgane oder eines sonst von kapitalmarktrechtlichen Pflichten Betroffenen in der Öffentlichkeit und im Kapitalmarkt stark negativ beeinträchtigt werden.

27 Kapitalmarkt-Compliance hat gegenüber der allgemeinen Compliance im Unternehmen daher eine noch gesteigerte Bedeutung. Denn erfahren Öffentlichkeit und Kapitalmarkt von (gehäuften) Pflichtverstößen im Umfeld eines Emittenten kann das Anlegervertrauen stark schwinden. Da das regulatorische Umfeld der Kapitalmarkt-Compliance schnelllebig und die Regulierungsdichte sehr tief ist, gibt es typischerweise zwei Ansätze, wie Emittenten dem begegnen. Ein Ansatz ist der Aufbau und Betrieb einer unternehmensinternen Abteilung für Kapitalmarkt-Compliance. In großen Unternehmen stehen derartige Abteilungen neben der Rechtsabteilung und einer allgemeinen Compliance-Abteilung. In mittelgroßen Unternehmen gehen diese Funktionen innerhalb einer Rechts- und Compliance-Abteilung ineinander über. Die konkrete Tätigkeit wird zumeist von Juristen, Wirtschaftsjuristen oder auch Wirtschaftswissenschaftlern mit einer Zusatzausbildung als zertifizierter **Compliance-Manager** wahrgenommen. Insbesondere für kleinere Unternehmen mit nur wenigen Ressourcen empfiehlt sich angesichts der Komplexität der Kapitalmarkt-Compliance dagegen das Outsourcing auf eine Wirtschaftskanzlei. Die wenigen Inhouse-Juristen koordinieren dann den Kontakt zur beratenden Wirtschaftskanzlei.

28 **Tipp:** Compliance wurde zuletzt von der Digitalisierung als Mega-Thema des Wirtschaftsrechts verdrängt und war über Jahre hinweg besonders präsent und stark wachsend. Innerhalb der Compliance ist das Feld der internen Untersuchungen (Internal Investigations) immer noch stark wachsend. Der Begriff „Compliance-Manager" ist bis dato nicht geschützt, bisweilen bezeichnet er einfach die etwa von Juristen ausgeübte Funktion in einem Unternehmen. Mehrere Universitäten und Hochschulen bieten gegen Gebühr entsprechende Zertifikatskurse an, die zum entsprechenden Titel in fachlich unterlegter Weise führen. Allerdings ist Vorsicht geboten: Im Ernstfall eines tatsächlich auftretenden Verstoßes gegen kapitalmarktrechtliche Pflichten hält oft der Compliance-Officer unternehmensintern den Kopf hierfür hin, auch wenn der Vorstand der AG in der Letztverantwortung war. Die Rolle des Compliance-Managers im Unternehmen gilt gerade im Umfeld der Kapitalmarkt-Compliance bis heute als regelrechter „Schleudersitz"!

Thematisch geht es bei Kapitalmarkt-Compliance wie bei der all- 29
gemeinen Compliance um die **laufende Umsetzung und effektive Einhaltung** der rechtlichen Verpflichtungen, hier also **aller kapitalmarktrechtlichen Pflichten in Form von Geboten und Verboten**. Konkrete Handlungsfelder sind etwa die Compliance Governance, die Prävention/Aufdeckung von Marktmissbrauch, die Herstellung ordnungsgemäßer Markttransparenz sowie die Gewährleistung von Anlegerschutz. Bei Compliance Governance geht es um ein effektives Management von Kapitalmarkt-Compliance-Risiken, die Konzeption und Durchführung von Risikoanalysen, Überwachungshandlungen sowie die fortlaufende Beobachtung von Sanktions- und Reputationsrisiken. Prävention/Aufdeckung von Marktmissbrauch meint ferner die Vermeidung und Aufdeckung von Insiderhandel und Marktmanipulation. Hierfür müssen bestimmten Prozesse wie etwa die Überwachung persönlicher Geschäfte, das Management von Directors' Dealings-Meldungen, die ordnungsgemäße Behandlung von Verdachtsanzeigen und die Befolgung von Ad hoc-Pflichten beachtet werden. Viele dieser Prozesse können heute schon auf Basis moderner IT-Regelungen (etwa mithilfe der bekannten Blockchain-Technologie) automatisiert abgewickelt werden. Markttransparenz meint dabei die Vornahme von gesetzlich vorgesehenen Pflichtveröffentlichungen wie etwa Stimmrechtsmitteilungen oder die entsprechenden Veröffentlichungen nach dem WpÜG. Die Gewährleistung von Anlegerschutz bedeutet insbesondere die Beachtung sämtlicher Pflichten folgend der MiFID II, etwa ordnungsmäße Kundeninformationen, einwandfreie Beratung und Ausführung von Geschäften, Offenlegung von Interessenkonflikten, Best Execution und richtiger Umgang mit Kundenbeschwerden.

Adressaten der Kapitalmarkt-Compliance sind somit einerseits 30
sämtliche Adressaten der einzelnen kapitalmarktrechtlichen Pflichten: z.B. Emittent, Leitungsorgane, nahestehende Personen. Andererseits sind Adressaten **auch die professionellen Berater**, ohne die die Befolgung sämtlicher kapitalmarktrechtlicher Pflichten heutzutage faktisch gar nicht mehr möglich ist. Dabei geht es v.a. um Inhouse-Juristen und Compliance-Berater im Unternehmen, aber auch um externe Rechtsanwälte.

IV. Kapitalmarktaufsicht

31 Die Kapitalmarktaufsicht wird in Deutschland von der BaFin wahrgenommen. Die **Säule Wertpapieraufsicht der BaFin** als Teil der Allfinanzaufsicht, bestehend insbesondere aus Bankenaufsicht, Versicherungsaufsicht und Wertpapieraufsicht, ist dabei in Frankfurt am Main angesiedelt. Sie besteht aus derzeit sechs Abteilungen: WA 1 – Grundsatzfragen, Transparenz, Ordnungswidrigkeitenverfahren, WA 2 – Marktüberwachung, Marktinfrastruktur, WA 3 – Finanzdienstleistungsinstitute, Organisationspflichten, WA 4 – Investmentaufsicht, WA 5 – Prospekte, Überwachung Wertpapieranalysten, VBS – Verbraucherschutz. Diese einzelnen Abteilungen setzen sich aus jeweils fünf bis acht Referaten zusammen, die ihrerseits aus ca. fünf bis 30 Mitarbeitern bestehen.

32 **Tipp:** Falls das Erfordernis einer Kontaktaufnahme besteht, sollte auf das Organigramm der BaFin unter www.bafin.de zurückgegriffen werden, um über die aufgeführte Zuständigkeit das einschlägige Referat zu finden. Der Erstkontakt kann dann telefonisch über 0228/4108-0 (Zentrale) hergestellt werden. Daneben hat die BaFin für bestimmte Anfragen gesonderte Mailadressen eingerichtet, welche der Internetseite entnommen werden können. Für bestimmte Einreichungs- und Übermittlungsverfahren nach dem WpPG, dem VermAnlG und dem WpHG ist es ferner heute schon möglich, Einreichungen und Übermittlungen nach einer Registrierung elektronisch zu betreiben. Die allgemeine Eröffnung der elektronischen Kommunikation i.S.d. § 3a VwVfG ist bei der BaFin vorgesehen, bis heute ist aber noch kein Zugang hierfür eröffnet. Die allermeisten Anträge müssen daher bislang entsprechend den einzelnen fachgesetzlichen Regelungen noch in Schriftform (Zugang per Post, Telefax oder Abgabe vor Ort als Papierdokument) bewerkstelligt werden. Emails sind nicht ausreichend, um etwaigen Form- und Fristerfordernissen zu genügen.

33 Die **Aufgaben** der BaFin bestimmen sich abstrakt anhand des FinDAG und werden von Zeit zu Zeit anhand neuer Aufgabenzuteilungen ergänzt. Die BaFin ist eine Anstalt des öffentlichen Rechts und somit Teil der mittelbaren Staatsverwaltung. Nach § 2 FinDAG untersteht sie der Rechts- und Fachaufsicht durch das Bundesministerium der Finanzen. Ihre konkreten Aufgaben bestimmen sich nach den in § 4 Abs. 1a FinDAG genannten Fachgesetzen. Die Besonderheit der BaFin als Behörde liegt darin, dass sie nicht aus Steuermitteln, sondern insbesondere aus einer Umlage finanziert wird, die von den beaufsichtigten Emittenten gezahlt wird (vgl. die §§ 13 ff. FinDAG).

Die BaFin arbeitet mit zahlreichen anderen nationalen und internationalen Organisationen und Behörden zusammen. So übernimmt sie nach § 4 Abs. 1 Satz 2 FinDAG Beratungstätigkeit im Zusammenhang mit dem Aufbau und der Unterstützung ausländischer Aufsichtssysteme, was insbesondere EU-Beitrittskandidaten betrifft. Die einzelnen Fachgesetze regeln zudem eine **Zusammenarbeit** mit anderen nationalen Aufsichtsbehörden wie bspw. Börsenaufsichtsbehörden der Länder, Handelsüberwachungsstellen, Deutsche Bundesbank, Bundesministerium für Wirtschaft und Energie und Bundeskartellamt. Die jeweilige Zusammenarbeit ist dabei sehr unterschiedlich ausgestaltet: Größtenteils werden nur Informationen ausgetauscht oder Meldungen übermittelt. Gerade die KWG-Aufsicht über Finanzdienstleistungsinstitute ist allerdings als echtes Kooperationsverhältnis zwischen BaFin und Deutscher Bundesbank ausgestaltet (vgl. § 4a FinDAG). Ferner gibt es in den einzelnen Fachgesetzen jeweils Regelungen zur Zusammenarbeit mit den zuständigen ausländischen Stellen (Behörden und privatrechtlich organisierte Stellen, die jeweils die Aufgaben des einschlägigen Fachgesetzes wahrnehmen). Schließlich ist in den einzelnen Fachgesetzen auch die Zusammenarbeit mit ESMA und der Europäischen Kommission geregelt. Zu nennen sind dabei als Regelungsnormen etwa die §§ 17 ff. WpHG, §§ 7 f. WpÜG, §§ 9 ff. KAGB und §§ 7 ff. KWG. Die Kooperation mit der Staatsanwaltschaft im Rahmen der Verfolgung und Ahndung von Ordnungswidrigkeiten, für die die BaFin die zuständige Verwaltungsbehörde ist, ergibt sich darüber hinaus aus den §§ 35 ff. OWiG. Dabei wird es insbesondere um den Umstand gehen, dass aus Sicht der BaFin der Anfangsverdacht für eine Straftat vorliegt, sodass die Kompetenz der Staatsanwaltschaft begründet wird. **34**

Die der BaFin für die Durchführung der Kapitalmarktaufsicht gesetzlich zugeordneten Aufgaben lassen sich indes nur mithilfe entsprechender **Befugnisse** für den Vollzug der Kapitalmarktaufsicht bewerkstelligen. Da die Kapitalmarktaufsicht letzten Endes auch besonderes Ordnungsrecht darstellt, sind die Befugnisse ähnlich den Landespolizeigesetzen und den Landesbauordnungen gegliedert. So gibt es in den einzelnen Fachgesetzen zunächst spezielle Aufsichtsbefugnisse. Ist keine dieser speziellen Aufsichtsbefugnisse einschlägig, kann auf eine der jeweiligen Generalklauseln zurückgegriffen werden. So heißt es in einer der stets sehr ähnlich formulierten Generalklauseln (§ 6 Abs. 1 WpHG): „Die BaFin übt die Aufsicht nach den Vorschriften dieses Gesetzes aus. Sie hat im Rahmen der ihr zugewiesenen Aufgaben Missständen entgegenzuwirken, welche die ordnungsgemäße Durchführung des Handels mit Finanzinstrumenten oder von Wertpapierdienstleistungen, Wertpapiernebendienstleistungen oder Datenbereit- **35** stellungsdienstleistungen beeinträchtigen oder erhebliche Nachteile für den Finanzmarkt bewirken können. Sie kann Anordnungen treffen, die geeignet und erforderlich sind, diese Missstände zu beseitigen oder zu verhindern". Die Tatbestandsmerkmale „geeignet" und „erforderlich" in § 6 Abs. 1 Satz 3 WpHG weisen dabei auf die erforderliche Verhältnismäßigkeit der jeweiligen Maßnahme hin. Schließlich bedeutet die Ausübung der Befugnisse aus den einzelnen Fachgesetzen zugleich die Vornahme von Eingriffsverwaltung. Gleichzeitig bedeutet das Tatbestandsmerkmal „kann", dass der BaFin ein Entschließungsermessen im Hinblick generell auf ihr Tätigwerden und ein Auswahlermessen im Hinblick auf das Treffen einer passenden Maßnahme eingeräumt ist (vgl. auch § 40 VwVfG).

36 Die Befugnisse für die Kapitalmarktaufsicht lassen sich darüber hinaus grob in **Ermittlungs- und Aufsichtsbefugnisse** unterteilen. Im Rahmen von Ermittlungen kann die BaFin etwa nach § 6 Abs. 3 WpHG die Erteilung von Auskünften vom Betroffenen oder von Dritten verlangen, sich Unterlagen vorlegen lassen oder Personen vernehmen. Zudem können Bedienstete der BaFin etwa nach § 6 Abs. 11 WpHG von ihrem Betretungsrecht Gebrauch machen. In der Praxis kommen die Nutzung des Betretungsrechts und die Personenvernehmung nur sehr selten zur Anwendung. In aller Regel wird es schon aus Gründen der skizzierten Verhältnismäßigkeit auf die Erfüllung von Auskunfts- und/oder Vorlageverpflichtungen als mildeste Maßnahme ankommen. Bei dem oder den Adressaten der entsprechenden Maßnahmen trifft dann wegen § 28 Abs. 1 VwVfG regelmäßig erst ein Anhörungsschreiben oder zugleich ein mit der beabsichtigten Maßnahme kombiniertes Schreiben mit entsprechender Fristsetzung zur Vornahme ein. Ein grds. mögliches Absehen von einer vorherigen Anhörung nach § 28 Abs. 2 VwVfG, insbesondere wegen Gefahr im Verzug, kommt nur äußerst selten in Betracht. Die einzelnen Aufsichtsbefugnisse ermächtigen sodann zu weiteren Maßnahmen unterschiedlichster Art. In den einzelnen Fachgesetzen sind etwa geregelt: das Verbot oder die Beschränkung von Vertrieb, Vermarktung oder Verkauf von bestimmten Finanzinstrumenten, die Einstellung eines bestimmten Verhaltens (sog. Produktintervention), die Veröffentlichung eines bestimmten Bescheids, einer bestimmten Information oder einer Warnung, die Duldung der Selbstvornahme seitens der BaFin, ferner Beschlagnahmungen, die Herausgabe von Telefonatmitschnitten, Telekommunikationsdaten oder elektronischen Aufzeichnungen, die Übermittlung marktbezogener Daten, der Ausspruch von Berufsverboten usw.

37 Die stetige Informierung über die **Verwaltungspraxis der BaFin** ist oftmals auch entscheidend für die Kapitalmarkt-Compliance. Ohne sie kann kaum erschlossen werden, wie die einzelnen kapitalmarktrechtlichen Pflichten ordnungsgemäß erfüllt werden können. Verwaltungspraxis bedeutet allgemein, dass die zuständige Behörde ihrerseits die gesetzlichen Vorgaben zum Zwecke ihrer ordnungsgemäßen Anwendung weiter konkretisiert. Dies wird oftmals deshalb erforderlich, da die jeweilige Gesetzesformulierung nur sehr oberflächlich gehalten ist oder neue Entwicklungen auf den Plan treten, welche der Gesetzgeber bei der Beratung und Beschlussfassung der gesetzlichen Regelung noch nicht berücksichtigen konnte. Die BaFin arbeitet bei der Informierung der Öffentlichkeit über ihre Verwaltungspraxis mit sog. Soft Law, d.h. mit Handreichungen in Form etwa von Rundschreiben, Auslegungsentscheidungen, Merkblättern und sonstigen Veröffentlichungen in ähnlicher Form (vgl. bereits Rn. 17 und 22). Darüber hinaus informiert die BaFin über ihre Verwaltungspraxis auch durch Beiträge im BaFin-Journal sowie durch Präsenzworkshops bspw. zur Stimmrechtstransparenz, Entwicklungen zum Reporting im KAGB, zur Bußgeldverhängung oder zum Prospektrecht. Zur Verwaltungspraxis ist zudem anzumerken, dass diese jederzeit wieder geändert werden kann. Strittig ist dabei bis heute, ob es hierfür eines Sachgrundes bedarf. Dies wird überwiegend bejaht, denn wegen Art. 3 GG tritt bei mehrmaliger Gleichbehandlung ein und desselben Sachverhalts eine Art Selbstbindung der Verwaltung ein, welche nicht sachgrundlos durchbrochen werden darf. Jedenfalls ist die Verwaltungspraxis immer dann zwingend zu ändern, wenn Gesetzesänderungen oder neue rechtskräftige Urteile in der betreffenden Sachmaterie dies erfordern. Aufgrund des Grundsatzes der Gewaltenteilung (Art. 1 Abs. 3, 20 Abs. 2 GG) sind die Gerichte nicht an die rechtliche Sichtweise der BaFin gebunden, welche in Dokumentationsformen der Verwaltungspraxis oder auch in Handlungsformen wie Bescheiden, schriftlichen Zusagen oder Zusicherungen bzw. rein informellen Auskünften einzelner Mitarbeiter der BaFin zum Ausdruck kommt.

Beispiel: Ein Berater mit Zulassung als Wirtschaftsprüfer und Steuerberater möchte sich nach Jahren als Mitarbeiter bei den Big4 im Bereich der M&A-Beratung (Corporate Finance) selbständig machen und hierfür eine GmbH errichten. Nunmehr sucht er einen Rechtsanwalt mit einschlägiger Expertise (Rechtsanwalt und Fachanwalt für Handels- und Gesellschaftsrecht sowie für Bank- und Kapitalmarktrecht) auf, der ihn beraten soll. **38**

In Rede steht, dass der Berater (genauer: seine GmbH) nun eine Erlaubnis der BaFin nach § 32 KWG als Finanzdienstleistungsinstitut benötigt. Denn es könnte sich bei dem Geschäftsmodell um Anlageberatung handeln. Nach § 1 Abs. 1a Nr. 1a KWG bedeutet Anlageberatung die Abgabe von persönlichen Empfehlungen an Kunden oder deren Vertreter, die sich auf Geschäfte mit bestimmten Finanzinstrumenten beziehen, sofern die Empfehlung auf eine Prüfung der persönlichen Umstände des Anlegers gestützt oder als für ihn geeignet dargestellt wird und nicht ausschließlich über Informationsverbreitungskanäle oder für die Öffentlichkeit bekannt gegeben wird.

Ob M&A-Beratung hierunter fällt, ist aus dem Gesetzeswortlaut her also einigermaßen unklar. Nun wird der Rechtsanwalt womöglich zunächst Kommentierungen des KWG durchsehen. Allerdings müssen Auffassungen in der Lit. nicht unbedingt der Sichtweise der BaFin entsprechen. Ein seriöser Kommentar wird an der fraglichen Stelle aber zumindest auf das „Gemeinsame Informationsblatt der Bundesanstalt für Finanzdienstleistungsaufsicht und der Deutschen Bundesbank zum Tatbestand der Anlageberatung" verweisen. Nun muss der Rechtsanwalt auf der Internetseite der BaFin oder der Deutschen Bundesbank dieses Informationsblatt in der aktuellsten Fassung (hier: Februar 2019) suchen. Auf S. 2 erfährt er dort, dass die M&A-Beratung nicht unter die Anlageberatung fallen soll. Falls das Geschäftsmodell des Mandanten nun noch etwas von der klassischen M&A-Beratung abweichen sollte, empfiehlt sich die Kontaktaufnahme mit der BaFin, worauf das Informationsblatt ausdrücklich hinweist und Kontaktdaten angibt. Ein Tätigwerden ohne eine erforderliche Erlaubnis wäre jedenfalls nach § 54 Abs. 1 KWG strafbar und könnte später zu Schadensersatzansprüchen des Beratenen nach § 823 Abs. 2 BGB i.V.m. § 54 Abs. 1 KWG führen.

V. Prozessuales

39 Der Abschnitt Prozessuales lässt sich im Wesentlichen in **fünf einzelne Handlungsfelder** untergliedern. Ausgangspunkt ist der Umstand, dass es fixe Adressaten der einzelnen kapitalmarktrechtlichen Pflichten gibt. Diese müssen damit rechnen, von der BaFin im Falle der Nicht- oder Schlechtbefolgung auf Basis der bestehenden Aufsichtsbefugnisse in Anspruch genommen zu werden. Ferner gibt es Drittbetroffene, die etwa im Rahmen von Ermittlungen der BaFin herangezogen werden können (z.B. ein Kreditinstitut auf Vorlage von Depotauszügen), selbst aber keinen kapitalmarktrechtlichen Pflichten i.e.S. unterliegen. Diese Adressaten von Maßnahmen der BaFin müssen prozessual Rechtsschutz geltend machen können. Ferner ist an Untätigkeitsklagen zu denken, sofern die BaFin nicht in gemäßer Zeit

handelt. Eine weitere Fallgruppe stellen Personen dar, welche die BaFin zum Handeln veranlassen wollen, damit diese der ihr zugeordneten Kapitalmarktaufsicht gerecht wird. Wieder eine andere Gruppe bilden Personen, die Informationen von der BaFin nach dem IFG begehren. Schließlich und endlich hält das Kapitalmarktrecht mit dem KapMuG ein eigenes Kapitalmarktprozessrecht bereit.

1. Prozessuale Möglichkeiten der Adressaten von Maßnahmen der BaFin

Die klassische Handlungsform, mit der die BaFin ihre Aufsichts- **40**
maßnahmen umsetzt, sind etwa nach § 6 Abs. 2 Satz 2 WpHG Anordnungen. Derartige Anordnungen erfüllen regelmäßig sämtliche Voraussetzungen des § 35 VwVfG (Verfügung, Entscheidung oder andere hoheitliche Maßnahme einer Behörde zur Regelung eines Einzelfalls auf dem Gebiet des öffentlichen Rechts und auf unmittelbare Rechtswirkung nach außen gerichtet), so dass sich die entsprechende Anordnung dann als **Verwaltungsakt** darstellt. Dabei ist es gleichgültig, ob Adressat der Anordnung ein Pflichtiger in Bezug auf kapitalmarktrechtliche Vorschriften ist oder ein Drittbetroffener, der lediglich zu Ermittlungen beitragen soll. Nach der sog. Adressatentheorie des BVerwG ist nämlich der Adressat einer belastenden Maßnahme in jedem Fall widerspruchs-, antrags- oder klagebefugt. Ist das Schreiben oder in Ausnahmefällen die rein mündliche Anordnung (dann zumeist fernmündlich übermittelt) als Verwaltungsakt zu verstehen, muss zunächst das **Widerspruchsverfahren** i.S.d. §§ 68 ff. VwGO durchlaufen werden. Die BaFin hat nun die Möglichkeit der Abhilfe i.S.d. § 72 VwGO. Falls sie dem Widerspruch nicht abhilft, hat sie einen Widerspruchsbescheid zu erlassen. Beides geschieht bei der BaFin selbst. Hiernach besteht die Möglichkeit der **Anfechtungsklage** i.S.d. § 74 Abs. 1 VwGO gegen den Verwaltungsakt in Gestalt des Widerspruchsbescheids. Für Widerspruch und Anfechtungsklage sind die entsprechenden Fristen zu beachten.

Daneben gibt es auch Fälle, in denen die BaFin zwar aufgrund von **41**
ihr eingeräumten Befugnissen handelt, bestimmte natürliche oder juristische Personen davon betroffen sind, das Handeln der BaFin aber dennoch **nicht als Verwaltungsakt** aufzufassen ist. Dies wurde etwa von der Rspr. zuletzt im Fall der Bekanntmachung von Maßnahmen und Sanktionen wegen Verstößen gegen Transparenzpflichten i.S.d. § 124 WpHG entschieden. In einem derartigen Fall käme allenfalls eine verwaltungsgerichtliche **Unterlassungsklage** in Betracht.

42 Schließlich ist denkbar, dass **Eilrechtsschutz nach den §§ 80 Abs. 5, 123 VwGO** begehrt wird. Hierbei wäre erneut zunächst entscheidend, ob die konkrete Maßnahme der BaFin die Qualität eines Verwaltungsakts hat oder nicht. § 123 Abs. 5 VwGO deutet insoweit an, dass im bejahenden Fall § 80 Abs. 5 VwGO einschlägig ist, ansonsten § 123 VwGO. Im Fall des § 80 Abs. 5 VwGO wäre insbesondere denkbar, dass die BaFin i.S.d. § 80 Abs. 2 Satz 1 Nr. 4 VwGO die sofortige Vollziehung im öffentlichen Interesse angeordnet hat, so dass der Suspensiveffekt von Widerspruchs- und Anfechtungsklage i.S.d. § 80 Abs. 1 VwGO zunächst entfallen ist. Das WpHG hält indes insbesondere bei § 13 WpHG die Besonderheit bereit, dass bestimmte Anordnungen der BaFin qua Gesetz keinen Suspensiveffekt haben, so dass hier ein Fall des § 80 Abs. 2 Satz 1 Nr. 3 VwGO gegeben ist. Der Antrag nach § 80 Abs. 5 VwGO, gerichtet auf die Anordnung oder Wiederherstellung des Suspensiveffekts ist aber ferner nur dann begründet, wenn eine Interessenabwägung ergibt, dass das Aussetzungsinteresse des Antragstellers das öffentliche Vollzugsinteresse überwiegt. Dafür müsste sich der Verwaltungsakt aber als offensichtlich rechtswidrig darstellen. Für Fälle des § 123 VwGO gilt, dass der Antragsteller einen Anordnungsanspruch und einen Anordnungsgrund (= Eilbedürfnis) glaubhaft machen muss. Für die Glaubhaftmachung kann dann nur auf sog. präsente Beweismittel i.S.d. § 294 ZPO (Unterlagen) zurückgegriffen werden.

43 Gerichtlich zuständig ist sowohl in Klageverfahren als auch in Antragsverfahren zur Erlangung von Eilrechtsschutz regelmäßig das **VG Frankfurt** und im Fall einer Beschwerde i.S.d. §§ 146 ff. VwGO gegen die Entscheidung des VG Frankfurt dann der **VGH Kassel**. Als Ausnahme von der vorgenannten Regel besteht eine Sonderzuständigkeit für WpÜG-Angelegenheiten auf Seiten des OLG Frankfurt (vgl. § 62 WpÜG).

44 **Tipp:** Etwaige Antragsteller/Kläger sollten ihre Erfolgsaussichten im verwaltungsgerichtlichen Verfahren nicht überschätzen. Das liegt zumeist daran, dass die materielle Beweislast beim Antragsteller/Kläger liegt. Von der hierfür als Kompensation in die VwGO eingezogenen Amtsermittlungspflicht des Gerichts nach § 86 Abs. 1 VwGO wird in der Praxis so gut wie nie Gebrauch gemacht. Dies bedeutet rein praktisch gesehen: Umstände, welche die Klage oder den Antrag stützen könnten, aber nicht in den dem Antragsteller/Kläger bereits vorliegenden Unterlagen stehen, bleiben im verwaltungsgerichtlichen Verfahren so gut wie immer unberücksichtigt, selbst wenn es sie tatsächlich geben sollte.

2. Untätigkeitsklage

Eher theoretisch denkbar ist, dass eine Untätigkeitsklage i.S.d. § 75 VwGO von Relevanz ist. Eine Untätigkeitsklage kommt nach § 75 VwGO dann in Betracht, wenn über einen Widerspruch oder über einen Antrag auf Vornahme eines Verwaltungsakts ohne zureichenden Grund nicht in angemessener Frist sachlich entschieden worden ist. Eine solche Klage kann aber nicht vor Ablauf von drei Monaten seit der Einlegung des Widerspruchs oder seit dem Antrag auf Vornahme des Verwaltungsakts erhoben werden, außer wenn wegen besonderer Umstände des Falls eine kürzere Frist geboten ist. Dies dürfte allenfalls dann in Betracht kommen, wenn über Anträge bei der BaFin, bspw. Befreiungsanträge nach den §§ 36, 37 WpÜG, nicht binnen drei Monate entschieden worden ist. Da bei den meisten Antragsverfahren mit BaFin-Bezug aber zumindest ein faktischer Suspensiveffekt besteht, wonach die BaFin in der Zwischenzeit bis zur Entscheidung nicht entgegen dem Antragsinhalt handelt bzw. kapitalmarktrechtliche Pflichten nicht zwangsweise durchsetzt, betrifft auch ein längeres Zuwarten auf eine beantragte Entscheidung den Antragsteller regelmäßig nicht weiter negativ. Daher ist es zumindest nicht üblich, in solchen Fällen eine Untätigkeitsklage vor dem VG Frankfurt zu erheben, auch wenn es rechtlich möglich wäre. **45**

3. Drittschutz

Ein weiterer prozessualer Aspekt ist der Versuch von Personen, die nicht Adressat einer Maßnahme der BaFin sind, die BaFin zum Tätigwerden oder Einschreiten am Kapitalmarkt oder gegenüber einzelnen Kapitalmarktteilnehmern zu verpflichten. Das Problem dabei ist aber, dass die **Aufsichtstätigkeit der BaFin alleine im öffentlichen Interesse** wahrgenommen wird und nicht dem Individualschutz dient. Dies ergibt sich bereits allgemein aus § 4 Abs. 4 FinDAG, aber auch aus einzelnen materiellen Fachgesetzen (vgl. § 4 Abs. 2 WpÜG). Daher kommen Dritte, deren Interessen am Kapitalmarkt zwar womöglich betroffen sind, mit dem Unterfangen, gerichtlich Drittschutz seitens der BaFin zu erlangen, regelmäßig nicht weiter. Dabei ist allerdings klarzustellen, dass sich das Merkmal des öffentlichen Interesses nicht in jedem Fachgesetz findet und auch noch nicht rundweg versucht wurde, gerichtlich Drittschutz zu erstreiten. **46**

Beispiel: 2019 begehrte der Konzernbetriebsrat der OSRAM Licht AG von der BaFin, ein freiwilliges öffentliches Übernahmeangebot (Barangebot) der ams Offer GmbH an die Aktionäre der OSRAM **47**

Licht AG zum Erwerb sämtlicher nennwertloser Namensaktien zu untersagen.

Das zuständige OLG Frankfurt entschied hierzu (erneut), dass die von der BaFin zu beachtenden Regelungen des WpÜG grds. nicht drittschützend sind, so dass ein nicht am Übernahmeverfahren Beteiligter keinen Anspruch gegen die BaFin auf Einschreiten geltend machen kann.

4. IFG-Klagen

48 Die BaFin ist wie kaum eine andere Behörde von IFG-Klagen betroffen. Das IFG regelt seit 2005 den möglichen **Zugang zu amtlichen Informationen gegenüber Bundesbehörden** und sonstigen Bundesorganen. Der Informationsanspruch nach § 1 Abs. 1 IFG weist dabei eine gewisse Verzahnung zum Anspruch der Beteiligten auf Akteneinsicht nach § 29 VwVfG auf. Jedoch können nach dem IFG auch an einem Verwaltungsverfahren Unbeteiligte den Zugang zu Informationen beanspruchen. Anträge nach dem IFG werden zunächst bei der BaFin oftmals undeutlich gestellt, auch wenn der Antragsteller anwaltlich vertreten ist. In der Folge muss erst durch Auslegung i.S.d. §§ 133, 157 BGB ermittelt werden, was genau das Antragsbegehr ist. Handelt es sich um einen IFG-Antrag, dann muss die BaFin prüfen, was sie aus der entsprechenden Verfahrensakte herausgeben darf. Praktische Probleme bereiten dabei oftmals die Schutzgründe der §§ 3 ff. IFG. Danach dürfen insbesondere **keine Informationen** herausgegeben werden, wenn hierdurch **Betriebs- oder Geschäftsgeheimnisse oder aufsichtliche Geheimnisse** (also Informationen darüber, wie die BaFin bestimmte Prozesse steuert) öffentlich werden. Bei der Herausgabe personenbezogener Daten muss eine Abwägung der Rechtsgüter der Betroffenen erfolgen. Zu den Schutzgründen der §§ 3 ff. IFG, insbesondere zu den zu schützenden Berufs- und Geschäftsgeheimnissen, ist mittlerweile eine komplexe Judikatur seitens EuGH, BVerwG und verwaltungsgerichtlichen Instanzgerichten entstanden. Jedenfalls sieht sich die BaFin zumeist gehalten, den IFG-Antrag ganz oder teilweise abzulehnen. Gegen die ablehnende Entscheidung wird dann nahezu immer i.S.d. § 9 Abs. 4 IFG geklagt. Da die VGs derzeit bis zu drei Jahre für eine Entscheidung in einem Hauptsacheverfahren benötigen, hat sich das Begehr auf Informationszugang zumeist bis zur Entscheidung schon realiter erledigt, denn der Antragsteller hat oftmals kein Interesse mehr am Erhalt von historischen Informationen. Zumal das dahinterliegende Interesse meist in der Geltendmachung von Schadensersatzansprüchen gegen Unternehmen oder Privatpersonen auf

Basis der betreffenden Informationen besteht, diese Schadensersatzansprüche dann bei einer womöglich positiven Entscheidung des VG und der nachgeordneten Informationsherausgabe von Seiten der BaFin womöglich schon verjährt sind.

5. KapMuG-Verfahren

Das Handlungsfeld der KapMuG-Verfahren weist zunächst keinen 49
direkten Zusammenhang mit der Aufsichtstätigkeit der BaFin auf. Das KapMuG begründete im deutschen Rechtsraum seit 2005 die erste **Musterklage**, bevor die Musterfeststellungsklage 2018 als weitere Klage desselben Typus für Fälle wie Dieselgate geschaffen wurde. In einem Musterverfahren nach dem KapMuG vor dem OLG werden mit bindender Wirkung für eine Vielzahl von Einzelklagen einzelne Sachverhaltsfeststellungen getroffen und rechtliche Fragen entschieden. Voraussetzung ist aber die Eintragung in ein Klageregister. In der Folge können die späteren Klageverfahren aufgrund der bereits bindend festgestellten Umstände schneller und kostengünstiger durchgeführt werden. Ein Musterverfahren nach dem KapMuG kann es aber i.S.d. § 1 Abs. 1 KapMuG nur dann geben, wenn es um die folgenden zivilrechtlichen Streitigkeiten geht:

- Schadensersatzanspruch wegen falscher, irreführender oder unterlassener öffentlicher Kapitalmarktinformation,
- Schadensersatzanspruch wegen Verwendung einer falschen oder irreführenden öffentlichen Kapitalmarktinformation oder wegen Unterlassung der gebotenen Aufklärung darüber, dass eine öffentliche Kapitalmarktinformation falsch oder irreführend ist, oder
- Erfüllungsanspruch aus Vertrag, der auf einem Angebot nach dem WpÜG, einschließlich eines Anspruchs nach § 39 Abs. 3 Satz 3 und 4 BörsG, beruht.

VI. Systematisierung der einzelnen Pflichten

Mit den einzelnen kapitalmarktrechtlichen Pflichten soll im Wesent- 50
lichen das Vertrauen in ordnungsgemäße Verhältnisse bei der börsennotierten AG, SE oder KGaA (sog. Anlegervertrauen) besonders geschützt werden. Darüber hinaus gilt es auch zum Zwecke des Funktionierens des Kapitalmarkts insgesamt sicherzustellen, dass Anleger darauf vertrauen können, dass sie stets über alle relevanten Informationen verfügen und nicht übervorteilt werden. Damit geht es zunächst um **Publizitäts-, Transparenz- oder Informationspflichten**. Diese Bezeichnungen werden zumeist synonym verwendet. Zu nennen sind dabei insbesondere Prospektpflichten, die Meldepflichten i.S.d. §§ 33 ff.

WpHG (Stimmrechtsmitteilungen), die Ad hoc-Publizität und Directors' Dealings sowie die Veröffentlichung von bestimmten Finanzberichten. Die einzelnen Informationspflichten, welche sich als Zulassungsfolgepflichten, also nachgelagert zum Going Public aus dem Being Public ergeben, sind dabei vielgestaltig und vielschichtig. Sie richten sich zum einen an die jeweilige AG, SE oder KGaA (im kapitalmarktrechtlichen Modus dann als Emittent oder Zielgesellschaft), zum anderen ggf. alternativ oder kumulativ an die einzelnen Aktionäre oder nahestehenden Personen. Flankierend hierzu muss die Preisbildung am Kapitalmarkt geschützt und **missbräuchliches Marktverhalten**, durch Marktmanipulation, Insiderhandel oder Leerverkäufe, vermieden werden. Daneben geht es darum, allgemein die **Marktinfrastruktur und die einzelnen Finanzintermediäre zu regulieren**. Ferner meint **produktbezogene Regulierung** dann Product Governance, Produktinformation und Produktintervention. Das Investmentrecht nach dem **KAGB** lässt sich keiner der vorgenannten Gruppen zuordnen und firmiert daher als ein Muster einer weiteren Gruppe (**Sonstiges**).

Kapitel 2. Publizitätspflichten

Publizitätspflichten im und am Kapitalmarkt lassen sich weiter untergliedern, und zwar in: 51

- **Publizitätspflichten bei Emissionen** (Primärmarkt). Hierbei geht es um Prospektrecht, also Prospektpflichten.
- **Anlassbezogene Publizitätspflichten beim Wertpapierhandel** (Sekundärmarkt). Dies sind etwa die Beteiligungspublizität (Stimmrechte), die Publizität bei öffentlichen Angeboten nach dem WpÜG, Ad hoc-Mitteilungen und Director's Dealings.
- **Regelpublizitätspflichten beim Wertpapierhandel** (Sekundärmarkt).

A. Prospektrecht

Literatur: *Buck-Heeb*, Kapitalmarktrecht, § 4 f.; *Geyer/Schelm*, BB 2019, 1731 ff.; *Kuthe/Zipperle*, in: *Szesny/Kuthe*, Kapitalmarkt-Compliance, 3. Teil 8. Kapitel; *Langenbucher*, Aktien- und Kapitalmarktrecht, § 14; *Lehmann*, Grundriss des Bank- und Kapitalmarktrechts, § 16 Teil B.; *Poelzig*, Kapitalmarktrecht, § 10 f.

Eine in einem sehr frühen Stadium einsetzende Form der Publizität sind Prospektpflichten. **Werden Wertpapiere erstmals öffentlich angeboten oder zum organisierten Markt zugelassen, muss** nach Art. 3 Prospekt-VO **grds. ein Prospekt veröffentlicht werden**. Für Vermögensanlagen und Investmentvermögensanteile gibt es im VermAnlG und im KAGB gesonderte Prospektpflichten. Im Zusammenhang mit Prospektrecht geht es indes meistens um Wertpapierprospektrecht nach dem WpPG. Bei der Variante der Zulassung zum organisierten Markt geht es eher um die reine Befolgung rechtlicher Vorgaben, während die Variante des öffentlichen Angebots davon getragen ist, einerseits möglichst viel Informationen über das unterlegte Wertpapier zu vermitteln und den Prospekt andererseits zur Förderung des Vertriebs zu verwenden. 52

Das **WpPG** beruhte bis 2019 auf einer europ. RL, der **PD**. Beide Rechtsakte bezogen sich v.a. auf die Erstellung, Billigung und Veröffentlichung von Wertpapierprospekten. Der Großteil des Prospektinhalts wurde schon damals in der europ. **Prospekt-VO** beschrieben. Der Trend zur Vollharmonisierung hat erst kürzlich dazu geführt, dass die 53

PD aufgehoben wurde und das WpPG nur noch eine geringe, im Wesentlichen verfahrenstechnisch flankierende Bedeutung im Verhältnis zur Prospekt-VO hat. Für das innerhalb der EU wichtige möglichst einheitliche Verständnis der Prospekt-VO haben zudem die Empfehlungen von ESMA sowie ESMA Q&As eine wichtige Bedeutung.

I. Grundlegendes

54 Der Anwendungsbereich Erstellung, Billigung und Veröffentlichung von Wertpapierprospekten beim öffentlichen Angebot oder der Zulassung zum geregelten Markt ergab sich früher aus § 1 Abs. 1 WpPG a.F. Dort ging es allerdings um den ähnlich zu definierenden organisierten Markt. Nun ist der Anwendungsbereich direkt in Art. 1 Abs. 1 der Prospekt-VO zu finden. Gleiches gilt für die Liste an Wertpapieren, für die ausnahmsweise keine Prospektpflicht besteht. So ergibt sich statt wie früher aus § 1 Abs. 2 WpPG a.F. nun aus Art. 1 Abs. 2 Prospekt-VO, dass etwa Staatsanleihen oder bestimmte Investmentanteile jedenfalls bezogen auf die Prospekt-VO prospektfrei sind. Weitere Ausnahmen finden sich in § 1 Abs. 4 Prospekt-VO. Insbesondere bedarf danach ein öffentliches Angebot nur an qualifizierte Anleger oder nur an wenige Personen (bis zu 150 pro Mitgliedstaat) keinen Prospekt. Bezogen ist das WpPG auf Wertpapiere i.S.d. § 2 Nr. 1 WpPG. Dies umfasst nicht nur Aktien, sondern z.B. auch Anleihen und Optionsscheine.

55 **Tipp:** Fast in allen kapitalmarktrechtlichen Gesetzen findet sich die Liste an gesetzesbezogenen Definitionen wie im WpPG auch jeweils in § 2. Beim WpPG existiert aber die Besonderheit, dass acht der zehn dort aufgeführten Definitionen des § 2 nicht mehr autonom national bestimmt werden, sondern über einen Verweis auf die Prospekt-VO.

II. Die einzelnen Vorschriften

56 Die wesentlichen Vorschriften des Prospektrechts sind im Überblick:
- Nach § 3 WpPG gibt es wertbezogene Ausnahmen von der Prospektpflicht.
- Die §§ 4 ff. WpPG regeln die Veröffentlichung eines Wertpapier-Informationsblatts.
- Die §§ 8 ff. WpPG (vgl. aber auch Art. 11 Prospekt-VO) regeln die Prospekthaftung und Haftung bei Wertpapier-Informationsblättern.

- § 18 WpPG beschreibt die Befugnisse der BaFin beim und im Umfeld des Billigungsverfahrens.
- Art. 3 Prospekt-VO regelt die Prospektpflicht und Ausnahmen hiervon.
- Die Art. 6 und 13 ff. Prospekt-VO beschreiben den Pflichtinhalt des Prospekts.
- Art. 7 Prospekt-VO regelt die erforderliche Zusammenfassung.
- Den Basisprospekt beschreibt Art. 8 Prospekt-VO.
- Die Regeln für die Prüfung, Billigung und Veröffentlichung des Prospekts befinden sich in den Art. 20 ff. Prospekt-VO, darunter die Regel für Nachträge in Art. 23 Prospekt-VO.
- Grenzüberschreitende Prospektsachverhalte sind in Art. 24 Prospekt-VO geregelt.
- Die Befugnisse von ESMA und die Zuständigkeiten der nationalen Aufsichtsbehörden im Prospektrecht finden sich in den Art. 31 ff. Prospekt-VO.

1. Prospektpflicht und Ausnahmen

Wie vormals § 3 WpPG a.F. beinhaltet auch Art. 3 Prospekt-VO **57**
zwei Tatbestände, die eine **Prospektpflicht** auslösen. Prospektpflicht bedeutet, dass ein Prospekt gebilligt und veröffentlicht werden muss. Einer dieser beiden Tatbestände liegt vor, wenn Wertpapiere innerhalb der EU öffentlich angeboten werden, Art. 3 Abs. 1 Prospekt-VO. Der zweite Tatbestand liegt darin, dass Wertpapiere zum Handel an einem geregelten Markt, der sich in der EU befindet oder dort betrieben wird, zugelassen werden sollen, Art. 3 Abs. 3 Prospekt-VO. Was ein **öffentliches Angebot** ist, bestimmt Art. 2 lit. d) Prospekt-VO. Dies ist dann der Fall, wenn eine Mitteilung an die Öffentlichkeit in jedweder Form und auf jedwede Art und Weise vorliegt, welche ausreichende Informationen über die Angebotsbedingungen und die anzubietenden Wertpapiere enthält, um einen Anleger in die Lage zu versetzen, sich für den Kauf oder die Zeichnung jener Wertpapiere zu entscheiden. Öffentlich dürfte dabei wie zuvor in § 3 WpPG a.F. bedeuten, dass damit anders als bei einer Privatplatzierung eine nicht bestimmbare Anzahl von Adressaten angesprochen werden soll. Die **Börsenzulassung** von Wertpapieren zum geregelten Markt kann nach § 32 Abs. 3 BörsG zudem nur erfolgen, wenn zuvor ein gebilligter Prospekt veröffentlicht wurde.

Die **Ausnahmen von der Prospektpflicht** sind wie folgt zu syste- **58**
matisieren. 1 Abs. 2 Prospekt-VO nimmt bereits bestimmte Wertpapiere allgemein von der Prospektpflicht aus. § 1 Abs. 4 Prospekt-VO nimmt ferner bestimmte Arten von öffentlichen Angeboten von der

Prospektpflicht aus. Art. 3 Abs. 2 Prospekt-VO hat es den Mitgliedstaaten zudem ermöglicht, dann Ausnahmen von der Prospektpflicht zu beschließen, sofern diese Angebote nicht der Notifizierung gemäß Art. 25 Prospekt-VO unterliegen und der Gesamtgegenwert eines solchen Angebots in der EU über einen Zeitraum von zwölf Monaten acht Mio. EUR nicht überschreitet. Von dieser Möglichkeit hat Deutschland in § 3 WpPG Gebrauch gemacht. Voraussetzung für die Anwendung dieser Ausnahme ist jedoch, dass ein von der BaFin gestattetes **Wertpapier-Informationsblatt** i.S.d. § 4 WpPG erstellt und veröffentlicht wurde. Einem Wertpapier-Informationsblatt soll mit allen wesentlichen Informationen stets zu entnehmen sein, auf welches Wertpapier es sich bezieht und um was für ein Wertpapier es sich handelt. Zudem muss ein Warnhinweis enthalten sein, dass der Erwerb des Wertpapiers mit erheblichen Risiken verbunden ist und zum Totalverlust des eingesetzten Vermögens führen kann.

59 **Tipp:** Auf der Internetseite der BaFin gibt es eine Checkliste für die Gestaltung eines Wertpapier-Informationsblatts. Der Vorteil eines solchen Wertpapier-Informationsblatts von laut der BaFin maximal drei Seiten liegt darin, dass mit einem solchen „Prospekt light" im Vergleich nur relativ geringe Kosten entstehen.

2. Erfüllung der Prospektpflicht

60 Besteht die Prospektpflicht, muss jedenfalls bei einem rein nationalen Vorgang **bei der BaFin** ein Prospekt zur **Billigung** eingereicht werden. Die Billigung ist Voraussetzung für die Veröffentlichung des Prospekts. Die Zuständigkeit der BaFin für das Billigungsverfahren ergibt sich aus § 31 Abs. 1 Prospekt-VO i.V.m. § 17 WpPG. Der Prüfungsumfang der BaFin im Billigungsverfahren lautet auf Vollständigkeit bezogen auf den Pflichtinhalt, auf Widerspruchsfreiheit des Inhalts (sog. Kohärenz) sowie auf Verständlichkeit. Dagegen findet von Seiten der BaFin keine inhaltliche Überprüfung der enthaltenen Informationen statt.

61 **Beispiel:** Nicht selten offenbart sich in Fällen der Prospekthaftung, dass Verwender des Prospekts etwa im Kontext von Anlageberatung damit werben, dass das konkrete Anlagemodell „BaFin-geprüft" sei.

Dies stimmt in der Form nicht. Um die sämtlichen Prospektangaben bspw. zum Wertpapier und zur Finanzsituation des Emittenten überprüfen zu können, müssten zusätzlich zum Prospekt eine Unmenge von Unterlagen bei der BaFin eingereicht werden und die BaFin bräuchte alleine für die Prospektprüfung dann wesentlich mehr Personal, insbesondere auch mehr Wirtschaftswissenschaftler. Tatsächlich ist die BaFin derzeit in der Säule WA eher eine Juristenbehörde.

Die BaFin spricht jedenfalls auf ihrer Internetseite davon, dass sie werbende Effekte im Zusammenhang mit der Billigung eines Prospekts durch die BaFin, welche einen täuschenden Eindruck erwecken, missbilligt. Im Extremfall ist die BaFin auch befugt, derartige Aussagen als unzulässige Werbung einzustufen und diese zu untersagen, vgl. § 18 Abs. 5 WpPG. Die etwaige Prospekthaftung entfällt hierdurch allerdings nicht.

Das **Billigungsverfahren** ist in Art. 20 Prospekt-VO beschrieben. **62**
Grds. beträgt die **Prüfungsfrist zehn Arbeitstage** nach Eingang des Prospekts. Bei noch nicht zugelassenen Wertpapieren lautet die Prüfungsfrist 20 Arbeitstage. Fordert die BaFin wie eigentlich immer zu Änderungen auf, läuft die Prüfungsfrist ab Einreichung des korrigierten Prospekts erneut an. Nach § 18 Abs. 1 WpPG kann die BaFin auch ausdrücklich die Aufnahme zusätzlicher Angaben in den Prospekt verlangen, wenn dies zum Schutz des Publikums geboten erscheint. Das Billigungsverfahren ist insgesamt stets auf Billigung des Prospekts angelegt, alles andere ist eine Zeitfrage. Eine Billigungsfiktion zum Ablauf der Prüfungsfrist gibt es im Prospektrecht nicht. Daher muss die BaFin immer eine ausdrückliche Billigungsentscheidung treffen. Die ausgesprochene Billigung hat Geltung im gesamten EU/EWR-Raum (**EU-Pass**), vgl. Art. 24 Prospekt-VO. Danach gilt die Billigung durch einen Staat im gesamten EU/EWR-Raum ohne erneute inhaltliche Prüfung des Prospekts. Die zuständige Aufsicht des jeweiligen Aufnahmestaates muss aber innerhalb eines Arbeitstags mit einer Bescheinigung der BaFin über die Billigung informiert werden (Notifizierung). Unverzüglich nach Billigung des Prospekts hat die **Veröffentlichung** des Prospekts im Internet auf der Internetseite des Emittenten, der Börse oder der begleitenden Bank zu erfolgen. Nach der Veröffentlichung besteht zudem insbesondere bis zum Auslaufen der Angebotsfrist die Pflicht zur Erstellung eines **Prospektnachtrags** im Falle wichtiger neuer Umstände, wesentlicher Unrichtigkeiten oder wesentlicher Ungenauigkeiten, vgl. Art. 23 Abs. 1 Prospekt-VO. Für solche ebenfalls von der BaFin zu billigenden Prospektnachträge besteht eine Prüfungsfrist von fünf Arbeitstagen.

63 Noch bis vor kurzem konnte ein Inlandsemittent bei der BaFin im Billigungsverfahren ausschließlich einen Prospekt **in deutscher Sprache** einreichen. Eine Ausnahme war nur dann möglich, wenn die BaFin dies nach § 19 Abs. 1 Satz 2 WpPG a.F. gestattete. Dies kann v.a. dann relevant sein, wenn der Emittent mit dem Prospekt ausländische Anleger (auf Englisch) ansprechen möchte. Nunmehr gilt nach § 21 Abs. 1 WpPG , dass zwar auch jetzt Prospekte grds. in deutscher Sprache einzureichen sind. Allerdings kann dies nach § 21 Abs. 2 WpPG auch auf Englisch erfolgen, wenn zumindest eine konkret erforderliche Zusammenfassung auf Deutsch übersetzt wurde. Die **Einreichung** erfolgt nach § 22 WpPG mittlerweile ausschließlich **in elektronischer Form**.

64 Das **Prospektformat** lässt sich danach unterscheiden, ob ein eingliedriger Prospekt als einziges Dokument oder ein dreigliedriger Prospekt bestehend aus mehreren Dokumenten (Registrierungsformular, Wertpapierbeschreibung und Zusammenfassung) vorliegt (vgl. etwa Art. 6 Abs. 3 Prospekt-VO). Der Vorteil eines dreiteiligen Prospekts liegt darin, dass nur noch einzelne Teile gebilligt werden können/müssen, sofern andere Teile bereits gebilligt wurden, vgl. Art. 10 Abs. 1 Prospekt-VO. Das Registrierungsformular nach Art. 9 Prospekt-VO beinhaltet Informationen über den Emittenten. Auch ein schon gebilligtes Registrierungsformular ist nur ein Jahr gültig und muss bei Verwendung ohnehin aktualisiert werden. Die Wertpapierbeschreibung erfasst Informationen über Wertpapiere und Emission. Die Zusammenfassung nach Art. 7 Prospekt-VO fasst die Informationen des Prospekts zusammen, wobei es hier genaue Vorgaben zur Gliederung und zur Abfassung gibt. Enthalten sind dort auch zahlreiche Warnhinweise. Die Zusammenfassung muss nach Art. 7 Abs. 3 Prospekt-VO als kurze Unterlage abgefasst sein, die prägnant formuliert ist und ausgedruckt eine maximale Länge von sieben DIN-A4-Seiten umfasst. Weitere Vorgaben lauten: leicht und allgemein verständlich sowie gut leserlich.

65 Bei Angebotsprogrammen für Nichtdividendenwerte und Optionsscheine kann auch ein **Basisprospekt** (Base Prospectus) i.S.d. Art. 8 Prospekt-VO verwendet werden (einteilig oder dreiteilig). Basisprospekte werden für mehrere Emissionen ähnlich strukturierter Nichtdividendenwerte (Daueremissionen) verwendet. Die endgültigen Bedingungen für die einzelne Emission auf Grundlage des Basisprospekts können dann zunächst offengelassen werden, vgl. Art. 8 Abs. 2 Prospekt-VO. Folge davon ist, dass dann nur noch die endgültigen Bedingungen für die einzelne Emission etwa über einen **Nachtrag** (Supplement) bei der BaFin hinterlegt werden müssen, vgl. Art. 8 Abs. 4 Prospekt-VO.

3. Inhalt des Prospekts

Der Prospekt muss **alle erforderlichen Informationen enthalten, die für den Anleger wesentlich sind, damit dieser sich ein fundiertes Urteil bilden kann**. Dies umfasst nach Art. 6 Abs. 1 Prospekt-VO 66

– die Vermögenswerte und Verbindlichkeiten, die Gewinne und Verluste, die Finanzlage und die Aussichten des Emittenten und eines etwaigen Garantiegebers,
– die mit den Wertpapieren verbundenen Rechte, und
– die Gründe für die Emission und ihre Auswirkungen auf den Emittenten.

Prominente Umstände sind dabei etwa Risikofaktoren für den Emittenten und sein Branchenumfeld, Finanzinformationen über den Emittenten, die aus dessen Rechnungslegung/Bilanzierung resultieren, sowie die angebotsspezifischen Bedingungen wie Preis und Zuteilung. Die Informationen in einem Prospekt sollen nach Art. 6 Abs. 2 Prospekt-VO in leicht zu analysierender, knapper und verständlicher Form geschrieben und präsentiert werden. Der Prospekt sollte dabei keine Informationen enthalten, die zwar richtig, aber für den Anleger unwesentlich sind. Damit soll ein „informational overload" verhindert werden.

Detaillierte Regelungen zu den aufzunehmenden Informationen für 67 die verschiedenen Prospektarten (Prospekt, Basisprospekt, EU-Wachstumsprospekt) und deren Aufmachung wurden in die Delegierte Verordnung (EU) Nr. 2019/980 ausgelagert, welche mit großflächigen Anhängen arbeitet. Durch die **vollständige Harmonisierung gerade des Prospektinhalts** über die beiden europ. Verordnungen ist in der gesamten EU erstmals ein gleichwertiger Anlegerschutz sichergestellt. Ferner werden grenzüberschreitende öffentliche Angebote erleichtert.

4. Aufsichtsrechtliche Sanktionen

Ein öffentliches Angebot von Wertpapieren oder eine Zulassung 68 zum Handel an einem geregelten Markt ist nach Art. 32 lit. f) Prospekt-VO zu untersagen, wenn die zuständige Aufsichtsbehörde feststellt, dass gegen die Prospekt-VO verstoßen wurde oder ein hinreichend begründeter Verdacht besteht, dass gegen sie verstoßen würde. Die Konkretisierung dessen findet sich in § 18 Abs. 4 WpPG, wonach öffentliche Angebote je nach Verstoß zu untersagen sind, untersagt werden können oder auch nur einstweilig bis zu zehn Werktage ausgesetzt werden können. Nach § 18 Abs. 3 WpPG kann die BaFin auch auf ihrer Internetseite öffentlich bekannt machen, dass ein Emittent, Anbieter oder Zulassungsantragsteller seinen Verpflichtungen nach dem WpPG oder der Prospekt-VO nicht oder nur unvollständig nachkommt oder diesbezüglich ein hinreichend begründeter Verdacht besteht. Dies gilt nicht nur für Prospekte, sondern auch für Wertpapier-Informationsblätter. Zudem kann i.S.d. § 24 WpPG für vorsätzliche oder leichtfertige Verstöße gegen Prospektpflichten ein Bußgeld verhängt werden. Dies reicht nach § 24 Abs. 5 und Abs. 6 WpPG je nach Verstoß bis zu einer Höhe von 700.000 EUR bei natürlichen Personen. Gegenüber einer juristischen Person oder Personenvereinigung kann eine höhere Geldbuße von bis zu fünf Millionen EUR oder 3 % des (Konzern-)Gesamtumsatzes verhängt werden. Darüber hinaus kann die Ordnungswidrigkeit mit einer Geldbuße bis zum Zweifachen des aus dem Verstoß gezogenen wirtschaftlichen Vorteils geahndet werden.

69 Sämtliche Formen an Sanktionen differenzieren danach, ob kein Prospekt o.ä. (Nachtrag, Wertpapier-Informationsblatt) veröffentlicht wurde oder ob eine solche Veröffentlichung unvollständig, unrichtig/fehlerhaft oder nicht rechtzeitig erfolgt ist.

5. Gesonderte Prospektpflichten

70 Der Fokus der Prospektpflichten liegt seit jeher im Bereich des eigentlichen Prospektrechts nach dem WpPG/der Prospekt-VO. Prospektpflichten bestehen aber auch nach dem **VermAnlG** von 2012 und dem **KAGB** von 2013. Diese gesonderten Prospektpflichten sollen hier lediglich abrundend erwähnt werden. Nachdem die Prospektpflichten für die wichtigen geschlossenen Fonds 2013 aus dem VermAnlG in das KAGB gewandert sind, hat das VermAnlG nur noch einen relativ geringen Anwendungsbereich. Vermögensanlagen i.S.d. VermAnlG sind laut § 1 VermAnlG solche, die nicht in Wertpapieren i.S.d. WpPG verbriefte und nicht als Anteile an Investmentvermögen i.S.d. KAGB ausgestaltete bestimmte Anteile/Produkte sind. Geregelt waren bzw. teilweise sind im VermAnlG somit noch teilweise die früheren Produkte des sog. Grauen Marktes (Graumarktprodukte). Das VermAnlG wurde aufgrund zahlreicher Fälle von Kapitalanlagebetrug 2015 durch das Kleinanlegerschutzgesetz deutlich verschärft (Verstärkung der Prospektpflicht bzw. des Prüfungsumfangs, Werbebeschränkung, Stärkung der Aufsichtsbefugnisse). Seither ist es kaum mehr möglich, Geldanlagen auf dem deutschen Markt regulierungsfrei anzubieten. Bspw. sind nach der Prokon-Pleite 2015 beide Säulen dieses Anlagemodells aus dem vormaligen Grauen Markt reguliert: der Vertrieb der geschlossenen Fonds über das KAGB und die Ausgabe von Genussrechten über das VermAnlG.

71 Im Detail ist das Prospektrecht nach dem VermAnlG ähnlich dem Prospektrecht nach dem WpPG/der Prospekt-VO gestaltet. § 1 VermAnlG bestimmt den Anwendungsbereich. § 2 VermAnlG enthält zahlreiche Arten von Vermögensanlagen, auf die das VermAnlG bzw. bestimmte Teile nicht anzuwenden sind. Für bestimmte Sachverhalte, etwa das sog. Crowdfunding (Schwarmfinanzierung) kommt auch eine Befreiung nach den §§ 2a ff. VermAnlG in Betracht. Die **Pflicht zur Veröffentlichung eines Verkaufsprospekts** bei einem öffentlichen Angebot im Inland ergibt sich **aus § 6 VermAnlG**. Der Pflichtinhalt des Verkaufsprospekts ergibt sich aus § 7 VermAnlG. Das Billigungsverfahren und die Veröffentlichungspflicht für den Verkaufsprospekt werden in den §§ 8 ff. VermAnlG beschrieben. Analog zum Wertpapier-Informationsblatt im Prospektrecht nach dem WpPG/der Prospekt-VO ist in den §§ 13 ff. VermAnlG ein Vermögensanlagen-Informationsblatt geregelt. Die Befugnisse der BaFin im Zusammenhang mit dem VermAnlG ergeben sich aus den §§ 15a ff. VermAnlG. Die Prospekthaftung im Rahmen des VermAnlG ist schließlich in den §§ 20 ff. VermAnlG geregelt. Eine Besonderheit des VermAnlG findet sich in den §§ 23 ff. VermAnlG. Danach müssen Emittenten, die nicht schon anderweitig zur Rechnungslegung verpflichtet sind, Jahresberichte erstellen und im elektronischen Bundesanzeiger veröffentlichen. Die aufsichtsrechtlichen Sanktionen (insbesondere Bußgelder) sind in den §§ 28 ff. VermAnlG zu finden. Zudem kommt unter bestimmten Umständen eine Untersagung der Veröffentlichung des Verkaufsprospekts/des Vermögensanlagen-Informationsblatts oder des Angebots nach den §§ 17, 18 VermAnlG in Betracht.

Unübersichtlicher ist die Regelung der Prospektpflicht nach dem **72**
KAGB. Dort ergibt sich die **Pflicht zur Veröffentlichung eines Verkaufsprospekts aus den §§ 164, 268 KAGB** nur für sog. Publikumsfonds (OGAW und AIF). Die §§ 164 ff. KAGB erfassen dabei offene Publikumsfonds, die §§ 268 ff. geschlossene Publikumsfonds. In den §§ 164, 268 ist zudem geregelt, dass die jeweilige KVG zusätzlich zum Verkaufsprospekt ein Dokument mit den wesentlichen Anlegerinformationen mit dem Inhalt der §§ 166, 270 KAGB erstellen muss. Mindestangaben und Formvorgaben ergeben sich aus den jeweiligen Folgeparagrafen, teils aber recht unlogisch überschrieben. Maßgeblich ist wie stets, dass sämtliche wesentlichen Anlegerinformationen enthalten sein müssen und dass der Verkaufsprospekt verständlich abgefasst ist. Ein Billigungsverfahren bei der BaFin gibt es bei KAGB-Verkaufsprospekten jedoch nicht. Aufsichtsrechtliche Sanktionen wie Untersagung und Bußgeldverfahren finden sich in den §§ 314, 340 KAGB. Den Kern der hier einschlägigen spezialgesetzlichen Prospekthaftung (für Verkaufsprospekt und wesentliche Anlegerinformationen) bildet § 306 KAGB.

6. Prospekthaftung

73 Hinsichtlich der Prospekte nach dem WpPG/der Prospekt-VO sowie der Verkaufsprospekte nach dem VermAnlG und dem KAGB kommt stets die **allgemeine bürgerlich-rechtliche Prospekthaftung** aus den §§ 311 Abs. 2 und Abs. 3, 241 Abs. 2 BGB (c.i.c.) in Betracht. Hierbei unterscheidet man nach Prospekthaftung i.e.S. und i.w.S. Bei **Prospekthaftung i.e.S.** geht es um die Haftung der Prospektverantwortlichen, wenn dem Anleger ein Schaden dadurch entstanden ist, dass der Prospekt oder Verkaufsprospekt fehlerhaft ist. Die c.i.c.-Haftung entsteht dann, weil der Anleger im Vorfeld der Anlage auf die ordnungsgemäße Erstellung des Prospekts oder Verkaufsprospekts vertraut hat. Sofern ein spezialgesetzlicher Haftungstatbestand aus dem WpPG, VermAnlG oder KAGB greift, wird die Prospekthaftung i.e.S. jedoch verdrängt. Demgegenüber bleibt die **Prospekthaftung i.w.S.** dann gleichwohl anwendbar. Prospekthaftung i.w.S. bedeutet ebenfalls eine c.i.c.-Haftung, dann aber für die Inanspruchnahme von besonderem Vertrauen im Rahmen von Vertragsverhandlungen. Die allgemeine bürgerlich-rechtliche Prospekthaftung ist im Anwendungsbereich der spezialgesetzlichen Prospekthaftung ausgeschlossen, wird dann also verdrängt. Seit Regulierung der Graumarktprodukte zunächst im VermAnlG (samt spezialgesetzlicher Prospekthaftung hierfür) kommt die allgemeine bürgerlich-rechtliche Prospekthaftung eigentlich nur noch äußerst selten, dann etwa in Bezug auf Prospekte flankierendes Marketingmaterial zur Anwendung. Im Wesentlichen kommt es heute auf die spezialgesetzliche Prospekthaftung an.

74 Die **spezialgesetzliche Prospekthaftung** nach den §§ 8 ff. WpPG ist der ehemaligen Regelung aus den §§ 21 ff. WpPG a.F. nachgebildet, wenngleich sie jetzt auf der Anordnung in Art. 11 Prospekt-VO beruht. Die §§ 20 ff. VermAnlG und § 306 KAGB sind hierzu ähnlich abgefasst, so dass vorliegend alleine die §§ 8 ff. WpPG behandelt werden sollen. Bei den §§ 8 ff. WpPG ist strikt danach zu unterscheiden, ob es um einen fehlerhaften Börsenzulassungsprospekt (§ 9 WpPG), einen fehlerhaften Prospekt für ein öffentliches Angebot (§ 10 WpPG) oder ein fehlerhaftes Wertpapier-Informationsblatt (§ 11 WpPG) geht. Anspruchsberechtigt ist nach diesen Normen jeweils der Erwerber von Wertpapieren, die dem jeweiligem Prospekttyp unterlegt waren. Haftungsadressaten sind die Prospektverantwortlichen i.S.d. § 8 WpPG. Verantwortlich für den Inhalt des Prospekts sind danach zumindest der Anbieter, der Emittent, der Zulassungsantragsteller oder der Garantiegeber. Bei Börsenzulassungsprospekten ist zusätzlich das begleitende Kreditinstitut verantwortlich. Nach h.M. können sonstige Personen im Umfeld der Prospekterstellung (z.B. Rechtsanwälte,

Wirtschaftsprüfer) nicht prospektverantwortlich sein, da es bei § 8 WpPG nur um eine Gesamtverantwortung für den Prospekt geht, nicht aber um eine Verantwortung nur für Teilbeiträge. Diese sonstigen Personen können allerdings im Fall der Prospekthaftung im Innenverhältnis in Regress genommen werden. Die erteilte Billigung der BaFin macht die BaFin ebenfalls nicht zur Prospektverantwortlichen.

Beispiel: In Fällen der Prospekthaftung werden die in Anspruch genommenen Prospektverantwortlichen typischerweise auch einwenden, dass ihre Haftung ausgeschlossen sei. Schließlich habe die BaFin ja den Prospekt gebilligt, daher könne dieser gar nicht fehlerhaft sein. **75**

2017 entschied der BGH einen solchen Fall, in dem es allerdings um einen Verkaufsprospekt nach dem VermAnlG ging. Dabei führte der BGH aus, dass eine Billigungsentscheidung der BaFin in zivilrechtlicher Hinsicht nicht vor Regressansprüchen schützt. Schließlich prüfe die BaFin den Inhalt von (Verkaufs-)Prospekten gar nicht vollumfänglich, könne also die Fehlerhaftigkeit gar nicht ohne weiteres feststellen.

Fehlerhaft ist ein Prospekt dann, wenn für die Beurteilung der Wertpapiere wesentliche Angaben **unrichtig oder unvollständig** sind. Wesentliche Angaben sind dabei nicht nur Tatsachen, sondern auch Werturteile und Prognosen, soweit hierfür eine hinreichende Tatsachengrundlage besteht. Unvollständig ist ein Prospekt jedenfalls dann, wenn gesetzlich vorgeschriebene Mindestangaben fehlen. Unrichtigkeit des Prospekts liegt vor, wenn wesentliche Angaben nicht der Realität entsprechen. Dabei können auch einzelne Angaben zutreffen, aber in ihrer Gesamtheit ein unzutreffendes Gesamtbild ergeben. Ebenso können größere Formfehler dazu führen, dass der Prospekt als unrichtig angesehen werden muss. Entscheidend ist bei einer unklaren Lage, wie die Fehlerhaftigkeit aus Sicht eines durchschnittlichen Anlegers zu beurteilen ist. **76**

Im Übrigen muss eine **haftungsbegründende Kausalität** vorliegen. D.h. die konkrete Fehlerhaftigkeit des Prospekts muss für den Erwerb der Wertpapiere durch den Anspruchsberechtigten kausal gewesen sein. Ferner muss bei dem in Anspruch genommenen Prospektverantwortlichen ein **Verschulden** vorliegen. Insoweit muss er zum Zeitpunkt der Prospektbilligung die Fehlerhaftigkeit des Prospekts gekannt oder grob fahrlässig nicht gekannt haben. Weiterhin darf kein Haftungsausschlussgrund nach den §§ 12, 13 WpPG vorliegen. So ist etwa die Haftung dann ausgeschlossen, wenn der Anspruchsberechtigte die **77**

Fehlerhaftigkeit des Prospekts (oder Wertpapier-Informationsblatts) bei dem Erwerb der Wertpapiere kannte. Liegen alle Tatbestandsvoraussetzungen vor, lautet die Rechtsfolge auf Rückabwicklung der Anlage, d.h. Rückgewähr der Wertpapiere Zug um Zug gegen Rückzahlung des Kaufpreises und Erstattung der üblichen Erwerbskosten.

78 Neben dem häufigsten Anwendungsfall eines fehlerhaften Prospekts (oder Wertpapier-Informationsblatts) zählt zur spezialgesetzlichen Prospekthaftung auch noch der Fall eines **fehlenden Prospekts** (oder Wertpapier-Informationsblatts) nach den §§ 14, 15 WpPG. Es gilt dieselbe Rechtsfolge wie bei der Prospekthaftung wegen Fehlerhaftigkeit des Prospekts (oder Wertpapier-Informationsblatts). Voraussetzung ist auf der Tatbestandsebene, dass nicht nur der erforderliche Prospekt (oder das erforderliche Wertpapier-Informationsblatt) fehlt, sondern auch, dass das Erwerbsgeschäft vor Veröffentlichung eines Prospekts (oder Wertpapier-Informationsblatts) und innerhalb von sechs Monaten nach dem ersten öffentlichen Angebot im Inland abgeschlossen wurde.

B. Stimmrechtsmitteilungen

Literatur: *Brellochs*, AG 2016, 157 ff.; *Buck-Heeb*, Kapitalmarktrecht, § 8; *Eggers*, BB 2015, 651 ff.; *Göres*, in: *Habersack/Mülbert/Schlitt*, Handbuch der Kapitalmarktinformation, § 31; *Habersack*, AG 2018, 133 ff.; *Karrer*, in: *Szesny/Kuthe*, Kapitalmarkt-Compliance, 2. Teil 7. Kapitel; *Korch/Lang*, JuS 2019, 1088 ff.; *Kunz/de Schmidt*, CB 2019, 416 ff.; *Langenbucher*, Aktien- und Kapitalmarktrecht, § 17; *Lehmann*, Grundriss des Bank- und Kapitalmarktrechts, § 16 Teil D.; *Poelzig*, Kapitalmarktrecht, § 20

79 Hinsichtlich Stimmrechtsmitteilungen gibt die **TD** europarechtlich vor, dass es eine wertpapierhandelsrechtliche **Beteiligungstransparenz** zum Zweck der Gewährleistung von Informationseffizienz durch die Offenlegung von Veränderungen **bei bedeutenden Stimmrechtsanteilen** an börsennotierten Emittenten geben muss. Die in der Folge in den §§ 33 ff. WpHG national umgesetzten Pflichten in Bezug auf Stimmrechtsmitteilungen weisen dabei auch und gerade einen anderweitig dienenden Charakter auf: Durch Stimmrechtsmitteilungen werden sowohl sich abzeichnende öffentliche Übernahmen signalisiert als auch insiderrechtliche Konstellationen identifiziert.

I. Grundlegendes

80 Grundlegend gilt, dass Anwendungsvoraussetzung für Stimmrechtsmitteilungen nach den §§ 33 ff. WpHG ist, dass die Aktien des jeweiligen Emittenten am organisierten Markt i.S.d § 2 Abs. 11 WpHG im Herkunftsstaat Deutschland gelistet sind. Dies ergibt sich bereits aus § 33 Abs. 4 WpHG. Sofern die maßgeblichen Aktien eines Emittenten lediglich im Freiverkehr notieren, kommen Stimmrechtsmitteilungen nach dem WpHG ausdrücklich nicht in Betracht; allerdings gelten dann gleichwohl die ähnlich gelagerten Meldepflichten i.S.d. §§ 20 ff. AktG als lex generalis. Anders ist die Situation, sofern die jeweiligen Aktien eines Emittenten zunächst im Freiverkehr gelistet sind, dann aber ein Uplisting in den organisierten Markt erfolgt. In diesem Fall treten die Meldepflichten i.S.d. §§ 33 ff. WpHG in Kraft, die Meldepflichten i.S.d. §§ 20 ff. AktG enden dann laut § 20 Nr. 8 AktG.

II. Die einzelnen Vorschriften

Die wesentlichen Vorschriften der §§ 33 ff. WpHG sind im Überblick: **81**

- § 33 WpHG als Zentralnorm regelt die eigentliche Meldepflicht des Eigentümers der Aktien, denen Stimmrechte unterlegt sind.
- § 34 WpHG enthält die Stimmrechtszurechnung auf Dritte, die nicht Eigentümer der Aktien sind.
- § 35 WpHG hat einen rein dienenden Charakter und erläutert, wie Tochterunternehmen (vgl. § 34 Abs. 1 Satz 1 Nr. 1 WpHG) zu bestimmen sind).
- § 36 WpHG schafft Ausnahmen für Stimmrechte, die bei der Berechnung des zu meldenden Stimmrechtsanteils unberücksichtigt bleiben sollen.
- § 37 WpHG befreit Tochterunternehmen von der Meldepflicht, sofern das Mutterunternehmen ordnungsgemäß meldet.
- § 38 WpHG erweitert den Anwendungsbereich der Meldepflicht nach §§ 33 f. WpHG (Stimmrechte) um Instrumente.
- § 39 WpHG ist eine Vorschrift bezogen auf die Meldepflicht, wenn Stimmrechte und Instrumente kombiniert gehalten werden.
- § 43 WpHG regelt weitere Meldepflichten für Inhaber wesentlicher Beteiligungen.
- § 44 WpHG dreht sich um den Rechtsverlust als Sanktion.
- Weitere Sanktionsregeln finden sich in den §§ 120, 124 WpHG.

1. Meldepflicht von Stimmrechten nach § 33 WpHG

Jedenfalls müssen i.S.d. § 33 Abs. 1 WpHG natürliche und juristische Personen der BaFin und dem Emittenten bei Erreichen/Über- oder Unterschreiten **gewisser Schwellenwerte von Stimmrechten ab 3 %** **82** die Höhe ihrer Stimmrechtsanteile unverzüglich, spätestens aber innerhalb von vier Handelstagen, mitteilen. Die Meldepflicht beginnt i.S.d. § 33 Abs. 1 Satz 3 WpHG ab Erlangung der Kenntnis oder einer grob fahrlässigen Unkenntnis des jeweils Meldepflichtigen von der einschlägigen Schwellenberührung. Nach einer in § 33 Abs. 1 Satz 4 WpHG angelegten unwiderleglichen Vermutung hat der jeweils Meldepflichtige innerhalb von zwei Handelstagen die entsprechende Kenntnis erlangt, wodurch eine zeitnahe Beteiligungstransparenz sichergestellt werden soll. Der Emittent leitet die vom Meldepflichtigen abgegebene Stimmrechtsmitteilung dann zur Veröffentlichung sowie an das Unternehmensregister zur Speicherung weiter. Zur Übermittlung an das Unternehmensregister und zu Veröffentlichungspflichten des Emittenten selbst, treffen die §§ 40 f. WpHG weitere Detailregelungen.

83 **Tipp:** Für die Erfüllung der Meldepflichten nach den §§ 33 ff. WpHG gibt es feste Formalia. So ist ein Meldeformular i.S.d. § 12 Abs. 1 WpAIV zu verwenden. Möglich ist dann einerseits die Übermittlung per Post oder Telefax. Zur elektronischen Übermittlung einer Stimmrechtsmitteilung kann der Meldepflichtige zudem über das BaFin-Fachverfahren „Stimmrechtsmitteilungen (§§ 33 ff. WpHG)" ein Online-Formular nutzen, welches diverse Ausfüllhilfen bereitstellt, oder auf der Internetseite der BaFin beschriebene weitere elektronische Übermittlungswege nutzen. Mittlerweile hat sich ebenso wie für Einreichungen im Prospektrecht die elektronische Stimmrechtsmitteilung durchgesetzt. Diese kann dann auch im Grundsatz automatisiert geprüft werden.

84 Für die **originäre Meldepflicht** i.S.d. § 33 WpHG kommt es nach § 33 Abs. 1 Satz 1 WpHG darauf an, dass die **Aktien**, um deren Stimmrechte es geht, **dem Meldepflichtigen gehören**. Entscheidend ist insoweit also das Eigentum an den relevanten Aktien, somit die dingliche Rechtslage. Allerdings ist der korrekte Meldezeitpunkt seit der Einführung des § 33 Abs. 3 WpHG das hierzu schuldrechtliche Verpflichtungsgeschäft, auf dessen Grundlage das Eigentum erworben wird. Diese letztlich bewirkte Vorverlagerung dient einer europaweiten Vereinheitlichung der Beteiligungspublizität. Für Verwirrung sorgte dabei der jahrelange deutsche Sonderweg des Abstellens rein auf das Eigentum, da die meisten anderen Jurisdiktionen Europas nicht zwischen schuldrechtlichem Verpflichtungs- und dinglichem Verfügungsgeschäft unterscheiden und etwa beim Hauptanwendungsfall des Aktienkaufs (anders als bislang Deutschland) stets nur den Abschluss des Kaufvertrags als maßgeblich erachteten. Nunmehr sorgt mitunter (allerdings rein in Deutschland) für Verunsicherung, dass es bei großen Aktienkäufen für die Beteiligungspublizität nach dem WpHG auf den Zeitpunkt des Abschlusses des Kaufvertrags, für den übernahmerechtlichen Kontrollerwerb i.S.d. §§ 29 Abs. 2, 35 WpÜG aber auf den regelmäßig hierzu nachgelagerten dinglichen Erwerb der Aktien ankommt. Stimmrechtsmitteilungen und anzukündigende Pflichtangebote i.S.d. § 35 Abs. 1 Satz 1 WpÜG können daher in ihrem Bezugsmoment zeitlich auseinanderfallen. Jenseits der Erwerbs- und Veräußerungsfälle kann die Schwellenberührung auch durch sonstige Weise erreicht werden, was etwa Erbfälle abdeckt.

2. Zurechnung von Stimmrechten nach § 34 WpHG

Im Binnenvergleich zu § 33 WpHG erfasst **§ 34 WpHG** mit den **85**
dort verankerten **Zurechnungsvarianten** eine Meldepflicht für Fälle, in denen die relevanten Aktien dem Meldepflichtigen zwar nicht gehören, dieser aber zur Ausübung der unterlegten Stimmrechte befugt oder ermächtigt ist. Klarstellend ist dabei darauf hinzuweisen, dass diese Problemkreise zumeist im Zusammenhang mit dem WpÜG insoweit identisch sind, als dass die BaFin als maßgebliche Aufsichtsbehörde die Zurechnungsnormen § 34 WpHG und § 30 WpÜG gleichförmig anwendet. Die Stimmrechtszurechnung nach § 34 WpHG kann im Übrigen zu **doppelten Meldepflichten** führen. Dabei meldet einerseits derjenige, dem die maßgeblichen Aktien gehören. Anderseits aber auch derjenige, dem die Stimmrechte aus diesen Aktien i.S. einer Zurechnungsvariante aus § 34 WpHG zugerechnet werden. Doppelmeldungen mehrerer Meldepflichtiger für dieselben Stimmrechte/Instrumente können allerdings nach § 37 WpHG verhindert werden, sofern bereits das Mutterunternehmen ordnungsgemäß meldet. Dann sind Tochterunternehmen nicht mehr meldepflichtig. Eine **Kettenzurechnung**, d.h. eine Weiterzurechnung von Stimmrechten auf ein Mutterunternehmen, welche bereits auf ein Tochterunternehmen zugerechnet wurden, findet nach Maßgabe von § 34 Abs. 1 Satz 2 und Abs. 2 Satz 3 WpHG statt.

a) Zurechnung von Stimmrechten nach § 34 Abs. 1 WpHG

Insgesamt gibt es neun Zurechnungsvarianten. Acht davon sind in **86**
§ 34 Abs. 1 Satz 1 WpHG geregelt (Einzelzurechnungen). Und zwar in Bezug auf Stimmrechte,

- die einem **Tochterunternehmen** des Meldepflichtigen gehören (Nr. 1),
- die einem Dritten gehören und von ihm **für Rechnung** des Meldepflichtigen **gehalten** werden (Nr. 2),

- die der Meldepflichtige einem Dritten **als Sicherheit übertragen** hat, es sei denn, der Dritte ist zur Ausübung der Stimmrechte aus diesen Aktien befugt und bekundet die Absicht, die Stimmrechte unabhängig von den Weisungen des Meldepflichtigen auszuüben (Nr. 3),
- an denen zugunsten des Meldepflichtigen ein **Nießbrauch** bestellt ist (Nr. 4),
- die der Meldepflichtige **durch eine Willenserklärung erwerben** kann (Nr. 5),
- die dem Meldepflichtigen **anvertraut** sind **oder** aus denen er die Stimmrechte **als Bevollmächtigter ausüben** kann, sofern er die Stimmrechte aus diesen Aktien nach eigenem Ermessen ausüben kann, wenn keine besonderen Weisungen des Aktionärs vorliegen (Nr.6),
- aus denen der Meldepflichtige die Stimmrechte ausüben kann auf Grund einer Vereinbarung, die eine **zeitweilige Übertragung** der Stimmrechte ohne die damit verbundenen Aktien gegen Gegenleistung vorsieht (Nr. 7) oder
- die beim Meldepflichtigen **als Sicherheit verwahrt** werden, sofern der Meldepflichtige die Stimmrechte hält und die Absicht bekundet, diese Stimmrechte auszuüben (Nr. 8).

87 In der Praxis geht es **in den meisten Fällen** des § 34 Abs. 1 WpHG um die Zurechnungsvariante nach **§ 34 Abs. 1 Satz 1 Nr. 1 WpHG** (Stimmrechte, die einem Tochterunternehmen des Meldepflichtigen gehören). Die **Tochterunternehmenseigenschaft** bestimmt sich wiederum nach **§ 35 WpHG**. § 35 Abs. 1 WpHG erläutert, dass sich die Eigenschaft als Tochterunternehmen nach der Bilanzvorschrift des § 290 HGB oder, was aber nicht eindeutig aus dem Wortlaut hervorgeht, nach der konzernrechtlichen Norm des § 17 AktG ergibt. Dies ist im Einzelfall nicht immer leicht zu bestimmen. § 35 Abs. 2 WpHG klammert gewisse Fälle des Investmentrechts wieder aus.

b) Zurechnung von Stimmrechten nach § 34 Abs. 2 WpHG

88 Von herausgehobener Bedeutung ist ferner auch die in **§ 34 Abs. 2 WpHG** angelegte neunte Zurechnungsvariante als wechselseitige Zurechnung (sog. **Acting in Concert**). Danach werden dem Meldepflichtigen auch Stimmrechte eines Dritten aus Aktien des Emittenten, für den die Bundesrepublik Deutschland der Herkunftsstaat ist, in voller Höhe zugerechnet, mit dem der Meldepflichtige oder sein Tochterunternehmen sein Verhalten in Bezug auf diesen Emittenten auf Grund einer Vereinbarung oder in sonstiger Weise abstimmt; ausgenommen sind Vereinbarungen in Einzelfällen. Ein abgestimmtes Verhalten setzt voraus, dass der Meldepflichtige oder sein Tochterunternehmen und der Dritte sich über die Ausübung von Stimmrechten verständigen oder mit dem Ziel einer dauerhaften und erheblichen Änderung der unternehmerischen Ausrichtung des Emittenten in sonstiger Weise zusammenwirken.

Das sog. Acting in Concert hat eine herausgehobene Bedeutung in der **89** Praxis. Nahezu immer geht es dabei um die Variante des Verständigens über die Ausübung von Stimmrechten. Dort wiederum sind lose mündliche Vereinbarungen (Gentlemen's Agreement) eher selten. Viel wichtiger ist die Geltung bei **Stimmrechts- und Poolvereinbarungen**. Alternative Bezeichnungen für Stimmrechts- und Poolvereinbarungen sind etwa Schutzgemeinschaftsvertrag, Fraktionsabrede, Konsortialvertrag, (schuldrechtliche) Nebenvereinbarung oder Beteiligungsvertrag. Hiermit will eine bestimmte Gesellschaftergruppe wie etwa ein Familienstamm eine Bündelung der Stimmrechte aus den jeweils gehaltenen Aktien vornehmen, um so den Einfluss in der jeweiligen AG, SE oder KGaA abzusichern. Daneben kommt Stimmrechts- und Poolvereinbarungen in jüngerer Zeit (seit 2009) v.a. im Umfeld von Unternehmensnachfolge eine besondere Bedeutung zu. Denn bei entsprechender Stimmrechtsbindung/Poolung von Aktien/Stimmrechten kann begünstigtes Vermögen nach § 13b Abs. 1 Nr. 3 ErbStG für Zwecke der Schenkungs- oder Erbschaftssteuer entstehen. Fälle der Variante des Zusammenwirkens mit dem Ziel einer dauerhaften und erheblichen Änderung der unternehmerischen Ausrichtung des Emittenten sind wie bezeichnet selten. Zumal die bloße Mantelaktivierung einer leeren Gesellschaft ohne aktuelle unternehmerische Ausrichtung dem BGH nach insoweit nicht ausreichend ist. In beiden Varianten ist ein einmaliges Verständigen/Zusammenwirken aufgrund der in § 34 Abs. 2 WpHG angelegten Einzelfallausnahme kein Anwendungsfall des Acting in Concerts. Ob ein Einzelfall vorliegt, ist dem BGH nach rein formal zu bestimmen, also anhand der Verständigungs- oder Zusammenwirkenshandlung. Folge eines Acting in Concerts ist jedenfalls, dass allen Abstimmungspartnern wechselseitig die gehaltenen Stimmrechte zugerechnet werden, so dass sich der Kreis der Meldepflichtigen i.S.d. § 33 WpHG und die Höhe der mitzuteilenden Stimmrechte entsprechend bestimmt.

Tipp: Für Fragen insbesondere auch zur Stimmrechtszurechnung **90** sollte stets ein Blick in den online abrufbaren Emittentenleitfaden der BaFin erfolgen. Dieser ist zwar rein auf das WpHG, dort aber auf die unterschiedlichsten Rechtsbereiche bezogen. Die BaFin hält den Emittentenleitfaden fortwährend aktuell und sieht sich selbst an dessen Inhalt gebunden. Folglich wird sie keine Abgabe von Stimmrechtsmitteilungen verlangen, wenn der im konkreten Fall maßgebliche Sachverhalt vom Inhalt des Emittentenleitfadens entsprechend abgebildet wird. In den Emittentenleitfaden eingebettet sind auch die jeweiligen gerichtlichen Entscheidungen zur Bestimmung der einzelnen Zurechnungsvarianten.

3. Meldepflicht von Instrumenten nach § 38 WpHG und Kombination mit Stimmrechten nach § 39 WpHG

91 Meldepflichten nach § 33 WpHG sind zudem dann einschlägig, wenn es um das **Halten von Instrumenten i.S.d. § 38 WpHG** geht. Nach § 38 Abs. 2 WpHG sind solche Instrumente insbesondere übertragbare Wertpapiere, Optionen, Finanzterminkontrakte, Swaps, Zinsausgleichsvereinbarungen und Differenzgeschäfte. Allerdings fällt im Unterschied zur Meldepflicht für Stimmrechte i.S.d. § 33 WpHG die 3 %-Schwelle weg, so dass eine Meldepflicht hiernach erst ab 5 % eintritt. Im Wesentlichen soll § 38 WpHG verhindern, dass sich Bieter bei öffentlichen Übernahmen im Vorfeld unbemerkt anschleichen und sich mit größeren Paketen an Instrumenten eindecken können, die sich später zu Stimmrechten wandeln lassen. § 39 WpHG sorgt ferner dafür, dass Stimmrechte und Instrumente zusammengerechnet werden. Auch bei einer solchen Zusammenrechnung gibt es nach § 39 Abs. 1 WpHG keine 3 %-Schwelle.

92 **Beispiel:** 2012 wollte die FPS Beteiligungs AG aus dem Fresenius-Konzern die RHÖN-KLINIKUM AG übernehmen. Das Übernahmeangebot beinhaltete eine Mindestannahmeschwelle von 90 % der Aktien der RHÖN-KLINIKUM AG plus eine Aktie. Schafft es der Bieter in so einem Fall nicht, diese Schwelle innerhalb der Annahmefrist des Angebots zu erreichen, ist das Angebot gescheitert.

Eine Gesellschaft aus der Asklepios-Gruppe hielt seit langer Zeit knapp unter 3 % an Aktien und Stimmrechten der Marktkonkurrentin RHÖN-KLINIKUM AG. Eine Meldepflicht i.S.d. § 33 WpHG bestand somit nicht. Diese geht alleine bei Stimmrechten erst bei 3 % los. Nun erwarb jene Gesellschaft aber während der Angebotsfrist ca. 2 % Instrumente in Bezug auf Aktien der RHÖN-KLINIKUM AG. Auch jetzt bestand nach den §§ 33, 38, 39 WpHG noch keine Meldepflicht. Die Meldepflicht trat erst in Kraft, als die besagte Gesellschaft kurz vor Ende der Annahmefrist weitere Instrumente erwarb und hierdurch die Kombinationsschwelle von 5 % überschritten wurde. Der Markt erfuhr also letztlich erst sehr spät davon, dass ein Konkurrent im Kliniksektor einen größeren Sperrblock aufgebaut hatte, durch den der Erfolg des Angebots mit einer solch hohen Mindestannahmeschwelle unwahrscheinlich wurde. Das Übernahmeangebot scheiterte letztlich auch hieran.

4. Nichtberücksichtigung von Stimmrechten nach § 36 WpHG

Unter bestimmten Umständen werden **Stimmrechte** aus Aktien 93 (aber auch Instrumente, vgl. § 38 Abs. 1 Satz 2 WpHG) bei der Berechnung des Stimmrechtsanteils **nicht berücksichtigt**. Hierfür beschreibt § 36 WpHG einige Anwendungsfälle. Die Norm ist sehr komplex aufgebaut, bildet allerdings nur wenige Anwendungsfälle der Praxis ab. Insgesamt geht es um solche Stimmrechte, die im Fall ihrer Meldung die Machtverhältnisse beim Emittenten nicht unbedingt zutreffend widerspiegeln, somit ggf. Marktirritationen hervorrufen könnten. Für die Nichtberücksichtigung ist – anders als etwa bei der Nichtberücksichtigung von Stimmrechten nach § 36 WpÜG – kein gesonderter Antrag bei der BaFin erforderlich. Der wichtigste Anwendungsfall von § 36 WpHG dürfte § 36 Abs. 1 WpHG sein. Danach bleiben bis zu 5 % gehaltene Stimmrechte/Instrumente eines Emittenten unberücksichtigt, wenn diese von einem Kreditinstitut oder WpDiU innerhalb der EU/dem EWR im eigenen Handelsbuch gehalten werden und sichergestellt ist, dass die bezogenen Stimmrechte nicht genutzt werden, um Einfluss auf die Geschäftsführung des Emittenten zu nehmen. Ausnahmen existieren ferner bei bestimmten Kursstabilisierungsmaßnahmen, kurzfristigen Geschäften, Verwahrbeständen mit Einschränkungen bei der Ausübbarkeit der Stimmrechte, bei zentralbanklicher Tätigkeit und bei Market Makern.

5. Weitere Meldepflichten für Inhaber von wesentlichen Beteiligungen nach § 43 WpHG

Während die §§ 33, 38, 39 WpHG als Eingangsschwelle für Melde- 94 pflichten auf 3 % oder 5 % abstellen, gilt bei § 43 WpHG eine Eingangsschwelle von 10 %, ab der eine wesentliche Beteiligung vorliegt. Dabei geht es bei § 43 WpHG einzig um Stimmrechte i.S.d. § 33 WpHG als Bezugspunkt, nicht aber auch um Instrumente i.S.d. § 38 WpHG. Bei Erreichen oder Überschreiten der Schwelle von 10 % oder einer höheren Schwelle aus § 33 WpHG müssen dem relevanten Inlandsemittenten die **mit dem Erwerb der Stimmrechte verfolgten Ziele und die Herkunft der für den Erwerb verwendeten Mittel** innerhalb von 20 Handelstagen nach Erreichen oder Überschreiten dieser Schwellen mitgeteilt werden. Der Emittent hat die Mitteilung dann unverzüglich zu veröffentlichen und dem Unternehmensregister zur Speicherung zuzuleiten.

95 Für beide Meldeaspekte nennt § 43 Abs. 1 WpHG weitere Details, auf die Bezug genommen werden muss. Hinsichtlich der Herkunft der verwendeten Mittel hat der Meldepflichtige dabei anzugeben, ob es sich um Eigen- oder Fremdmittel handelt, die der Meldepflichtige zur Finanzierung des Erwerbs der Stimmrechte aufgenommen hat. Hinsichtlich der mit dem Erwerb der Stimmrechte verfolgten Ziele geht es um die Angabe, ob

- die Investition der Umsetzung strategischer Ziele oder der Erzielung von Handelsgewinnen dient (Nr. 1),
- der Meldepflichtige innerhalb der nächsten 12 Monate weitere Stimmrechte durch Erwerb oder auf sonstige Weise zu erlangen beabsichtigt (Nr. 2),
- der Meldepflichtige eine Einflussnahme auf die Besetzung von Verwaltungs-, Leitungs- und Aufsichtsorganen des Emittenten anstrebt (Nr. 3) und
- der Meldepflichtige eine wesentliche Änderung der Kapitalstruktur der Gesellschaft, insbesondere im Hinblick auf das Verhältnis von Eigen- und Fremdfinanzierung und die Dividendenpolitik anstrebt (Nr. 4).

96 Die Meldepflicht des § 43 WpHG hat in der Praxis eine geringe Bedeutung, denn eine Kontrolle des Inhalts der Meldung ist faktisch unmöglich. Schließlich ist der Meldepflichtige an den Inhalt seiner Meldung nicht gebunden, Ziele und deren Verfolgung können sich jederzeit wieder ändern, was dann allerdings eine aktualisierte Meldung auslöst (vgl. § 43 Abs. 1 Satz 2 WpHG). Und auch die Mittelherkunft kann recht oberflächlich beschrieben werden. Außerdem sieht das WpHG keinerlei Sanktionen dafür vor, falls die Meldepflicht nach § 43 WpHG nicht erfüllt wird.

6. Aufsichtsrechtliche Sanktionen

97 Der **Rechtsverlust** nach § 44 WpHG bildet eine der Sanktionen, die aus der Nichterfüllung der Meldepflichten aus den §§ 33 ff. WpHG folgt. Rechtsverlust bedeutet, dass sämtliche Rechte (Mitgliedschafts- und Verwaltungsrechte) aus den betroffenen Aktien für denjenigen Zeitraum erlöschen, in dem die Meldepflichten nicht erfüllt werden. Im Wesentlichen geht es den Aktionären dabei um ihr Stimmrecht. Die Aktien existieren somit, mit ihnen kann aber nichts bewegt werden, denn der betreffende Aktionär kann weder an einer Hauptversammlung des Emittenten teilnehmen noch dort die Stimmrechte aus den Aktien ausüben.

§ 44 WpHG spricht die Sanktion des Rechtsverlust dem Wortlaut nach dabei ausdrücklich nur für denjenigen Zeitraum aus, im dem die Meldepflichten nicht erfüllt wurden. Nach h.M. in der Lit. und neuester Rspr. soll der Rechtsverlust über diesen Wortlaut hinaus aber auch dann eintreten, wenn die Meldepflichten aus den §§ 33 ff. WpHG zwar grds. befolgt wurden, jedoch zunächst in unrichtiger oder unvollständiger Weise. Reine Formmängel auf dem Meldeformular dürften damit aber nicht gemeint sein, sondern ausschließlich die falsche oder unvollständige Mitteilung von anzugebenden Stimmrechten und/oder Instrumenten. Voraussetzung ist ferner über den Wortlaut hinaus, dass der Meldepflichtige schuldhaft gehandelt hat (Vorsatz oder Fahrlässigkeit im Zusammenhang mit den Verstößen gegen die Meldepflicht aus den §§ 33 ff. WpHG). Vom Rechtsverlust sachlich erfasst sind sämtliche Aktien, die dem Meldepflichtigen gehören oder zugerechnet werden. Damit verlieren auch Dritte ihre Rechte an den jeweiligen Aktien, deren Stimmrechte einem Meldepflichtigen zugerechnet werden, woraufhin dieser Meldepflichtige Pflichten (auch zu Lasten Dritter) nicht erfüllt hat. **98**

Der Rechtsverlust i.S.d. § 44 WpHG wird in der Praxis als **scharfes Schwert** empfunden. Problematisch ist aber stets die Feststellungskompetenz für Meldeverstöße und den daraus resultierenden Rechtsverlust. So kann etwa auf der Hauptversammlung zunächst vom Versammlungsleiter ein Meldeverstoß behauptet werden mit der Folge, dass die maßgeblichen Aktien nicht zu den Abstimmungen zugelassen werden. Gegen die gleichwohl gefassten Beschlüsse der Hauptversammlung muss der betroffene Aktionär/Meldepflichtige dann erst lange klagen. Selbst wenn die BaFin von einem Meldeverstoß und damit zwangsläufig auch von einem Rechtsverlust i.S.d. § 44 WpHG ausgeht, ist dies ebenfalls nur bedingt bindend. Regelmäßig enden beide Varianten vor den Gerichten (Verwaltungs- oder Zivilgericht), welche dann inzident den Verstoß gegen Meldepflichten aus den §§ 33 ff. WpHG beurteilen müssen. **99**

Neben dem Rechtsverlust kommen weitere aufsichtsrechtliche Sanktionen in Betracht. Zunächst einmal wird die BaFin die Verstöße gegen die Meldepflichten aus den §§ 33 ff. WpHG feststellen und den Meldepflichtigen bitten oder förmlich ersuchen, seiner Meldepflicht nachträglich nachzukommen. Gleichwohl bedeutet dies, dass der Meldepflichtige dann zumindest nicht rechtzeitig seiner Pflicht nachgekommen ist (vgl. § 120 Abs. 2 Nr. 2 lit. d) WpHG). Verstöße gegen die Meldepflichten aus den §§ 33 ff. WpHG sind jedenfalls Ordnungswidrigkeiten, die nach § 120 WpHG mit einem **Bußgeld** geahndet werden können. Die Höhe des Bußgeldes kann beträchtlich sein und orientiert sich an den Parametern Bußgeldobergrenze von zwei **100**

Mio. EUR für natürliche Personen oder zehn Mio. EUR, 5 % des (Konzern-)Umsatzes bzw. des zweifachen wirtschaftlichen Vorteils für juristische Personen/Personenvereinigungen (vgl. § 120 Abs. 17 WpHG). Zudem ist an die obligatorische Bekanntmachung der Sanktion Bußgeld nach § 124 WpHG (sog. Naming and Shaming) zu denken.

101 **Tipp:** In der Praxis sind Verstöße gegen Meldepflichten aus den §§ 33 ff. WpHG der weitaus häufigste Fall der Verhängung eines Bußgeldes durch die BaFin. Die zuletzt zwar deutlich gestiegenen Bußgeldobergrenzen, zudem mit der Referenzmöglichkeit auf (Konzern-)Umsätze, sollen abschrecken und schrecken auch ab. Tatsächlich gibt es aber bei der Bußgeldzumessung zahlreiche Anpassungskriterien (nach unten), so dass Millionenbußgelder doch recht selten sind, zumal nicht bei einem Erstverstoß. Diese Anpassungskriterien sind dabei ähnlich angelegt wie die bekannten Milderungsgründe im Zusammenhang mit strafrechtlichen Verurteilungen (geringes Verschulden, Geständnis, Mitwirken bei der Aufklärung etc.). Für Details sei auf die online abrufbaren, jeweils aktuellen **Bußgeld-Leitlinien der BaFin** verwiesen. Zudem ist daran zu denken, dass gegen den Bußgeldbescheid der BaFin ein Antrag auf gerichtliche Entscheidung nach den §§ 106, 62 OWiG möglich ist. Das zuständige Gericht wird dann insbesondere die Höhe des festgesetzten Bußgeldes noch einmal kritisch überprüfen.

C. Öffentliches Übernahmerecht

Literatur: *Buck-Heeb*, Kapitalmarktrecht, §§ 14 ff.; *Grunewald*, in: *Grunewald/Schlitt*, Einführung in das Kapitalmarktrecht, § 17; *Hippeli*, Der Konzern 2018, 465 ff.; *Karrer*, in: *Szesny/Kuthe*, Kapitalmarkt-Compliance, 3. Teil 9. Kapitel; *Langenbucher*, Aktien- und Kapitalmarktrecht, § 18; *Lehmann*, Grundriss des Bank- und Kapitalmarktrechts, § 17; *Poelzig*, Kapitalmarktrecht, § 21

102 Eng verbunden mit den Stimmrechtsmitteilungen ist das öffentliche Übernahmerecht. Das öffentliche Übernahmerecht ist als **Teilgebiet des M&A-Geschäfts** strikt von privatrechtlichen Übernahmen zu unterscheiden. Letztere haben mit dem Kapitalmarktrecht nichts zu tun. Denn bei privatrechtlichen Übernahmen geht es z.B. um die Übernahme einer GmbH oder einer solchen AG, deren Aktien nicht am organisierten Markt gelistet sind. Das öffentliche Übernahmerecht richtet sich nach dem WpÜG. Seit 2005 existiert die TOD, auf der das entsprechend angepasste WpÜG seither auch beruht. Das öffentliche Übernahmerecht hat eine hohe wirtschaftliche Bedeutung. Denn durch

die stets vorhandene Möglichkeit, zum Übernahmekandidaten zu werden, sind Vorstände der jeweiligen Gesellschaft gehalten, so gut wie möglich zu wirtschaften, um bezogen auf den Kurswert der Aktie vergleichsweise teuer zu sein. Damit werden Wertpotenziale automatisch gut ausgeschöpft. Umgekehrt ermöglichen Übernahmen für den Erwerber die möglichst gute Nutzung von Synergien.

Beispiel: In den letzten fünf Jahren ist es im Wege von mehreren öffentlichen Übernahmen in Deutschland sowie im Verhältnis Deutschland/Österreich zu einer Marktkonsolidierung und Marktkonzentration im Immobiliensektor gekommen. Die wenigen noch vorhandenen börsennotierten Immobilienkonzerne haben nun etwa im Bereich der Hausmeister- und Verwaltungsdienste durch zusammengeführte Services erhebliche Synergien gehoben. **103**

Insgesamt sollte mit dem WpÜG indes ein **geordnetes Verfahren** **104**
für den öffentlichen Übernahmemarkt geschaffen werden. Denn bei allen volkswirtschaftlich zu begrüßenden Aspekten besteht doch stets eine abstrakte Gefahr, dass Minderheitsaktionäre des Übernahmekandidaten (= Zielgesellschaft) durch die Übernahme benachteiligt werden, obwohl alle Aktionäre nach § 3 Abs. 1 WpÜG gleichbehandelt werden sollen.

I. Grundlegendes

Das WpÜG ist nach § 1 Abs. 1 WpÜG nur anzuwenden auf Ange- **105**
bote zum Erwerb von Wertpapieren, die von einer Zielgesellschaft ausgegeben wurden und **zum Handel an einem organisierten Markt i.S.d. § 2 Abs. 7 WpÜG zugelassen** sind. Insbesondere AGs, deren Aktien lediglich zum Freiverkehr zugelassen sind, scheiden somit aus dem Anwendungsbereich des WpÜG aus. In eher seltenen Einzelfällen kommen auch europ. Bezüge in Betracht, so dass entweder das Angebotsverfahren in Deutschland durchzuführen ist, aber das Gesellschaftsrecht eines anderen europ. Staates (EU und EWR) dabei heranzuziehen ist, oder umgekehrt. Dies liegt daran, dass der Sitz der Zielgesellschaft in einem anderen Staat liegen kann als die maßgebliche Börsennotierung der entsprechenden Aktien (vgl. § 1 Abs. 2, Abs. 3 und Abs. 5, § 2 Abs. 1a WpÜG).

Als **Angebotsgegenstand** sind die nach § 2 Abs. 2 WpÜG relevan- **106**
ten Wertpapiere einer Zielgesellschaft, also Aktien, hierzu vergleichbare Wertpapiere und aktienvertretende Wertpapiere anzusehen. In der Praxis geht es **fast immer** um **Aktien** der Zielgesellschaft, in ganz seltenen Fällen um Zertifikate. Der Begriff der Zielgesellschaft ist in

§ 2 Abs. 3 WpÜG definiert, eine Zielgesellschaft ist dabei nichts anderes als der Emittent in anderen kapitalmarktrechtlichen Gesetzen. Ebenfalls in § 2 WpÜG sind der Bieter definiert (Abs. 4) und ggf. mit dem Bieter gemeinsam handelnde Personen (Abs. 5). Der Bieter ist letztlich diejenige natürliche oder juristische Person, die das öffentliche Angebot abgibt und bei Annahme des Angebots durch die einzelnen Aktionäre Kauf- oder Tauschverträge auf Basis der Festlegungen in der sog. Angebotsunterlage mit diesen Aktionären abschließt. Folge davon ist der schuldrechtliche und dingliche Erwerb der Aktien der Zielgesellschaft gegen Zahlung der Angebotsgegenleistung (zumeist ein Kaufpreis in Geld). Gemeinsam handelnde Personen des Bieters sind regelmäßig seine Tochterunternehmen i.S.d. § 2 Abs. 5 Satz 3 i.V.m. Abs. 6 WpÜG sowie Personen, mit denen i.S.d. § 2 Abs. 5 Satz 1 WpÜG eine Verhaltensabstimmung bei der Ausübung von Stimmrechten aus Aktien der Zielgesellschaft stattfindet. § 2 Abs. 5 WpÜG soll verhindern, dass der Bieter einzelne Vorschriften des WpÜG umgeht, indem an seiner Stelle ihm nahestehende Personen handeln.

II. Die einzelnen Vorschriften

107 Die wesentlichen Vorschriften des WpÜG sind im Überblick:

- § 10 WpÜG leitet die meisten Angebotsverfahren durch die Veröffentlichung des Bieters über seine Entscheidung zur Abgabe eines Angebots ein.
- § 11 WpÜG enthält eine Übersicht über die wesentlichen Angaben der Angebotsunterlage, die der Bieter dann an die BaFin einreichen und nach Gestattung veröffentlichen muss.
- § 12 WpÜG legt die Haftung für die Angebotsunterlage fest.
- § 14 WpÜG beinhaltet die formellen Vorgaben für die Übermittlung und Veröffentlichung der Angebotsunterlage durch den Bieter.
- § 15 WpÜG gibt der BaFin die Rechtsgrundlage dafür, das Angebot des Bieters aus der Angebotsunterlage in bestimmten Fällen zu untersagen.
- § 18 WpÜG verbietet dem Bieter, das Angebot unter gewissen Bedingungen abzugeben.
- § 27 WpÜG schreibt die Veröffentlichung einer Stellungnahme der Leitungsorgane der Zielgesellschaft zum Angebot des Bieters vor.
- § 29 WpÜG definiert die Kontrollschwelle von 30 % an Stimmrechten aus Aktien der Zielgesellschaft als Bezugspunkt von Übernahmeangeboten.
- § 31 WpÜG bestimmt, was der Bieter als Gegenleistung für den Erwerb des Angebotsgegenstandes anbieten kann und muss.

– § 35 WpÜG erläutert, was Pflichtangebote sind und regelt die Veröffentlichungspflichten im Fall, dass die Kontrollschwelle überschritten wird.
– §§ 36, 37 WpÜG beinhalten die Voraussetzungen dafür, wann unter gewissen Voraussetzungen ein Antrag des Bieters dazu führen kann, dass doch kein Pflichtangebot abgegeben werden muss.
– §§ 59, 60 WpÜG regeln die Sanktionen Rechtsverlust und Bußgeld.

1. Einleitung eines Angebotsverfahrens nach den §§ 10, 35 WpÜG

Kern des WpÜG ist der Angebotsbegriff und die Durchführung ei- **108**
nes Angebotsverfahrens. Ein Angebot ist schon nach § 145 BGB eine der beiden Willenserklärungen, durch die ein bestimmtes Rechtsgeschäft herbeigeführt werden soll. Maßgebliche Rechtsgeschäfte sind im WpÜG Kauf- oder Tauschverträge (vgl. § 2 Abs. 1 WpÜG). Das bedeutet, dass der Bieter als Gegenleistung für den Erwerb v.a. von Aktien der Zielgesellschaft entweder Geld oder liquide Aktien anbieten muss (vgl. § 31 Abs. 2 WpÜG). Man spricht in diesem Zusammenhang entweder von einem **Barangebot oder** von einem **Umtauschangebot**. Umtauschangebote sind in der Praxis recht selten. Diese werden insbesondere dann erforderlich, wenn der Bieter nicht genug Kapital zur Verfügung hat oder sich leihen kann, um ein Barangebot durchzuführen und dort sämtliche Kaufverträge mit Geld zu erfüllen. Umtauschangebote betreffen also v.a. Angebotsverfahren mit einem hohen Volumen. In diesen Fällen wird der Bieter neue Aktien schaffen, wofür regelmäßig ein Wertpapierprospekt veröffentlicht werden muss. Dieser Prospekt kann, muss aber nicht in die Angebotsunterlage integriert werden.

Angebotsverfahren werden sämtlich durch eine **Veröffentlichung** **109**
nach § 10 WpÜG oder § 35 WpÜG (dann weitestgehend mit Verweisen auf § 10 WpÜG) eingeleitet. § 10 WpÜG bezieht sich auf die jeweilige Entscheidung des Bieters zur Abgabe eines Angebots. Eine solche Entscheidung kann in Bezug auf drei verschiedene Angebotsarten erfolgen. **Erwerbsangebote** i.S.d. §§ 10 ff. WpÜG, **Delisting-Erwerbsangebote** i.S.d. § 39 BörsG i.V.m. den §§ 10 ff. WpÜG sowie **Übernahmeangebote** i.S.d. §§ 29 ff. WpÜG. Angebotsverfahren bezogen auf **Pflichtangebote** i.S.d. §§ 35 ff. WpÜG werden dagegen durch eine Veröffentlichung der Kontrollerlangung nach § 35 WpÜG eingeleitet. Erwerbsangebote sind Angebote, bei denen der Bieter nach dem Erwerb aus dem Angebot unterhalb der Kontrollschwelle von 30 % Stimmrechte aus Aktien der Zielgesellschaft i.S.d. § 29 Abs. 2 WpÜG bleiben will. Delisting-Erwerbsangebote sind demgegenüber solche Angebote, bei denen ein Groß- oder Mehrheits-

aktionär als Bieter (oder die Zielgesellschaft selbst) ein Delisting aus dem organisierten Markt heraus herbeiführen will. Dies zumeist deshalb, weil es nur noch wenige Minderheitsaktionäre gibt und das Listing im organisierten Markt dafür zu aufwändig und zu teuer ist. Den Minderheitsaktionären muss dann ein Delisting-Erwerbsangebot unterbreitet werden. Übernahmeangebote sind auf den Erwerb einer Kontrollmehrheit (30 % oder mehr an Stimmrechten) gerichtet. Der Gesetzgeber geht aufgrund der Hauptversammlungspräsenzen davon aus, dass mit 30 % dauerhaft Hauptversammlungsmehrheiten erzielt und Zielgesellschaften damit kontrolliert werden können. Bei Pflichtangeboten wiederum geht es auch um diese 30 %. Jedoch will dann der Bieter keine Aktien der Zielgesellschaft mehr erwerben, um erst noch über diese Schwelle zu kommen. Vielmehr hat er dies schon bewerkstelligt. Nun muss er diesen Umstand veröffentlichen und den Minderheitsaktionären der Zielgesellschaft ein Pflichtangebot unterbreiten.

110 Die maßgebliche Veröffentlichung muss unverzüglich nach der Entscheidung zur Abgabe eines Angebots bzw. der Erlangung der Kontrolle über die Zielgesellschaft erfolgen. Dies hat im Internet und in einem elektronisch betriebenen Informationsverbreitungssystem zu geschehen. In § 10 Abs. 4 WpÜG sind zudem Unterrichtungspflichten etwa in Bezug auf die BaFin normiert. Ab Bekanntwerden v.a. einer Entscheidung für ein Übernahmeangebot wird der Aktienkurs der Aktie der Zielgesellschaft oftmals sehr volatil.

111 **Beispiel:** Im Februar 2020 veröffentlichte die Atlas Copco Germany Holding AG ihre Entscheidung, den Aktionären der ISRA VISION AG im Wege eines Übernahmeangebots ihre Aktien abkaufen zu wollen. In der Veröffentlichung nach § 10 WpÜG erwähnte die Atlas Copco Germany Holding AG, dass sie einen Paketkaufvertrag abgeschlossen hat, in dem sie einen Kaufpreis von 50 EUR je ISRA-Aktie vereinbart hatte. Folglich werde sie auch den übrigen ISRA-Aktionären im Übernahmeangebot 50 EUR je Aktie anbieten. Unmittelbar nach dieser Veröffentlichung stieg der Kurs der ISRA-Aktie, der zuvor wochenlang bei ca. 35 EUR gelegen hatte, auf ca. 50 EUR an.

2. Die Angebotsunterlage

112 Anknüpfend an den Zeitpunkt der Veröffentlichung nach den §§ 10, 35 WpÜG muss der Bieter innerhalb von vier Wochen eine Angebotsunterlage bei der BaFin einreichen (vgl. § 14 Abs. 1 Satz 1 WpÜG). **Die Angebotsunterlage ist eine Art Prospekt** und hat typischerweise ein Volumen von ca. 30 bis 80 Seiten. Bei komplexen Angebotsverfahren mit vielen Anlagen oder mit einem Prospektteil im Fall eines Umtauschangebots kann das Volumen allerdings wesentlich größer sein. Die Angebotsunterlage beinhaltet das Angebot i.S.d. § 145 BGB. Damit sind die einzelnen enthaltenen Parameter im Fall der Annahme des Angebots auch Inhalt der dann geschlossenen Kauf- oder Tauschverträge. Ferner ist die Angebotsunterlage ein Haftungsdokument. Aktionäre, die das Angebot auf Grundlage der Angebotsunterlage angenommen haben, können später im Fall von unrichtigen oder unvollständigen Angaben von denjenigen, die für die Angebotsunterlage die Verantwortung übernommen haben, und von denjenigen, von denen der Erlass der Angebotsunterlage ausgegangen ist, nach § 12 WpÜG Schadensersatz beanspruchen. Derartige Fälle sind aber äußerst selten.

Die Angebotsunterlage hat einen **gesetzlich vorgeschriebenen** **113**
Mindestinhalt. Dieser ergibt sich aus § 11 WpÜG und § 2 WpÜG-AV. Darüber hinaus muss bei Barangeboten eine Finanzierungsbestätigung von Seiten eines unabhängigen WpDiU vorliegen. Hierin bestätigt das jeweilige WpDiU, dass zum Zeitpunkt der Angebotsabwicklung genug Geld vorhanden sein wird, um alle geschlossenen Kaufverträge zu erfüllen. Die wenigsten Angebote werden dabei rein durch Barmittel des Bieters beglichen werden können. Oftmals kommt ein Großteil der Mittel aus Bankdarlehen, Gesellschafterdarlehen oder konzerninternen Mittelzuführungen. Das WpDiU bestätigt somit, dass es Kenntnis davon hat, dass seitens des Bieters alles Erforderliche veranlasst ist. Ist dies entgegen der Finanzierungsbestätigung nicht der Fall, kann das WpDiU seinerseits haftbar gemacht werden (vgl. § 13 Abs. 2 WpÜG). Die Finanzierungsbestätigung wird in Kopie als Anlage zu der zu veröffentlichenden Angebotsunterlage beigefügt, während das Original bei der BaFin verbleibt.

Die BaFin prüft ab Eingang der Angebotsunterlage innerhalb von **114**
regelmäßig zehn Werktagen, ob die Angebotsunterlage in der eingereichten Form veröffentlicht werden kann (vgl. § 14 Abs. 2 WpÜG). Ähnlich wie bei Prospekten nach dem WpPG/der Prospekt-VO erfolgt **keine volle inhaltliche Überprüfung**. Vielmehr wird lediglich überprüft, ob der Pflichtinhalt vorhanden ist oder ein Verstoß gegen das WpÜG oder die WpÜG-AV vorliegt (vgl. § 15 Abs. 1 Nr. 1 und Nr. 2 WpÜG). Daneben prüft die BaFin noch, ob die Angebotsabwicklung in der vom Bieter vorgesehenen Form funktioniert, da anderenfalls Missstände i.S.d. § 4 Abs. 1 WpÜG eintreten könnten. Nahezu immer dringt sie auf Nachbesserungen durch den Bieter. Sodann gestattet sie die Veröffentlichung der Angebotsunterlage oder untersagt das Angebot (vgl. § 15 WpÜG). Zumeist ergeht in der Praxis ein positiver

Gestattungsbescheid. Eine Gestattungsfiktion nach § 14 Abs. 2 Satz 1 Alt. 2 WpÜG durch Verstreichenlassen der Prüfungsfrist ist bislang erst ein einziges Mal vorgekommen. Untersagungen sind ebenfalls die absolute Ausnahme. Auf Basis einer Gestattung hat der Bieter nun nach § 14 Abs. 3 WpÜG die Angebotsunterlage unverzüglich zu veröffentlichen. Dies erfolgt durch Bekanntgabe im Internet und Bekanntgabe im Bundesanzeiger oder durch Bereithalten zur kostenlosen Ausgabe bei einer geeigneten Stelle im Inland. Mit der Veröffentlichung der Angebotsunterlage läuft nun die Annahmefrist, die der Bieter in einem zeitlichen Rahmen zwischen vier und zehn Wochen (vgl. § 16 Abs. 1 WpÜG) festlegen konnte. Innerhalb der Annahmefrist oder ggf. der weiteren Annahmefrist können die Aktionäre das Angebot annehmen. Typischerweise werden die Aktionäre dies tun, wenn das Angebot aus ihrer Sicht lukrativ ist.

3. Inhalt der Angebotsunterlage

115 Der wichtigste Inhalt der Angebotsunterlage sind die Details zur Art und Höhe der für die Wertpapiere der Zielgesellschaft gebotenen Gegenleistung i.S.d. § 11 Abs. 2 Satz 1 Nr. 4 WpÜG. Die Gegenleistung kann nach § 31 Abs. 2 WpÜG nur aus Geld oder liquiden Aktien bestehen. Nach § 31 Abs. 1 und Abs. 7 WpÜG i.V.m. §§ 3 ff. WpÜG-AV muss der Bieter den Aktionären der Zielgesellschaft eine angemessene Gegenleistung anbieten (sog. Mindestpreis). Dieser **Mindestpreis** ist das Höhere aus dem Dreimonatsdurchschnittskurs der Aktie der Zielgesellschaft und den Vorerwerben der letzten sechs Monate von Seiten des Bieters und der mit ihm gemeinsam handelnden Personen in Bezug auf die Aktien der Zielgesellschaft. Nur bei reinen Erwerbsangeboten gilt diese (bzw. eine bei Delisting-Erwerbsangeboten leicht modifizierte) Mindestpreisregelung nicht und es kann auch von der Art der Gegenleistung her etwas anderes angeboten werden. Der Bieter ist im Fall der Geltung der Mindestpreisregelung aber nicht gehindert, mehr als den Mindestpreis anzubieten (sog. Premium). Dies wird er insbesondere bei Übernahmeangeboten dann tun, wenn er die Aktionäre der Zielgesellschaft verstärkt zur Annahme des Angebots bewegen will. Nach § 31 Abs. 5 WpÜG entsteht zudem ein Nachzahlungsanspruch an die Aktionäre der Zielgesellschaft, wenn außerbörsliche Nacherwerbe den Mindestpreis betragsmäßig anheben. Gleichgestellt zu mindestpreisrelevanten dinglichen Erwerbsgeschäften sind schuldrechtliche Vereinbarungen über den Aktienerwerb (vgl. § 31 Abs. 6 WpÜG). Falls Aktionäre der Auffassung sind, dass der angebotene Mindestpreis zu niedrig ist, müssen sie das Angebot erst annehmen, in Folge dessen ihre Aktien der Zielgesellschaft gegen Gewährung der

Gegenleistung an den Bieter übereignen, woraufhin sie den Bieter auf Zahlung der Differenz vor den Zivilgerichten verklagen können (sog. Top Up-Klage). Anderweitige Möglichkeiten bestehen nicht, insbesondere nicht über die BaFin.

Typisch v.a. bei Übernahmeangeboten ist die Verankerung von **Angebotsbedingungen** in der Angebotsunterlage. Der Bieter will hier- 116
durch erreichen, dass das Angebot nur unter bestimmten Umständen erfolgreich ist. Üblich sind etwa die Einziehung einer bestimmten Mindestannahmeschwelle oder Bedingungen, die sich auf Marktumstände oder Umstände hinsichtlich v.a. des wirtschaftlichen Zustands der Zielgesellschaft beziehen (sog. MAC-Klauseln – gerade auch durch Corona wieder stark in den Fokus gerückt!). Weiterhin sind auch solche Angebotsbedingungen möglich, mit deren Hilfe sichergestellt wird, dass das Angebot nicht vollzogen wird, ohne dass flankierende Genehmigungen wie etwa die Freigabe der Transaktion durch die Kartellbehörden vorliegen. § 18 WpÜG untersagt aber jedenfalls die Verwendung solcher Angebotsbedingungen, deren Eintritt der Bieter, seine mit ihm gemeinsam handelnden Personen oder deren Tochterunternehmen selbst herbeiführen könnten. Ebenfalls ist der Vorbehalt des Widerrufs oder des Rücktritts über eine Angebotsbedingung unzulässig. Dies ist Ausdruck einer Bindungswirkung der Veröffentlichungen nach den §§ 10, 35 WpÜG. Hat der Bieter einmal ein Angebotsverfahren gestartet, soll er sich grds. nicht mehr autonom hiervon lösen können. Allenfalls kann der Bieter bis zu einem Werktag vor Ablauf der Annahmefrist das Angebot noch in den wenigen Fällen des § 21 Abs. 1 WpÜG ändern.

4. Folgen einer veröffentlichten Angebotsunterlage

Nach der Veröffentlichung der Angebotsunterlage hat der Bieter 117
diese nach § 14 Abs. 4 Satz 1 WpÜG zunächst an den Vorstand der Zielgesellschaft zu übermitteln. Daraufhin haben **Vorstand und Aufsichtsrat der Zielgesellschaft** eine **begründete Stellungnahme** zu dem Angebot sowie zu jeder seiner Änderungen abzugeben und diese Stellungnahme unverzüglich zu veröffentlichen, vgl. § 27 Abs. 1 und Abs. 3 WpÜG. Sinn und Zweck hiervon ist es, dass die Aktionäre einen Eindruck davon erhalten können, was Vorstand und Aufsichtsrat vom Angebot des Bieters halten, damit sie bestmöglich ihre Entscheidung über die Annahme des Angebots treffen können. Eher üblich, aber nicht zwingend ist eine gemeinsame Stellungnahme der beiden Leitungsorgane der Zielgesellschaft. Inhaltlich hat die Stellungnahme nach § 27 Abs. 1 Nr. 1 bis Nr. 4 WpÜG mindestens einzugehen auf die Art und Höhe der angebotenen Gegenleistung, die voraussichtlichen

Folgen eines erfolgreichen Angebots für die Zielgesellschaft, die Arbeitnehmer und ihre Vertretungen, die Beschäftigungsbedingungen und die Standorte der Zielgesellschaft, die vom Bieter mit dem Angebot verfolgten Ziele und die Absicht der Mitglieder des Vorstands und des Aufsichtsrats, soweit sie Inhaber von Wertpapieren der Zielgesellschaft sind, das Angebot anzunehmen.

118 Insbesondere während der Annahmefrist muss der Bieter nach § 23 WpÜG bestimmte Veröffentlichungspflichten über die Anzahl sämtlicher ihm, den mit ihm gemeinsam handelnden Personen und deren Tochterunternehmen zustehenden Wertpapiere der Zielgesellschaft einschließlich der Höhe der jeweiligen Anteile und der ihm zustehenden und nach § 30 WpÜG zuzurechnenden Stimmrechtsanteile und die Höhe der nach den §§ 38, 39 des WpHG mitzuteilenden Stimmrechtsanteile sowie die sich aus den ihm zugegangenen Annahmeerklärungen ergebende Anzahl der Wertpapiere, die Gegenstand des Angebots sind, einschließlich der Höhe der Wertpapier- und Stimmrechtsanteile, erfüllen. Diese sog. **Wasserstandsmitteilungen** sollen die Aktionäre der Zielgesellschaft und den Markt über den Fortgang und Stand des Angebotsverfahrens informieren. Nach § 23 Abs. 1 Satz 1 Nr. 1 WpÜG muss der Bieter nach Veröffentlichung der Angebotsunterlage wöchentlich sowie in der letzten Woche vor Ablauf der Annahmefrist täglich Wasserstandsmitteilungen veröffentlichen. Weiterhin muss der Bieter etwa die Schlussstände und die Nacherwerbe veröffentlichen.

119 Ist das Angebot am Ende der Annahmefrist oder weiteren Annahmefrist i.S.d. § 16 WpÜG erfolgreich, wird das **Angebot abgewickelt** und die in das Angebot eingelieferten Aktien der Zielgesellschaft werden gegen Erhalt der Gegenleistung auf den Bieter umgebucht. Ist das Angebot etwa durch Nichterreichen einer vorhandenen Mindestannahmeschwelle erfolglos, wird es rückabgewickelt. Die bezogenen Aktien der Zielgesellschaft werden dann zurückgebucht, die Gegenleistung wird nicht gezahlt. Sobald der Bieter 95 % des Grundkapitals der Zielgesellschaft hält, kann er die übrigen Aktionäre der Zielgesellschaft durch einen übernahmerechtlichen Squeeze Out i.S.d. § 39a WpÜG gegen Zahlung einer Abfindung aus der Zielgesellschaft drängen oder die Aktionäre der Zielgesellschaft können ihre noch vorhandenen Aktien der Zielgesellschaft dem Bieter im Rahmen eines Sell Out i.S.d. § 39c WpÜG andienen. Weitere Strukturmaßnahmen wie der Abschluss eines Beherrschungs- und Gewinnabführungsvertrags i.S.d. § 291 AktG sind möglich. Ebenfalls möglich ist ein völliges Delisting oder ein Downlisting der Aktien der Zielgesellschaft in den Freiverkehr, was dann ein Delisting-Erwerbsangebot i.S.d. § 39 BörsG auslöst. Üblicher ist in einer solchen Konstellation aber von vornherein die Abgabe etwa eines kombinierten Übernahme- und Delisting-Erwerbsangebots. Ein solches Angebot muss dann den jeweiligen Voraussetzungen für beide Angebotsarten genügen.

5. Befreiung von einem Pflichtangebot nach den §§ 36, 37 WpÜG

Sofern der Bieter **grds. ein Pflichtangebot** abgeben und somit ein Angebotsverfahren durchlaufen müsste, kann er sich hiervon auch **auf Antrag i.S.d. § 8 WpÜG-AV bei der BaFin befreien** lassen. § 36 WpÜG erfasst zwar dem Wortlaut nach die Nichtberücksichtigung von Stimmrechten, während § 37 WpÜG ausdrücklich von einer Befreiung von der Verpflichtung zur Veröffentlichung und zur Abgabe eines Angebots spricht. Die Wirkung beider Antragsarten ist jedoch identisch: In beiden Fällen muss bei einer stattgebenden Entscheidung der BaFin kein mitunter kostenintensives Pflichtangebot mehr abgegeben werden. **120**

§ 36 WpÜG erfasst abschließend drei Anwendungsfälle, welche der Gesetzgeber besonders privilegieren wollte. Daher hat die BaFin bei der Entscheidung über den Antrag hier keinerlei Ermessen. Liegt einer dieser Fälle tatbestandlich vor, muss die BaFin also eine stattgebende Entscheidung aussprechen. Hiervon erhält dann nur der antragstellende Bieter Kenntnis, denn die Entscheidungen nach § 36 WpÜG werden nicht veröffentlicht. Die drei Anwendungsfälle des § 36 WpÜG liegen vor, wenn die maßgeblichen Aktien einer Zielgesellschaft erlangt wurden durch: **121**

- Erbgang, Erbauseinandersetzung oder unentgeltliche Zuwendung unter Ehegatten, Lebenspartnern oder Verwandten in gerader Linie und bis zum dritten Grade oder durch Vermögensauseinandersetzung aus Anlass der Auflösung einer Ehe oder Lebenspartnerschaft (Nr. 1),
- Rechtsformwechsel (Nr. 2), oder
- Umstrukturierungen innerhalb eines Konzerns (Nr. 3).

Im Vergleich zu § 36 WpÜG ist **§ 37 WpÜG** deutlich komplexer ausgestaltet. So gibt es wesentlich mehr Anwendungsfälle (Befreiungsgründe). Und zwar fünf nach § 37 Abs. 1 WpÜG und weitere neun nach § 37 Abs. 2 WpÜG i.V.m. § 9 WpÜG-AV. Die vertypten Fälle aus § 37 Abs. 2 WpÜG i.V.m. § 9 WpÜG-AV müssen exakt in der beschriebenen Form vorliegen und intendieren als Regelbeispiele das der BaFin insgesamt bei § 37 WpÜG eingeräumte Befreiungsermessen. Die Anwendungsfälle des § 37 Abs. 1 WpÜG sind demgegenüber interpretationsfähig. Tauchen neuartige Sachverhalte auf, die sich im Vergleich zu vorangegangenen Entscheidungen als befreiungswürdig darstellen, können diese mitunter unter einen dieser Anwendungsfälle subsumiert werden. Entscheidungen nach § 37 WpÜG werden – anders als solche nach § 36 WpÜG – veröffentlicht. **122**

123 Eine Befreiung nach § 37 Abs. 1 WpÜG kann ausgesprochen werden, sofern dies wie folgt gerechtfertigt erscheint:
- im Hinblick auf die Art der Erlangung (Var. 1),
- hinsichtlich der mit der Erlangung der Kontrolle beabsichtigte Zielsetzung (Var. 2),
- mit Blick auf ein nach der Erlangung der Kontrolle erfolgendes Unterschreiten der Kontrollschwelle (Var. 3),
- unter Berücksichtigung der Beteiligungsverhältnisse an der Zielgesellschaft (Var. 4), oder
- aufgrund der tatsächlich nicht vorhandenen Möglichkeit zur Ausübung der Kontrolle unter Berücksichtigung der Interessen des Antragstellers und der Inhaber der Aktien der Zielgesellschaft (Var.5).

124 Spezielle Befreiungsgründe aus § 37 Abs. 2 WpÜG i.V.m. § 9 WpÜG-AV liegen ferner vor bei Erlangung der Kontrolle über die Zielgesellschaft bzw. wenn:
- durch Erbschaft oder im Zusammenhang mit einer Erbauseinandersetzung, sofern Erblasser und Bieter nicht verwandt i.S.d. § 36 Nr. 1 WpÜG sind (§ 9 Satz 1 Nr. 1 WpÜG-AV),
- durch Schenkung, sofern Schenker und Bieter nicht verwandt i.S.d. § 36 Nr. 1 WpÜG sind (§ 9 Satz 1 Nr. 2 WpÜG-AV),
- im Zusammenhang mit der Sanierung der Zielgesellschaft (§ 9 Satz 1 Nr. 3 WpÜG-AV),
- zum Zwecke der Forderungssicherung (§ 9 Satz 1 Nr. 4 WpÜG-AV),
- auf Grund einer Verringerung der Gesamtzahl der Stimmrechte an der Zielgesellschaft (§ 9 Satz 1 Nr. 5 WpÜG-AV),
- ohne dass dies vom Bieter beabsichtigt war, soweit die Schwelle des § 29 Abs. 2 WpÜG nach der Antragstellung unverzüglich wieder unterschritten wird (§ 9 Satz 1 Nr. 6 WpÜG-AV).
- ein Dritter über einen höheren Anteil an Stimmrechten verfügt, die weder dem Bieter noch mit diesem gemeinsam handelnden Personen gemäß § 30 WpÜG gleichstehen oder zuzurechnen sind (§ 9 Satz 2 Nr. 1 WpÜG-AV),
- auf Grund des in den zurückliegenden drei ordentlichen Hauptversammlungen vertretenen stimmberechtigten Kapitals nicht zu erwarten ist, dass der Bieter in der Hauptversammlung der Zielgesellschaft über mehr als 50 % der vertretenen Stimmrechte verfügen wird (§ 9 Satz 2 Nr. 2 WpÜG-AV),
- auf Grund der Erlangung der Kontrolle über eine Gesellschaft mittelbar die Kontrolle an einer Zielgesellschaft i.S.d. § 2 Abs. 3 WpÜG erlangt wurde und der Buchwert der Beteiligung der Gesellschaft an der Zielgesellschaft weniger als 20 % des buchmäßigen Aktivvermögens der Gesellschaft beträgt (§ 9 Satz 2 Nr. 3 WpÜG-AV).

Am komplexesten sind dabei die sog. Sanierungsbefreiung (§ 9 Satz 1 Nr. 3 WpÜG-AV) und die sog. Buchwertbefreiung (§ 9 Satz 2 Nr. 3 WpÜG-AV).

Tipp: Ob ein bestimmter Sachverhalt nach den §§ 36, 37 WpÜG WpÜG befreiungswürdig ist, lässt sich nicht immer leicht beantworten. Es fehlen für Externe auch nachhaltige Handreichungen, denn etwa der Emittentenleitfaden der BaFin beinhaltet keinerlei WpÜG-Sachverhalte. Ferner sind die auf der Internetseite der BaFin einsehbaren veröffentlichten Befreiungsentscheidungen nach § 37 WpÜG in der Regel stark gekürzt. Am hilfreichsten sind für den Praktiker daher die Übersichten im BaFin-Jahresbericht sowie die Veröffentlichungen und Vorträge von Mitarbeitern des Übernahmereferats der BaFin. **125**

6. Aufsichtsrechtliche Sanktionen

Die aufsichtsrechtlichen Sanktionen sind ähnlich strukturiert wie im **126** Zusammenhang mit den Stimmrechtsmitteilungen (vgl. bereits Rn. 97 ff.). So tritt nach § 59 WpÜG für Rechte aus Aktien eines Bieters, aus denen ihm, mit ihm gemeinsam handelnden Personen oder deren Tochterunternehmen Stimmrechte aus dem Eigentum an diesen Aktien zustehen oder zugerechnet werden, ein **Rechtsverlust** für die Zeit ein, in denen kein erforderliches Pflichtangebot abgegeben wird.

Auch der **Bußgeldkatalog** aus § 60 WpÜG ist ähnlich ausgestaltet **127** wie § 120 WpHG in Bezug auf Verstöße bei Stimmrechtsmitteilungen. Voraussetzung ist, dass einer der zahlreichen Pflichtverstöße aus § 60 Abs. 1 WpÜG begangen wurde und das Handeln dabei vorsätzlich oder leichtfertig war. Für zwei wenig praxisrelevante Fälle aus § 60 Abs. 2 WpÜG im Umfeld von Ermittlungen der BaFin nach § 40 WpÜG wird dabei das subjektive Momentum sogar auf Vorsatz oder Fahrlässigkeit herabgesenkt. Je nach Pflichtverstoß kann nach § 60 Abs. 3 und Abs. 4 WpÜG für natürliche Personen eine Geldbuße von bis zu fünf Mio. EUR verhängt werden, bei juristischen Personen/Personenvereinigungen entweder bis zu zehn Mio. EUR plus 5 % des (Konzern-)Gesamtumsatzes und/oder das Zweifache des wirtschaftlichen Vorteils.

Insgesamt lässt sich im direkten Vergleich mit Stimmrechtsmittei- **128** lungen feststellen, dass Sanktionen im Zusammenhang mit dem WpÜG viel seltener sind. Zum einen gibt es pro Jahr einfach viel weniger WpÜG-Verfahren als Stimmrechtsmitteilungen. Zum anderen wird bei WpÜG-Verfahren aufgrund häufig hoher Transaktionsvolumina überdurchschnittlich sorgfältig gearbeitet und der Reputationsschaden wäre an dieser Stelle ungleich höher. Daher ist die praktische Bedeutung der §§ 59, 60 WpÜG gering. Ebenso sind Missstandsmaßnahmen nach § 4 WpÜG äußerst selten.

D. Ad hoc-Mitteilungen

Literatur: *Buck-Heeb*, Kapitalmarktrecht, § 6 III; § 17; *Hippeli*, WM 2018, 253 ff.; *Langenbucher*, Aktien- und Kapitalmarktrecht, § 17 II; *Lehmann*, Grundriss des Bank- und Kapitalmarktrechts, § 16 D.; *Merkner/Sustmann/Retsch*, AG 2019, 621 ff.; *Niermann/Venter*, in: *Szesny/Kuthe*, Kapitalmarkt-Compliance, 2. Teil 7. Kapitel; *Poelzig*, Kapitalmarktrecht, § 17; *Stoppel*, in: *Grunewald/Schlitt*, Einführung in das Kapitalmarktrecht, § 14

129 Die Pflicht zur Veröffentlichung von Ad hoc-Mitteilungen verpflichtet börsennotierte Unternehmen dazu, Insiderinformationen so schnell wie möglich zu veröffentlichen, damit ihre Aktionäre und die sonstigen Teilnehmer des Kapitalmarkts diese Insiderinformationen zur Kenntnis nehmen und bei ihrer Anlageentscheidung berücksichtigen können. Seit Geltung der **MAR** ist auch dieser Teilaspekt der kapitalmarktrechtlichen Publizitätspflichten in Europa über den Verordnungsweg vollharmonisiert, § 15 WpHG a.F. ist außer Kraft getreten.

I. Grundlegendes

130 Die Ad hoc-Mitteilungen sind stark verschränkt zum Bereich des Marktmissbrauchsrechts und zu Directors‘ Dealings. Auch noch nach der Vollharmonisierung des Ad hoc-Rechts durch Inkrafttreten des entsprechenden Teils der MAR im Jahr 2016 wird in Deutschland überwiegend nach wie vor noch von Ad hoc-Mitteilungen und Ad hoc-Publizität gesprochen, während die MAR unter der Überschrift von Kapitel 3 „Offenlegungsvorschriften“ in Art. 17 MAR eigentlich von der **Veröffentlichung von Insiderinformationen** spricht. Zudem ergänzen die Ad hoc-Mitteilungen die Regelpublizität von Emittenten nach den §§ 114 ff. WpHG und sorgen dafür, dass sich ein ordnungsgemäßer Marktpreis bildet.

131 Ad hoc-Mitteilungen sind am Kapitalmarkt deshalb erforderlich, da der **Wissensvorsprung** von Personen, die Kenntnis von Insiderinformationen erlangen, gegenüber den Marktteilnehmern nivelliert werden soll. Schließlich könnte dieser kursrelevante Wissensvorsprung ansonsten wertmäßig über einschlägige Finanztransaktionen zum Vorteil der Kenntnisinhaber und zu Lasten der Marktteilnehmer genutzt werden. Stattdessen soll ein gleicher Informationsstand aller Aktionäre und sonstigen Marktteilnehmer durch schnelle anlassbezogene Unterrichtung des

Markts erreicht und der missbräuchlichen Verwendung von Insiderinformationen vorgebeugt werden, vgl. Erwägungsgrund (49) MAR.

Beispiel: Die börsennotierte Abwasser-AG hat 2019 einen Großauftrag für Klärwerke in Saudi-Arabien i.H.v. drei Mrd. EUR erhalten. Diesen Großauftrag hat sie seinerzeit per Ad hoc-Mitteilung bekannt gegeben. Im Zuge neuerlicher Unruhen im Nahen Osten wird dieser Großauftrag vom Königreich Saudi-Arabien im Januar 2020 wieder gekündigt, was aufgrund des konkreten Vertrags möglich war. Der Kurswert der Aktie der Abwasser-AG stieg bei Bekanntwerden des Großauftrags von drei EUR auf fünf EUR und lag auch noch im Januar 2020 in diesem Bereich. 132

Wenn die Abwasser-AG nun das Platzen des Großauftrags per Ad hoc-Mitteilung bekannt gibt, dürfte der Kurswert der Aktie wieder auf ca. drei EUR fallen. Nimmt die Abwasser-AG, obwohl sie hierzu nach Art. 17 MAR verpflichtet ist, keine Ad hoc-Mitteilung zum Platzen des Großauftrags vor, wird der Kurs der Aktie künstlich auf ca. fünf EUR hoch gehalten. Gleichzeitig wäre es Personen mit Kenntnis der Insiderinformation auf Ebene der Abwasser-AG (z.B. den Vorstandsmitgliedern) möglich, ihre etwa aus einem Bonusprogramm günstig erhaltenen Aktien der Abwasser-AG schnell zum noch künstlich überhöhten Preis zu veräußern. Den Nachteil hätte der Käufer dieser Aktien, denn sobald das Platzen des Großauftrags bekannt wird, wird der Kurswert fallen und seine Aktien sind zunächst deutlich weniger wert als der gezahlte Kaufpreis.

II. Die einzelnen Vorschriften

Die wesentlichen Vorschriften zur Ad hoc-Publizität sind im Überblick: 133

- Zentralnorm der Ad hoc-Publizität ist Art. 17 MAR.
- Die vorherige Mitteilung der Ad hoc-Mitteilungen erfolgt nach § 26 WpHG.
- Speziell auf Ad hoc-Mitteilungen zugeschnittene Schadensersatzansprüche finden sich in §§ 97 f. WpHG.
- Sanktionsregelungen finden sich in den §§ 120, 125 WpHG.

1. Tatbestand der Veröffentlichungspflicht, Art. 17 MAR

Art. 17 MAR legt fest, dass Emittenten der Öffentlichkeit Insiderinformationen, welche unmittelbar diesen Emittenten betreffen, **unverzüglich bekanntgeben** müssen. Umgesetzt wird dies auf Basis von 134

§ 26 WpHG in der Weise, dass der betroffene Emittent die Ad hoc-Mitteilung vor der Veröffentlichung der BaFin und den maßgeblichen Börsengeschäftsführungen mitteilen muss. Zudem ist die Mitteilung dann dem Unternehmensregister zwecks Speicherung zu übermitteln. Zeitlich und subjektiv betrachtet kommt es dabei auf die Verwirklichung des zu veröffentlichenden Umstands an, im Grundsatz jedoch nicht auf die Kenntnis des Emittenten. Allerdings verletzt der jeweilige Emittent seine Pflichten nach Art. 17 MAR nicht, wenn er eine schuldlose Unkenntnis aufweist, was dem Rückschluss aus dem Wort „unverzüglich“ (= ohne schuldhaftes Zögern) entnommen wird. Die also **mindestens erforderliche fahrlässige Unkenntnis** der zu veröffentlichenden Insiderinformation kann dabei auch aus Organisationsverschulden herrühren. In diesem Zusammenhang müssen ausreichende organisatorische Vorkehrungen für den reibungslosen Informationsfluss im Unternehmen getroffen worden sein.

135 Die **Formalia der Veröffentlichungspflicht** ergeben sich aus Art. 17 Abs. 1 Unterabs. 2 und Abs. 10 MAR sowie aus der Durchführungsverordnung (EU) 2016/1055. Die Veröffentlichung – der Wortlaut von Art. 17 MAR springt übrigens zwischen Bekanntgabe und Veröffentlichung hin und her, meint aber stets dasselbe – erfolgt über ein elektronisch betriebenes Informationsverbreitungssystem (eine bekannte Nachrichtenagentur aus dem Wirtschaftssegment) und über ein fünfjähriges Einstellen auf der Internetseite des Emittenten. Die vorherige Bekanntgabe nach § 26 WpHG und damit letztlich auch die anschließende Veröffentlichung in den Markt hat ein Inlandsemittent nach § 26 Abs. 4 Nr. 1 WpHG i.V.m. § 3b Abs. 2 WpAIV nur in deutscher Sprache vorzunehmen. Sind die betroffenen Wertpapiere jedoch anderweitig innerhalb der EU/des EWR zum Handel zugelassen, muss zusätzlich eine Version in englischer Sprache vorliegen.

136 Anwendbar ist die Pflicht zur Vornahme von Ad hoc-Mitteilungen nach Art. 17 Abs. 1 Unterabs. 3 MAR **nicht nur auf solche Emittenten**, die für ihre Finanzinstrumente eine **Zulassung zum Handel am organisierten Markt** beantragt oder erhalten haben, sondern nunmehr auch auf Emittenten, deren Finanzinstrumente im Freiverkehr notieren. Erfasst sind ferner auch sonstige MTFs und OTFs. Für den Prime Standard der FWB gilt nach § 55 der Börsenordnung der FWB die Besonderheit, dass die Ad hoc-Mitteilungen auch in englischer Sprache zu veröffentlichen sind. Die tauglichen Finanzinstrumente sind dabei nach Art. 3 Abs. 1 Nr. 1 MAR zu bestimmen, wobei Aktien jedenfalls hierzu zählen.

137 Der **Begriff der Insiderinformation** ist in Art. 7 MAR festgelegt. Insbesondere erfasst dieser nicht öffentlich bekannte präzise Informationen, die direkt oder indirekt einen oder mehrere Emittenten oder ein

oder mehrere Finanzinstrumente betreffen und die, wenn sie öffentlich bekannt würden, geeignet wären, den Kurs dieser Finanzinstrumente oder den Kurs damit verbundener derivativer Finanzinstrumente erheblich zu beeinflussen. Art. 17 Abs. 1 Unterabs. 1 MAR engt den Anwendungsbereich dann aber wieder in der Weise ein, dass der Emittent nur solche Insiderinformationen unverzüglich veröffentlichen muss, die ihn unmittelbar betreffen.

Dieses **Unmittelbarkeitskriterium** betrifft faktisch alle **unternehmensinternen Umstände** wie Entwicklungen, wesentliche Pläne und Absichten sowie sämtliche Prozesse, die eine Kursrelevanz aufweisen. Bei **unternehmensexternen Umständen** fällt oft die Bemessung schwer, ob noch eine individualisierbare, unmittelbare Betroffenheit vorliegt, oder ob nicht vielmehr eine allgemeine Betroffenheit im Rahmen einer Mitgliedschaft in einer bestimmten Gruppe oder als einer von mehreren Marktteilnehmern vorliegt. Ist der betroffene Emittent etwa Ziel einer Übernahme und ist dies bereits i.S.d. § 10 WpÜG verbindlich, dann betrifft ihn dieser Umstand bereits unmittelbar und begründet, da auch eine Kursrelevanz erkennbar ist, Ad hoc-Pflichten. Zudem gibt es unternehmensexterne Umstände, die schwierig einzuordnen sind. So stellt sich etwa seit jeher die Frage, was mit der Übertragung von Aktienpaketen im Wege der vorweggenommenen Erbfolge ist. Bei kleineren Aktienpaketen wird angenommen, dass hier schon keine Kursbeeinflussungsrelevanz besteht, außenstehenden Aktionären könne schließlich gleichgültig sein, welches Familienmitglied die entsprechenden Aktien besitze (Aspekt der nicht gegebenen oder nicht signifikanten Machtverschiebung). Höchst fraglich ist dann allerdings, wo genau die Grenzlinie liegt und ob nicht überhaupt von nahezu jeder vorweggenommenen Erbfolge eine (kursrelevante) Signalwirkung dahingehend ausgeht, dass sich Teile einer Familiengeneration samt ihrer spezifischen Unternehmensphilosophie aus der Familiengesellschaft verabschieden. Die BaFin hat ferner kürzlich auf ihrer Internetseite zur **Corona-Krise** bekannt gegeben, dass die Verschiebung von Hauptversammlungen und damit eine rein spätere (aber der Höhe nach zum Dividendenvorschlag unveränderte) Dividendenzahlung kein Kursbeeinflussungspotenzial aufweist und damit nicht Ad hoc-pflichtig ist. Bzgl. veränderter Prognosen aufgrund der Corona-Krise soll erst dann eine Ad hoc-Pflicht eintreten, wenn eine neue Prognose hinreichend wahrscheinlich ist. Ähnliches gilt für die Geschäftszahlen eines Emittenten, erst bei bestimmbarer Abweichung von der ursprünglichen Benchmark soll eine Ad hoc-Pflicht entstehen. 138

Weiterhin stellt sich bisweilen das Problem, ab wann ein **Gerücht** über den Emittenten eine Ad hoc-Verpflichtung auf dessen Seite auslöst. Gerüchte über einen bestimmten Emittenten weisen nach mittler- 139 weile recht unumstrittener Meinung grds. eine Kursrelevanz auf. Allein der Umstand, dass ein solches (bloßes) Gerücht in der Welt ist, stellt aber wohl noch keine Insiderinformation dar. Allerdings dürfte von einer Insiderinformation dann auszugehen sein, wenn die Gerüchte einen ernst zu nehmenden Kern haben und derart verlässlich erscheinen, dass ein **verständiger Anleger** auf ihrer Grundlage zu handeln bereit wäre. Wie ein verständiger Anleger zu definieren ist, ist dabei bis heute nicht abschließend geklärt. Selbst die neuen Parameter der BaFin auf Basis der aktuellen Fassung des Emittentenleitfadens (Modul C) v. 25.3.2020 (durchschnittlich börsenkundiger Anleger, der seine Entscheidungen auf objektiv nachvollziehbarer Informationsgrundlage trifft; besonderes Fachwissen nicht erforderlich, aber Vertrautheit mit den Usancen des Wertpapierhandels und dem Unternehmensrecht in Grundzügen; Einbezug aller Besonderheiten des Einzelfalls) weisen schließlich immer noch einen enormen Interpretationsspielraum hinsichtlich des Begriffs des verständigen Anlegers auf.

140 Eine weitere Begrenzung der Pflicht zur unverzüglichen Veröffentlichung von Insiderinformationen ist die in der Praxis sehr häufig genutzte **Selbstbefreiung** nach Art. 17 Abs. 4 MAR. Hierdurch kann der Emittent auf eigene Verantwortung die Veröffentlichung von Insiderinformationen aufschieben, sofern die unverzügliche Veröffentlichung geeignet ist, die berechtigten Interessen des Emittenten zu beeinträchtigen, die Aufschiebung der Offenlegung nicht geeignet wäre, die Öffentlichkeit irrezuführen, und der Emittent die Geheimhaltung dieser Informationen sicherstellen kann. Ist der Grund für die Selbstbefreiung entfallen, muss die Veröffentlichung der Insiderinformation allerdings unverzüglich nachgeholt werden. Höchst problematisch sind aus Marktsicht dabei die umfangreichen Dokumentations- und Informationspflichten nach Art. 17 Abs. 4 lit. a) bis lit. c) MAR samt Mitteilung an die BaFin mit einer ausführlichen Begründung, warum die Aufschubentscheidung gerechtfertigt war und dem spekulativen Element, wann mit der Veröffentlichung nun gerechnet werden kann.

141 **Tipp:** Auf eine Besonderheit sei noch hingewiesen: Gerade bei grenzüberschreitenden Transaktionen fällt auf, dass die nationalen Aufsichtsbehörden ihrerseits die MAR gerade im Bereich der Ad hoc-Mitteilungen (hier zumeist bei der Selbstbefreiung) immer noch recht unterschiedlich auslegen. Die Auslegung erfolgt dabei oft mit Blick auf ihre nationale Gesetzestradition in diesem Bereich vor 2016. Das kann dazu führen, dass etwa bei einer grenzüberschreitenden Fusion oder Spaltung mit Bezug zu zwei Emittenten im Verhältnis Deutschland/Frankreich ein unterschiedlicher Umgang mit Ad hoc-

Mitteilungen erfolgen muss, obwohl an und für sich aufgrund der MAR ein europaweit völlig vereinheitlichtes Recht gilt.

Bis dato nicht abschließend geklärt ist insbesondere auch im Selbstbefreiungskontext die Frage nach dem **Umgang mit zeitlich gestreckten Sachverhalten** wie etwa – als regelrechter Kulminationspunkt der Problematik – bei gestreckten Entscheidungen in den Leitungsorganen eines Käufers/Bieters bei einem M&A-Prozess. Insoweit erkennt Art. 17 Abs. 4 Satz 2 MAR zwar an, dass für zeitlich gestreckte Sachverhalte eine Selbstbefreiung in Betracht kommt. Offen bleibt aber, ab welchem Zwischenschritt genau von einer Insiderinformation ausgegangen werden darf, welche dann die Möglichkeit der Selbstbefreiung eröffnet. Zumeist wird in der Lit. dahingehend abgegrenzt, ob noch rein interne Entscheidungsprozesse vorliegen (dann keine Ad hoc-Verpflichtung) oder ob schon in irgendeiner Weise rechtsverbindliche Schritte wie z.B. der Abschluss von Vereinbarungen mit dem Target oder die Unterzeichnung eines Letter of Intent eingegangen wurden (dann Ad hoc-Verpflichtung). In der Praxis herrscht derzeit ein offener Meinungskampf in Bezug auf jede einzelne Nuance vor. Die auch von beratenden Instanzen gewählten Ansätze reichen von „im Zweifel vorsorgliche Selbstbefreiung“ bis hin zu einer überbordenden Flut von tatsächlich vorgenommenen Ad hoc-Mitteilungen zu jedem einzelnen Zwischenschritt. 142

Beispiel: Die börsennotierte IGS Automotive AG möchte im Zuliefermarkt durch Zukäufe weiter wachsen. Dies wird auf einer Vorstandssitzung erwogen. Ein Beschluss unterbleibt aber zunächst. Im Raum steht als logischer Zukauf (unausgesprochen) der Erwerb des direkten Marktkonkurrenten Leveus GmbH, der oftmals an Automobilhersteller zeitgleich Angebote abgibt. Auf jener Vorstandssitzung wird erst einmal beschlossen, externe Berater (Wirtschaftsprüfer, Investmentbanker, Steuerberater und Rechtsanwälte) einzuschalten, die einen strategischen Zukauf betriebswirtschaftlich, finanzierungstechnisch, steuerlich und rechtlich prüfen sollen. 143

Der Fall hat es Ad hoc-technisch in sich. Einfach wäre er dann, wenn der Vorstandsbeschluss sich auf den Erwerb der Leveus GmbH bezogen hätte. Denn dies ist mit Sicherheit eine Insiderinformation mit Kursrelevanz. Problematisch ist hier, dass nur Absichten und Pläne für einen konkreten Zukauf zu veröffentlichen wären. Jedoch wurde vom Vorstand der IGS Automotive AG ein Zukauf nur erwogen, was deutlich niederschwelliger ist. Außerdem wurde wohl noch nicht von der Leveus GmbH als konkretes Target gesprochen. Auch wenn dies in der Luft gelegen haben mag, so reichen die Gedanken einzelner Vorstandsmitglieder wohl noch nicht aus, um hieraus – insbesondere ohne Einmünden in einen entsprechenden Vorstandsbeschluss – eine Absicht der IGS Automotive AG zu folgern. Ein Gegenindiz wäre aber schon wieder die Mandatierung von Transaktionsberatern. Diesen müsste mit ihrem Mandatsvertrag ja schon irgendwie mitgeteilt worden sein, was genau sie prüfen sollen. Fraglich ist dann aber, ob das Endereignis des Zukaufs überhaupt so überwiegend wahrscheinlich ist, dass eine derart präzise Information vorliegt, welche zu veröffentlichen wäre.

2. Aufsichtsrechtliche Sanktionen

144 Verstöße gegen Ad hoc-Pflichten können nach § 120 Abs. 15 Nr. 6 bis Nr. 11 WpHG mit einem **Bußgeld** geahndet werden. Wie mittlerweile im Kapitalmarktrecht allgemein üblich wird dabei in § 120 Abs. 18 WpHG nach natürlichen (Bußgeld bis zu einer Mio. EUR) und juristischen Personen/Personenvereinigungen unterschieden, wobei für juristische Personen/Personenvereinigungen erneut der Dreiklang absolute Bußgeldobergrenze (2,5 Mio. EUR), jährlicher (Konzern-)Gesamtumsatz (2 %) bzw. Abschöpfung des wirtschaftlichen Vorteils (bis zum Dreifachen) gilt. Die erfassten Tathandlungen sind dabei äußerst vielfältig. So handelt etwa nach Nr. 6 bzw. Nr. 9 ordnungswidrig, wer eine Insiderinformation nicht, nicht richtig, nicht vollständig, nicht in der vorgeschriebenen Weise oder nicht rechtzeitig bekannt gibt oder veröffentlicht bzw. die Veröffentlichung nicht fünf Jahre auf seiner Internetseite bereithält. Die übrigen Tathandlungen der anderen Nummern dürften nur sehr selten vorkommen. Voraussetzung einer Ahndung als Ordnungswidrigkeit mit einer Geldbuße ist aber stets, dass vorsätzlich oder leichtfertig gehandelt wurde. Da Leichtfertigkeit noch eine Steigerung von grober Fahrlässigkeit bedeutet, kann eine Geldbuße also dann nicht in Betracht kommen, wenn einfach oder grob fahrlässig gehandelt wurde. Die allermeisten Fälle in der Praxis fallen damit von vornherein auf der subjektiven Seite aus dem Bußgeldkatalog für Ad hoc-Verstöße. Jedoch kann gegen derartige Verstöße zumindest auf Basis der Generalklausel in § 6 Abs. 1 WpHG vorgegangen werden, so dass Maßnahmen der Missstandsaufsicht wie Handelseinstellung, Warnung auf der Internetseite der BaFin etc. möglich sind. Zudem ist an das sog. Naming and Shaming i.S.d. § 125 WpHG zu denken.

145 **Tipp:** Gerade der Bereich der Ad hoc-Mitteilungen birgt einige praxisrelevante Detailfragen, die immer noch äußerst umstritten sind und

wo derzeit nur in einigen wenigen Teilen Rspr. vorhanden ist. Diese betrifft dann aber zumeist die Rechtslage vor Geltung der MAR, so dass ihre Bedeutung fraglich ist. Praktikern ist jedenfalls zu raten, unbedingt sämtliche aktuellen **Verlautbarungen der BaFin und von ESMA** hierzu zu studieren. Die BaFin-Verlautbarungen wie z.B. der maßgebliche Teil des aktuellen Emittentenleitfadens v. 25.3.2020 oder die hierdurch außer Kraft gesetzten „FAQs zu Art. 17 MAR – Veröffentlichung von Insiderinformationen" vom 29.5.2019 sind dabei so gestrickt, dass sie regelmäßig auf die entsprechenden ESMA-Verlautbarungen aufsetzen und diese integrieren.

Sofern diese Verlautbarungen beachtet werden, kann im Einzelfall nur noch sehr schwer Leichtfertigkeit im Zusammenhang mit der jeweiligen Pflichtverletzung angenommen werden. Dies ist der eigentlich relevante Aspekt der einschlägigen Bußgeldnorm, denn vorsätzliche Verstöße gegen Ad hoc-Pflichten sind sehr selten. Die BaFin kann dann aufgrund der Selbstbindung durch den Inhalt ihrer Veröffentlichungen nur noch schwerlich darlegen, warum der sich hieran haltende Emittent leichtfertig gehandelt haben soll. Sollte der Fall dann weiter an die ordentlichen Gerichte wandern, so gilt generell, dass diese zwar stets anders entscheiden können als die BaFin. So kann etwa ein Gericht aufgrund der Gewaltenteilung des GG befinden, dass leichtfertiges Handeln des Emittenten vorliegt, obwohl der Emittent sich strikt an die Verlautbarungen der BaFin zur Auslegung von Art. 17 MAR gehalten hat. In den letzten Jahren ist aber ein ober- und höchstgerichtlicher Trend im Kapitalmarktrecht erkennbar (namentlich zum KWG und zum WpÜG), von dieser abstrakten Möglichkeit einer abweichenden Entscheidung keinen Gebrauch zu machen. Folglich gilt mit einer gewissen Sicherheit: Wer sich bei einem bestimmten Fall an die Vorgaben der BaFin (in Form von Veröffentlichungen oder Auskünften) hält, der kann mit einiger Gewissheit darauf vertrauen, dass die Gerichte nicht gegenläufig hierzu entscheiden.

3. Spezieller Schadensersatzanspruch für Anleger

§ 97 WpHG hält für Anleger einen speziellen **Schadensersatzanspruch** bereit, sofern **erforderliche Ad hoc-Mitteilungen unterblieben** sind. Dieser Schadensersatzanspruch bildet den Umstand ab, dass Ad hoc-Mitteilungen im Fall ihrer Vornahme oft enorme Kurssprünge in beide Richtungen hervorrufen können. Unterbleibt eine erforderliche Ad hoc-Mitteilung durch einen Emittenten hat dies typischerweise eine Kursrelevanz, die auch die Aktien der investierten Anleger betrifft. 146

147 **Beispiel:** Im Fall der börsennotierten Abwasser-AG (vgl. Rn. 132) wäre der Aktienkurs bei Vornahme der erforderlichen, aber unterbliebenen Ad hoc-Mitteilung zum geplatzten Großauftrag in Saudi-Arabien wohl wieder von fünf auf drei EUR gefallen. Ein Fall, in dem die oben betroffenen Anleger bzw. deren rechtliche Berater wohl unmittelbar an § 97 WpHG denken sollten. Ebenso gilt dies für sonstige Anleger, die in jenem Zeitraum zu dem künstlich zu teuren Kurs von fünf EUR in die Aktie investiert haben.

148 Nach § 97 Abs. 1 AktG ist Anspruchsgegner der für die unterlassene Ad hoc-Mitteilung verantwortliche Emittent. Nicht selten fällt der jeweilige Emittent allerdings bei erheblichen kapitalmarktrechtlichen Verwerfungen wie unterlassenen Ad hoc-Mitteilungen alsbald in die Insolvenz, weil er deutlich an Marktvertrauen einbüßt und spätestens dann Liquiditätsschwierigkeiten auftreten. Ansprüche nach § 97 WpHG müssten dann zur Insolvenztabelle angemeldet werden und sind aufgrund wohl geringer Insolvenzquoten nahezu wertlos. Anspruchsvoraussetzung ist nach § 97 Abs. 1 WpHG, dass der jeweilige Anleger die Finanzinstrumente nach der Unterlassung erwirbt und er bei Bekanntwerden der Insiderinformation noch Inhaber der Finanzinstrumente ist oder die Finanzinstrumente vor dem Entstehen der Insiderinformation erwirbt und nach der Unterlassung veräußert. Diese beiden Varianten bedeuten nichts anderes, als dass jedenfalls eine **Kausalität zwischen unterlassener Ad hoc-Mitteilung und dem beim Anleger eingetretenen Schaden** bestehen muss. Die Unterlassung muss aber nach § 97 Abs. 2 WpHG auf Vorsatz oder grober Fahrlässigkeit des Emittenten zurückzuführen sein. Der häufigste Anwendungsfall ist in der Praxis die irrtümliche Selbstbefreiung i.S.d. Art. 17 Abs. 4 MAR. Dabei denken die gesetzlichen Vertreter des Emittenten, dass die tatbestandlichen Voraussetzungen einer Selbstbefreiung vorliegen, so dass der Emittent deswegen keine Ad hoc-Mitteilung veröffentlicht. Da auch an dieser Stelle Vieles umstritten ist, wird es dem Anleger in aller Regel nur schwer möglich sein, grobe Fahrlässigkeit bei Vornahme der Selbstbefreiung nachzuweisen. Gelingt der Nachweis nicht, bekommt der Anleger jedenfalls keinen Schadensersatz nach §§ 97 f. WpHG. § 97 Abs. 4 WpHG stellt aber klar, dass der Anleger ggf. auch anderweitig einen Schadensersatzanspruch (namentlich vertraglich oder deliktisch) haben kann.

E. Directors' Dealings

Literatur: *Buck-Heeb*, Kapitalmarktrecht, § 6 IV; *Kumpan*, AG 2016, 446 ff.; *Langenbucher*, Aktien- und Kapitalmarktrecht, § 17 IV; *Maume/Kellner*, ZGR 2017, 273 ff.; *Plückelmann*, in: *Szesny/Kuthe*, Kapitalmarkt-Compliance, 2. Teil 4. Kapitel; *Poelzig*, Kapitalmarktrecht, § 18

Directors' Dealings sind Eigengeschäfte von Führungskräften v.a. **149** mit Aktien, aber auch sonstigen Finanzinstrumenten der eigenen Gesellschaft. Seit 2014 ist dieser Bereich in der EU aufgrund der MAR, deren Teile im Übrigen zu unterschiedlichen Zeitpunkten in Kraft getreten sind, vollharmonisiert. Die seit 2002 im Vorgriff zur MAD geschaffene nationale Regelung der Directors' Dealings in den §§ 15, 15a WpHG a.F. ist damit außer Kraft getreten.

I. Grundlegendes

Nunmehr über den Begriff der Insiderinformation nach Art. 17 **150** MAR eng verknüpft mit der Ad hoc-Publizität und dem Insiderrecht sind die Directors' Dealings, welche nach Übergang von den §§ 15, 15a WpHG a.F. auf Art. 19 MAR auch **Managers' Transactions** genannt werden. Auch dieser Begriff hat sich – ähnlich wie „Veröffentlichung einer Insiderinformation" anstatt „Ad hoc-Mitteilung" in Deutschland noch nicht wirklich durchgesetzt. Da Führungskräfte von börsennotierten Unternehmen aufgrund ihrer Stellung über dienstlich erlangte Insiderformationen verfügen, sollen diese ihre Eigengeschäfte veröffentlichen. Dem verbotenen etwaigen Insiderhandel von Führungskräften wird damit präventiv begegnet. Zudem weisen offengelegte Eigengeschäfte laut Erwägungsgrund (58) MAR eine erhebliche Indikatorwirkung bei ihrer Veröffentlichung auf, da Dritte aus den Eigengeschäften von Führungskräften wichtige Rückschlüsse auf die Lage des betroffenen Emittenten ziehen können.

Beispiel: Die börsennotierte Fruchtsaft Müller AG hat einen aus drei **151** Vorstandsmitgliedern bestehenden Vorstand sowie einen fünfköpfigen Aufsichtsrat. Von diesen acht Mitgliedern von Leitungsorganen verfügen drei Mitglieder über einen meldepflichtigen Stimmrechtsanteil von mehr als 3 %. Über Directors' Dealings-Veröffentlichungen ist ersichtlich, dass sechs der acht Personen im Zeitraum Januar bis April 2020 kurz vor der (Corona-bedingt womöglich rein virtuellen) Jahreshauptversammlung im Mai 2020 Aktien der Fruchtsaft Müller AG verkauft haben. Die drei Personen mit einem meldepflichtigen Stimmrechtsanteil von mehr als 3 % meldeten zudem die Schwellenunterschreitung unter 3 %.

Typischerweise wird der Markt aus diesen Verkäufen nun schließen, dass – auch unabhängig von einzelnen Ad hoc-Mitteilungen – schlechte Nachrichten/Zahlen bei der Fruchtsaft Müller AG bevorstehen, die z.B. im Bericht des Vorstands an die Hauptversammlung zum Ausdruck gebracht werden können. Daraufhin wird der Kurswert der Aktie der Fruchtsaft Müller AG voraussichtlich fallen.

II. Die einzelnen Vorschriften

152 Die wesentlichen Vorschriften zu Directors' Dealings sind im Überblick:

- Zentralnorm der Directors' Dealings ist Art. 19 MAR.
- Die vorherige Mitteilung der Directors' Dealings erfolgt nach § 26 WpHG.
- Sanktionsregelungen finden sich in den §§ 120, 125 WpHG.

1. Tatbestand der Veröffentlichungspflicht, Art. 19 MAR

153 Art. 19 MAR enthält die Pflicht zur Offenlegung der **Eigengeschäfte von Führungskräften**. Führungskräfte von Emittenten i.S.d. Art. 19 Abs. 4 MAR müssen dem Emittenten, bei dem sie tätig sind und der BaFin unverzüglich und spätestens innerhalb von drei Geschäftstagen Geschäfte mit Finanzinstrumenten des Emittenten melden. Abstrakt ist dies in Art. 19 Abs. 1 Unterabs. 2 MAR festgelegt. Danach sind die Geschäfte i.S.d. Art. 19 Abs. 3 MAR unverzüglich und **spätestens drei Geschäftstage nach dem Geschäft** zu veröffentlichen. Mitteilungspflichten des Emittenten ergeben sich aus § 26 Abs. 2 WpHG. Anwendbar ist die Pflicht zur Vornahme von Directors' Dealings nach Art. 19 Abs. 4 MAR nicht nur auf solche Emittenten, die für ihre Finanzinstrumente eine Zulassung zum Handel am regulierten Markt beantragt oder erhalten haben, sondern nunmehr auch auf Emittenten, deren Finanzinstrumente im Freiverkehr notieren. Erfasst sind ferner auch sonstige MTFs und OTFs. Die Eigenschäfte mit Finanzinstrumenten des Emittenten beziehen sich nach Art. 19 Abs. 1 lit. a) MAR insbesondere auf Aktien oder Schuldtitel des Emittenten. Eigengeschäfte wiederum sind nach Art. 19 Abs. 6 lit. e) MAR insbesondere der Kauf und Verkauf eines entsprechenden Finanzinstruments. Ferner geht es bei Eigengeschäften nach Art. 19 Abs. 7 MAR etwa auch um Fälle der Leihe oder Verpfändung eines Finanzinstruments.

154 Führungskräfte sind dabei wie zuvor bei den §§ 15, 15a WpHG a.F. **nicht nur Organmitglieder** von Verwaltungs-, Leitungs- oder Aufsichtsorganen des Emittenten nach Art. 3 Abs. 1 Nr. 25 lit. a) MAR,

sondern nach Art. 3 Abs. 1 Nr. 25 lit. b) MAR **auch sonstige Personen (höhere Führungskräfte)**, die regelmäßig Zugang zu Insiderinformationen haben und zu unternehmerischen Entscheidungen ermächtigt sind. Bezogen etwa auf eine AG geht es also um Vorstands- und Aufsichtsratsmitglieder sowie leitende Angestellte auf der ersten Führungsebene unterhalb der Leitungsorgane mit Entscheidungsgewalt. Dieser Personenkreis ist – zusammen mit den ihnen eng verbundenen Personen – fortlaufend in Listen zu erfassen, woraufhin diese in Insiderverzeichnissen veröffentlicht werden müssen. Kleinere Eigengeschäfte unterhalb von 20.000 EUR sind nach Art. 19 Abs. 8 MAR i.V.m. den neuesten BaFin-Verlautbarungen 2019/2020 vom Anwendungsbereich der Pflichten im Zusammenhang mit Directors' Dealings ausgenommen.

Aus Gründen des Umgehungsschutzes sind **auch mit der jeweiligen Führungskraft eng verbundene Personen** vom Anwendungsbereich des Art. 19 MAR erfasst. Dabei handelt es sich laut Art. 3 Abs. 1 Nr. 26 MAR um den Ehepartner oder einen Partner der Führungskraft, der nach nationalem Recht einem Ehepartner gleichgestellt ist, um ein unterhaltsberechtigtes Kind entsprechend dem nationalen Recht, um einen Verwandten, der zum Zeitpunkt der Tätigung des betreffenden Geschäfts seit mindestens einem Jahr demselben Haushalt angehört oder um eine juristische Person/Treuhand/Personengesellschaft, die direkt oder indirekt von der maßgeblichen Führungskraft ebenfalls geleitet wird, die zugunsten einer solchen Führungskraft gegründet wurde oder deren wirtschaftliche Interessen weitgehend denen einer solchen Führungskraft entsprechen. Es wird insoweit pauschal vermutet, dass diese derart eng verbundenen Personen von den Informationsvorteilen der Führungskräfte profitieren. **155**

Für Deutschland wird nunmehr angenommen, dass sich im Verhältnis der Maßstäbe aus den bislang geltenden §§ 15, 15a WpHG a.F. nichts (Wesentliches) geändert hat. Dann gilt konsequenterweise auch die schon bis dato geltende **teleologische Reduktion** seitens der BaFin fort, wonach nur dann eine Meldepflicht für Eigenschäfte von Führungskräften besteht, wenn durch diese Eigengeschäfte für eine meldepflichtige natürliche Person die **Möglichkeit** vorhanden ist, **sich einen nennenswerten wirtschaftlichen Vorteil zu sichern**. Ein dergestalt signifikanter wirtschaftlicher Vorteil soll auch nach der aktuellen Fassung des Emittentenleitfadens (Modul C) v. 25.3.2020 etwa dann erzielt werden können, wenn die Führungskraft oder die natürliche Person, die mit der Führungskraft eng verbunden ist, an der maßgeblichen Gesellschaft mit mindestens 50 % beteiligt ist oder wenn ihr mindestens 50 % der Gewinne der Gesellschaft zustehen. **156**

2. Ergänzendes temporäres Handelsverbot nach Art. 19 Abs. 11 MAR

157 Für die Organmitglieder und höheren Führungskräfte gilt ferner, dass entsprechende **Eigengeschäfte** nach Art. 19 Abs. 11 MAR nicht nur offengelegt werden müssen, sondern **zu bestimmten sensiblen Zeiträumen gleich ganz verboten** sind. Dies meint geschlossene Zeiträume von 30 Kalendertagen vor Ankündigung eines gesetzlich oder nach börsenrechtlichen Regeln verbindlich vorgeschriebenen Zwischen- oder Jahresabschlussberichts. Bestimmte Ausnahmen von diesem temporären Handelsverbot sind in Art. 19 Abs. 12 MAR angelegt (außergewöhnliche Umstände, Sonderformen des Aktienkaufs für Belegschaft u.ä.).

158 **Beispiel:** Im Fall der börsennotierten Fruchtsaft Müller AG (vgl. Rn. 151) gilt es dabei genau hinzuschauen. Muss etwa bei dieser AG ein Jahresfinanzbericht i.S.d. § 114 Abs. 1 WpHG erstellt werden, so ist dieser spätestens vier Monate nach Ablauf eines jeden Geschäftsjahrs der Öffentlichkeit zur Verfügung zu stellen. Da das Geschäftsjahr laut Satzung oftmals zugleich das Kalenderjahr ist, müsste genau eruiert werden, wann der Jahresfinanzbericht angekündigt wurde. Womöglich könnte es im Zeitraum Januar bis April 2020 dann Eigengeschäfte gegeben haben, die unzulässigerweise innerhalb des temporären Handelsverbotszeitraums nach Art. 19 Abs. 11 MAR lagen. Ggf. greift dann aber wieder eine Rückausnahme nach Art. 19 Abs. 12 MAR.

3. Aufsichtsrechtliche Sanktionen

159 Auch Verstöße gegen Directors‘ Dealings-Pflichten können nach § 120 Abs. 15 Nr. 17 bis Nr. 22 WpHG mit einem **Bußgeld** geahndet werden. Dies betrifft sowohl Verstöße bei der Meldung von Eigengeschäften als auch Verstöße gegen das temporäre Handelsverbot. Die Bußgelder sind dabei im Vergleich zu Verstößen gegen andere Publizitätspflichten vergleichsweise moderat. Nach § 120 Abs. 18 WpHG gilt für natürliche Personen eine Bußgeldobergrenze von 500.000 EUR. Dagegen gilt für juristische Personen/Personenvereinigungen eine Bußgeldobergrenze von einer Mio. EUR, wobei auch der wirtschaftliche Vorteil (bis zum Dreifachen) abgeschöpft werden kann. Die Tathandlungen sind ähnlich denen der Verstöße gegen Ad hoc-Mitteilungen formuliert. Subjektiv kommt es erneut darauf an, dass vorsätzlich oder leichtfertig gehandelt wurde. Sanktionen sind von der BaFin nach § 125 WpHG zu veröffentlichen (sog. Naming and Shaming).

F. Regelpublizität nach den §§ 114 ff. WpHG

Literatur: *Blöink/Kumm*, BB 2015, 1515 ff.; *Buck-Heeb*, Kapitalmarktrecht, § 9 II; *Langenbucher*, Aktien- und Kapitalmarktrecht, § 17 IV; *Lehmann*, Grundriss des Bank- und Kapitalmarktrechts, § 16 C; *Poelzig*, Kapitalmarktrecht, § 19; *Szesny*, in: *Szesny/Kuthe*, Kapitalmarkt-Compliance, 2. Teil 7. Kapitel

Im Gegensatz zu den meisten sonstigen Publizitätspflichten, die an- **160**
lassbezogen sind und damit in irgendeiner Form willensgetragen oder von einem Ereignis ausgelöst werden, muss die **Regelpublizitätspflicht anlasslos** erfüllt werden. Die §§ 114 ff. WpHG beruhen dabei auf der Umsetzung der TD.

I. Grundlegendes

Finanzberichte sind für potenzielle und aktuelle Aktionäre als Infor- **161**
mationsquelle wichtig, um sich Kenntnisse über die Vermögens-, Finanz- und Ertragslage des jeweiligen Emittenten zu verschaffen. Gleichzeitig sollen die Anleger nicht nur die objektiven Unternehmenszahlen sehen, sondern auch die Beurteilung dieser Zahlen seitens des Managements in Erfahrung bringen können. Die Finanzberichtspflichten des WpHG werden allerdings nach § 114 Abs. 1 Satz 1 HS 2 WpHG verdrängt, sofern entsprechende handelsrechtliche Vorschriften zur Offenlegung von Jahresabschlüssen anwendbar sind. Hierdurch soll eine Doppelbelastung der Emittenten vermieden werden. Faktisch sind die §§ 114 ff. WpHG jedenfalls in Bezug auf die essentiellen Aufstellungspflichten also nur in Bezug auf die wenigen Inlandsemittenten mit Auslandssitz anwendbar, die Masse der Inlandsemittenten mit Inlandssitz ist schon über das HGB in den entsprechenden Pflichtenkreis eingebunden.

Tipp: Finanzberichte werden in der Praxis oft mit Jahresabschlüs- **162**
sen und/oder Geschäftsberichten verwechselt. Daher ein kurzer Überblick:

Der **Jahresabschluss** ist der rechnerische Abschluss eines kaufmännischen Geschäftsjahres. Dargestellt werden die finanzielle Lage und der Erfolg eines Unternehmens. Im Jahresabschluss enthalten sind der Abschluss der Buchhaltung, die Zusammenstellung von Dokumenten zur Rechnungslegung sowie deren Prüfung, Bestätigung und Veröffentlichung. Nach den §§ 242, 264 HGB setzt sich ein Jahresabschluss aus Bilanz, Gewinn- und Verlustrechnung samt Anhang sowie ggf. dem Lagebericht zusammen. Dabei ist der Jahresabschluss im Bundesanzeiger zu finden, ggf. existiert zusätzlich ein Konzernjahresabschluss.

Der **Geschäftsbericht** ist nach § 328 Abs. 2 HGB eine rein freiwillige Publizität von Unternehmen. Mit ihm soll der Jahresabschluss ergänzt und erläutert werden können. In der Praxis ist die Erstellung auch eines Geschäftsberichts für börsennotierte Unternehmen absolut üblich. Geschäftsberichte lassen sich der Internetseite des jeweiligen Unternehmens entnehmen.

Finanzberichte gehören anders als Jahresabschlüsse und Geschäftsberichte nicht zur handelsrechtlichen Rechnungslegung, sondern sind rein kapitalmarktrechtlichen Ursprungs. Finanzberichte werden sowohl im Bundesanzeiger als auch auf der Internetseite des jeweiligen Unternehmens veröffentlicht.

II. Die einzelnen Vorschriften

163 Die wesentlichen Vorschriften zur Regelpublizität sind im Überblick:
- § 114 WpHG regelt den Jahresfinanzbericht.
- § 115 WpHG erfasst Halbjahresfinanzberichte.
- Konzernberichte finden sich in § 117 WpHG.
- Sanktionsregeln sind in den §§ 120, 124 WpHG fixiert.

1. Systematik

164 Die §§ 114–118 WpHG regeln bezogen auf Inlandsemittenten i.S.d. § 2 Abs. 14 WpHG am organisierten Markt den erforderlichen Inhalt von zu veröffentlichenden Finanzberichten. Emittenten, deren Aktien lediglich im Freiverkehr gehandelt werden, sind von den §§ 114 ff. WpHG nicht erfasst. Finanzberichte sind der Jahresfinanzbericht i.S.d. § 114 WpHG, der Halbjahresfinanzbericht i.S.d. § 115 WpHG wie auch der Zahlungsbericht i.S.d. § 116 WpHG. Im Fall von Veröffentlichungen über das Mutterunternehmen modifiziert § 117 WpHG den Pflichtenkreis aus den §§ 114, 115 WpHG für das Tochterunternehmen. Etwaige Ausnahmen finden sich in § 119 HGB.

2. Jahresfinanzbericht nach § 114 WpHG

165 Der Jahresfinanzbericht (oder der substituierende Konzernbericht nach § 117 Nr. 1 WpHG) muss nach § 114 Abs. 1 Satz 1 WpHG innerhalb von vier Monaten nach Ablauf des Geschäftsjahres (Bilanzstichtag) erstellt werden. Er enthält nach § 114 Abs. 2 WpHG den geprüften Jahresabschluss, den geprüften Lagerbericht und den sog.

Bilanzeid des Vorstands. Der Jahresfinanzbericht ist nach der Veröffentlichung auch dem Unternehmensregister zu übermitteln. Hiernach ist nach § 114 Abs. 3 WpHG eine europaweite Hinweisbekanntmachung vorzunehmen, wo der Jahresfinanzbericht im Internet eingesehen werden kann. Die Hinweisbekanntmachung muss gleichzeitig mit der Veröffentlichung der BaFin zugeleitet und unverzüglich auch dem Unternehmensregister übermittelt werden. Für den Prime Standard der FWB legt die entsprechende Börsenordnung zudem fest, dass der Jahresfinanzbericht regelmäßig auch in englischer Sprache abgefasst sein muss und zudem in elektronischer Form an die Börsengeschäftsführung zu übermitteln ist.

3. Halbjahresfinanzbericht nach § 115 WpHG

Mit dem Halbjahresfinanzbericht muss nach § 115 Satz 1 WpHG 166
ähnlich verfahren werden wie mit dem Jahresfinanzbericht. Der Halbjahresbericht bezieht sich dabei nur auf die erste Hälfte des Geschäftsjahres mit einem entsprechend verkürzten (halbierten) Pflichtinhalt. Der hier verkürzte Abschluss und der Zwischenlagebericht müssen allerdings im Gegensatz zum Jahresabschluss/Lagebericht nicht geprüft sein. Die Veröffentlichung hat dabei unverzüglich, spätestens aber innerhalb von drei Monaten nach Ende des Berichtszeitraums zu erfolgen. Quartalsberichte gibt es in den WpHG-Regeln zur Finanzberichterstattung (Regelpublizität) mittlerweile nicht mehr, wohl aber ist dies auf Basis einzelner Börsenordnungen wie z.B. für den Prime Standard der FWB vorgesehen.

Der **Zahlungsbericht** nach § 116 WpHG bezieht sich im Vergleich 167
zu Jahresfinanzbericht und Halbjahresfinanzbericht ausschließlich auf bestimmte Unternehmen aus dem **Rohstoffsektor**, was durch den Anwendungsverweis auf die §§ 341r bis 341v HGB zum Ausdruck kommt. Dabei geht es um die Veröffentlichung von Zahlungen, die in den Ländern der Geschäftstätigkeit an staatliche Stellen geleistet werden. Die Modalitäten zu Veröffentlichung, Hinweisbekanntmachung und Übermittlungsakte an BaFin und Unternehmensregister sind ähnlich ausgestaltet wie hinsichtlich Jahres- und Halbjahresfinanzbericht. Zeitlicher Bezugspunkt ist dabei eine Veröffentlichung innerhalb von sechs Monaten seit Ende des Berichtszeitraums.

4. Aufsichtsrechtliche Sanktionen

Nach § 120 Abs. 2 Nr. 2 lit. k) bis lit. n), Nr. 4 lit. e) bis lit. g), 168
Abs. 12 Nr. 5 WpHG kann ein Pflichtverstoß gegen die §§ 114 ff. WpHG eine Ordnungswidrigkeit bedeuten. Dabei geht es als Tathand-

lung insbesondere darum, dass Einzelpflichten aus den §§ 114 ff. WpHG nicht oder nicht rechtzeitig erfüllt werden. Subjektiv ist entweder Vorsatz oder je nach Abs. Leichtfertigkeit oder Fahrlässigkeit Voraussetzung. Die Bußgeldobergrenze liegt nach § 120 Abs. 17 WpHG bei zwei Mio. EUR für natürliche Personen. Bei juristischen Personen/Personenvereinigungen beträgt die Bußgeldobergrenze zehn Mio. EUR oder 5 % des (Konzern-)Gesamtumsatzes. Darüber hinaus kann die Ordnungswidrigkeit mit einer Geldbuße bis zum Zweifachen des aus dem Verstoß gezogenen wirtschaftlichen Vorteils geahndet werden. Entsprechende Sanktionen hat die BaFin nach § 124 WpHG zu veröffentlichen (sog. Naming and Shaming).

169 **Tipp:** Gerade bei der Regelpublizität treten **haftungsträchtige insolvenzrechtliche Besonderheiten** zu Tage. Gerät ein börsennotiertes Unternehmen in die Insolvenz werden die kapitalmarktrechtlichen Pflichten eben nicht suspendiert, auch wenn sich dieser Irrglaube hartnäckig hält. Bei anlassbezogener Publizität wird es wenige oder gar keine Anlässe geben, über die Suspendierung von kapitalmarktrechtlichen Pflichten nachzudenken. Denn insolvente Unternehmen/Emittenten stellen dann oftmals ihre wirtschaftliche Tätigkeit unmittelbar ein oder fahren diese stark herunter. An anlassbezogener Publizität sind dann zumeist nur noch Ad hoc-Mitteilungen über einzelne Schritte der Insolvenz (Insolvenzeröffnung, Bestellung des Insolvenzverwalters, Anordnung der Eigenverwaltung, Stadienerreichung bei einem Insolvenzplan etc.) relevant. Zudem kann es zu Stimmrechtsmitteilungen kommen, falls Kapitalmaßnahmen Änderungen bei den Stimmrechten bringen und/oder ein neuer Investor im Zuge einer Beteiligung am Emittenten einsteigt.

Nicht selten denken aber der zuständige Insolvenzverwalter (klassische Insolvenz) oder der Vorstand (Eigenverwaltung), dass die Regelpublizität nun erstmal nicht mehr erforderlich ist und erstellen bzw. veröffentlichen die entsprechenden Finanzberichte nicht mehr. Dies führt klassischerweise zur Verhängung von Bußgeldern.

Kapitel 3. Verbotenes marktmissbräuchliches Verhalten

Das verbotene marktmissbräuchliche Verhalten am Kapitalmarkt lässt sich weiter untergliedern in: 170

- **Verbotene Marktmanipulation**,
- **Verbotener Insiderhandel**,
- **Verbotene Leerverkäufe** (wobei es daneben auch noch zu schildernde erlaubte Leerverkäufe gibt).

Ein wesentlicher Unterschied zu Publizitätspflichten besteht darin, dass die Publizitätspflichten ein Handeln der jeweiligen Pflichtigen gebieten, während das verbotene marktmissbräuchliche Verhalten ein **Unterlassen** fordert. Ein Verstoß gegen Publizitätspflichten führt in aller Regel zudem „nur“ zu einem Bußgeld (bzw. einem einstweiligen Rechtsverlust) wegen einer Ordnungswidrigkeit. Die Missachtung eines Verbots bei einem verbotenen marktmissbräuchlichen Verhalten kann demgegenüber zu einer langjährigen Haftstrafe führen. Demzufolge bildet das verbotene marktmissbräuchliche Verhalten zugleich einen Teil des Nebenstrafrechts außerhalb des StGB, das sog. **Kapitalmarktstrafrecht**. 171

A. Verbotene Marktmanipulation

Literatur: *Bayram/Meier*, WM 2018, 1095 ff.; *Buck-Heeb*, Kapitalmarktrecht, § 7; *Hippeli*, JSE 2017, 87 ff.; *Köpferl/Wegner*, WM 2017, 1924 ff.; *Langenbucher*, Aktien- und Kapitalmarktrecht, § 16; *Lehmann*, Grundriss des Bank- und Kapitalmarktrechts, § 15; *ohne Autor*, BB 2019, 2306; *Poelzig*, Kapitalmarktrecht, § 15

Als Marktmanipulation wird eine Reihe von Praktiken bezeichnet, durch unfaire Maßnahmen die Preisfindung am Kapitalmarkt zu beeinflussen, um ungerechtfertigte Gewinne zu erzielen. Marktmanipulation ist eine **spezielle Form des Marktmissbrauchs**. Zum Schutz des Kapitalmarkts ist Marktmanipulation daher verboten. Seit 2016 ist die Marktmanipulation europaweit durch die MAR vollharmonisiert. Zuvor stand sie seit 2002 als § 20a WpHG a.F. im WpHG. Vor 2002 galt § 88 BörsG a.F., welcher aber nur oberflächlich für Prospekt- und Kursbetrug gedacht war und neue und innovative Manipulationstechniken im Detail gar nicht erfasste. Dies erwies sich in strafrechtlicher 172

Hinsicht wegen des Bestimmtheitsgebots aus Art. 103 Abs. 2 GG als schwierig. Denn nach Art. 103 Abs. 2 GG kann eine Tat nur bestraft werden, wenn die Strafbarkeit gesetzlich bestimmt war, bevor die Tat begangen wurde. Derartige Probleme stellen sich im Übrigen derzeit auch im sog. **Cum-Ex-Skandal**. Im dazu laufenden Strafverfahren ist höchst fraglich, ob die praktizierte Variante des Dividendenstrippings mit einem Steuerschaden von rd. 55 Mrd. EUR als schwere Steuerhinterziehung i.S.d. § 370 Abs. 1 und Abs. 3 Satz 2 Nr. 1 AO (Täter verkürzt in großem Ausmaß Steuern oder erlangt nicht gerechtfertigte Steuervorteile) gefasst werden kann oder ob nicht vielleicht doch eher eine Gesetzeslücke vorlag.

I. Grundlegendes

173 Marktmanipulation ist eng verwandt mit dem Insiderhandel. Denn in beiden Fällen nutzen einzelne Anleger Informationsasymmetrien aus, um dieses Vorsprungswissen und die im Rahmen dessen vorhersehbare Kursentwicklung gegenüber allen anderen Anlegern zu ihrem eigenen Vorteil zu nutzen. Daher fällt die Abgrenzung in einzelnen Fällen äußerst schwer. Nach den Art. 12, 15 MAR ist es jedenfalls untersagt, die Marktpreise von Finanzinstrumenten zu manipulieren. Schutzgut ist also das Anlegervertrauen in eine unverfälschte Preisbildung bezogen auf das einzelne Finanzinstrument. Zugleich sollen durch Manipulationshandlungen bewirkte systemische Ineffizienzen des Kapitalmarkts vermieden werden.

II. Die einzelnen Vorschriften

174 Die wesentlichen Vorschriften zu verbotener Marktmanipulation sind im Überblick:

- Art. 12 MAR regelt, welche Handlungen der Begriff Marktmanipulation umfasst.
- Nach Art. 15 MAR sind Marktmanipulation und der Versuch hierzu verboten.
- Sanktionsregelungen finden sich in den §§ 119, 120, 125 WpHG.

1. Verbotene Marktmanipulation, Art. 12 und 15 MAR

175 Von der Marktmanipulation erfasst sind insbesondere **Finanzinstrumente**, darunter also auch Aktien. Die in Art. 2 Abs. 2 MAR geregelte Erweiterung über Finanzinstrumente hinaus auf Waren-Spot-Kontrakte und Referenzwerte ist von eher nachrangiger Bedeutung. Potenzieller Täter einer Marktmanipulation ist dabei grds. **jedermann**.

Das in Art. 15 MAR angelegte Verbot der Marktmanipulation bezieht sich auf die in Art. 12 Abs. 1 MAR angelegten Tathandlungen. Dabei ist v.a. zu unterscheiden zwischen **handels- und handlungsgestützten Marktmanipulationen** durch Geschäfte oder Kauf- und Verkaufsaufträge sowie sonstige Handlungen i.S.d. Art. 12 Abs. 1 lit. a) und lit. b) MAR einerseits **und informationsgestützte Marktmanipulationen** durch die Verbreitung von Informationen i.S.d. Art. 12 Abs. 1 lit. c) MAR andererseits. 176

Handelsgestützte Strategien sind dabei solche, die den Preis eines Finanzinstruments durch Kauf- oder Verkaufstransaktionen in bedeutendem Umfang nach oben oder unten treiben. Der Manipulationseffekt wird durch eigene gegenläufige Geschäfte unter Ausnutzung der selbst geschaffenen Marktverzerrung im Bereich der Talsohle oder am Gipfel des manipulierten Preises geschaffen. Bei den eng verwandten handlungsgestützten Strategien wird der Preis eines Finanzinstruments nicht mit Käufen/Verkäufen selbst manipuliert, sondern es werden kursrelevante Umstände im Umfeld oder beim jeweiligen Emittent geschaffen/verändert, auf die sich das Finanzinstrument bezieht, wobei dann durch den Kauf/Verkauf zum veränderten Preis der manipulierte Kurs ausgenutzt wird. Informationsgestützte Handlungsstrategien schließlich drehen sich um gezielte Meldungen an die Öffentlichkeit, welche unmittelbar auf die anlagerelevante Datenbasis Bezug nimmt. Dabei kann es entweder um die Verbreitung von Informationen gehen, die falsche oder irreführende Signale bezogen auf den Kurswert eines Finanzinstruments setzen oder das Herbeiführen eines anormalen oder künstlichen Kursniveaus. Der Preis des Finanzinstruments wird also durch falsche/irreführende Zahlen oder Falschangaben etwa in Finanzberichten oder Ad hoc-Mitteilungen verändert und sodann mit eigenen Käufen/Verkäufen ausgenutzt. Dass es dabei insgesamt anders als in Bezug auf die Publizitätspflichten aus dem Marktorganisationsrecht um verbotenes Verhalten geht, welches sogar eine **Straftat** darstellen kann, zeigt der Umstand, dass es laut Erwägungsgrund (41) MAR **auch eine versuchte Marktmanipulation** gibt. Ein Versuch kann dabei schon dann vorliegen, wenn Handlungen begonnen wurden, aber etwa die Order nicht ausgeführt wurde oder technische Probleme die Vollendung verhindert haben. 177

Beispiel: Im September 2019 erhob die Staatsanwaltschaft Braunschweig Anklage gegen den Vorstandsvorsitzenden, den ehemaligen Vorstandsvorsitzenden und den Aufsichtsratsvorsitzenden der Volkswagen AG wegen Marktmanipulation im Zusammenhang mit dem **Dieselgate-Skandal**. Ihnen wird vorgeworfen, Anleger im Jahr 178

2015 nicht rechtzeitig über die Risiken der Dieselaffäre informiert zu haben. Angeblich sollen die Beteiligten seit Mai/Juli 2015 vollständig Kenntnis über den Einbau der Schummelsoftware in sämtliche Dieselfahrzeuge erlangt haben. Laut Staatsanwaltschaft hätten die Beteiligten über die daraus resultierenden erheblichen Zahlungsverpflichtungen des Volkswagen-Konzerns in Milliardenhöhe informieren müssen. Indem sie dies zunächst unterlassen hätten, hätten sie damit rechtswidrig Einfluss auf den Kurswert der Volkswagen-Aktie genommen. Mitte Mai 2020 wurde allerdings die Einstellung des Verfahrens gegen eine Zahlung von neun Mio. EUR bekannt. Bei dem zugrundeliegenden Vorwurf stand eine **informationsgestützte Marktmanipulation** in Rede. Aus dem Wortlaut von Art. 12 Abs. 1 lit. c) MAR lässt sich dies aber nicht ohne weiteres herauslesen. Es dürfte dabei um die Variante des Herbeiführens eines anormalen oder künstlichen Kursniveaus gegangen sein, allerdings dann dadurch, dass Ad hoc-Mitteilungen zu spät vorgenommen wurden.

179 Eher ein Nebenaspekt ist die sog. **Referenzwertmanipulation** i.S.d. Art. 12 Abs. 1 lit. d) MAR, welche sich auf Referenzwerte wie den EURIBOR als Grundlage für den Interbankenhandel bezieht. Auf Grundlage der Benchmark-VO soll hier seit 2016 sichergestellt werden, dass die entsprechenden Referenzwerte ordnungsgemäß ermittelt werden. Anlass hierfür bildete der LIBOR-Skandal von 2012/2013, wodurch bekannt wurde, dass u.a. die Barclays Bank und die Deutsche Bank jahrelang umfangreich den LIBOR manipuliert hatten.

2. Spezielle Formen der Marktmanipulation

180 In Art. 12 Abs. 2 MAR finden sich mehrere Regelbeispiele für Handlungen, die sich letztlich auch unter die generellen Tathandlungen aus § 12 Abs. 1 MAR subsumieren lassen. Es gibt dabei Überschneidungen mit tradierten besonderen Formen der Marktmanipulation wie etwa:

– **Scalping** (bekannte Börsengurus kaufen günstig Aktien und empfehlen später die Aktie im Fernsehen, im Radio, in Fachzeitschriften/Börsenbriefen oder im Internet zum Kauf, woraufhin der Kurswert steigt). Scalping war um die Jahrtausendwende gerade im Zusammenhang mit dem damaligen Neuen Markt berüchtigt.
– **Cornering** (marktenge Aktien eines Emittenten werden großflächig gekauft, um den Kurswert nach oben zu treiben).
– **Aktienspam** (mit massenhaften Mails werden Aktien mit geringem Kurswert zum Kauf empfohlen, um den Kurswert zeitweilig zum eigenen Vorteil künstlich zu heben).

- **Cold Calling** (unbekannte Anrufer geben Kaufempfehlungen für Aktien und treiben durch die dadurch verursachten Käufe kurzzeitig den Kurswert der Aktie hoch. Nach Ende der Telefonaktion und Verkauf der Aktien des Anrufers bzw. der dahinter stehenden Personen fällt der Kurswert wieder deutlich ab).
- Einzelne Varianten des **High Frequency Trading** (Hochleistungsrechner handeln selbstständig oder mit Einwirken von Menschen innerhalb von Sekunden oder Bruchteilen davon nach zuvor programmierten Algorithmen, wobei der zeitliche Vorsprung ausgenutzt wird). Grds. ist dieser Handel nun nach § 1 Abs. 1a Satz 2 Nr. 4 KWG ohnehin erlaubnispflichtig. Ohne Erlaubnis und innerhalb einer bestehenden Erlaubnis sind jedoch missbräuchliche Strategien wie etwa das **Frontrunning** möglich, bei dem die nachfolgende Order die Kenntnis um die Handelsstrategie des Auftraggebers der ersten Order problematisch wird. Ein weiteres Muster ist das **Spam and Cancel**, bei dem blitzschnell Scheinaufträge erteilt und sofort wieder zurückgenommen werden, so dass Dritte ein falsches Bild von der nur scheinbar hohen Orderlage erhalten. Beim **Quote Stuffing** wird der Hochleistungsrechner an einem bestimmten Handelsplatz (örtlich betrachtet) angegriffen und dort verlangsamt, damit die Kursarbitrage zwischen den Handelsplätzen ausgenutzt werden kann. Beim **Pinging** werden durch Testaufträge nicht öffentliche Teile von Orderbüchern ausspioniert, da die Zeitunterschiede bei den Antworten Rückschlüsse auf den Absender einer größeren Order und dessen Limit ermöglichen.

3. Aufsichtsrechtliche Sanktionen

Sanktioniert werden Verstöße gegen das Verbot unzulässiger **181** Marktmanipulation durch **Straf- und Bußgeldvorschriften** in den §§ 119, 120 WpHG. Wer vorsätzlich oder leichtfertig eine Marktmanipulation begeht, handelt jedenfalls nach § 120 Abs. 15 WpHG ordnungswidrig. Ordnungswidrige Marktmanipulationen werden von der BaFin mit einem Bußgeld sanktioniert. Die Höhe des Bußgelds ist abhängig von der Art der begangenen Marktmanipulation und kann nach § 120 Abs. 18 WpHG gegenüber natürlichen Personen bis zu fünf Mio. EUR und gegenüber juristischen Personen/Personenvereinigungen bis zu 15 Mio. EUR bzw. 15 % des (Konzern-)Gesamtumsatzes betragen. Darüber hinaus kann die Ordnungswidrigkeit mit einer Geldbuße bis zum Dreifachen des aus dem Verstoß gezogenen Vorteils geahndet werden.

Vorsätzliche Marktmanipulationen, die auf den Börsen- oder **182** Marktpreis eingewirkt haben, sind Straftaten, die nach § 119 Abs. 1

WpHG mit Freiheitsstrafe von bis zu fünf Jahren oder Geldstrafe geahndet werden können. Handelt der Täter gewerbsmäßig oder bandenmäßig oder aber in Ausübung einer beruflichen Tätigkeit z.B. für ein WpDiU (was zumeist der Fall sein wird), wird die Marktmanipulation als Verbrechen mit einer **Freiheitsstrafe von einem Jahr bis zu zehn Jahren** bestraft. Zudem ist der Versuch der Marktmanipulation nach § 119 Abs. 5 WpHG strafbar. In diesen Fällen bereitet die BaFin bei entsprechender Kenntnis den Fall auf und zeigt ihn der zuständigen Staatsanwaltschaft an.

183 Entscheidungen über Maßnahmen und Sanktionen, die wegen eines Verstoßes gegen das Verbot der Marktmanipulation erlassen wurden, werden von der BaFin auf ihrer Internetseite nach § 125 WpHG bekannt gemacht (sog. Naming and Shaming).

B. Verbotener Insiderhandel

Literatur: *Buck-Heeb*, Kapitalmarktrecht, *Bühren*, NZG 2017, 1172 ff.; § 6; *Langenbucher*, Aktien- und Kapitalmarktrecht, § 15; *Lehmann*, Grundriss des Bank- und Kapitalmarktrechts, § 14; *Merkner/Sustmann/Retsch*, AG 2019, 621 ff.; *Poelzig*, Kapitalmarktrecht, § 13; *Stoppel*, in: Grunewald/Schlitt, Einführung in das Kapitalmarktrecht, § 13

184 Insiderhandel bedeutet die **Ausnutzung von Insiderinformationen für (eigene) Börsengeschäfte**. Insiderhandel ist in Deutschland und den meisten Mitgliedstaaten der EU eine Straftat, da er die Funktionsfähigkeit des Kapitalmarkts beeinträchtigt. Ursprünglich beruhte die deutsche Regelung des § 14 WpHG a.F. auf der Insiderhandels-RL von 1989, dann seit 2003 auf der MAD. 2014 trat derjenige Teil der MAR in Kraft, welcher das Insiderrecht regelt. Auch das Insiderrecht ist damit nun europaweit einheitlich geregelt.

I. Grundlegendes

185 Zweck des Insiderrechts ist es laut Erwägungsgrund (24) MAR, die **Integrität des Finanzmarkts** zu schützen und das **Vertrauen der Anleger** zu stärken, welches wiederum auf der Gewissheit beruht, dass die Anleger gleichbehandelt und vor der missbräuchlichen Verwendung von Insiderinformationen geschützt werden sollen. Dabei gilt es, ungerechtfertigte Vorteile Einzelner zu verhindern, die im Vergleich zu Dritten Sonderwissen in Bezug auf einen bestimmten Emittenten haben. Insoweit versteht die MAR das Insiderrecht ausdrücklich als Teil des Marktmissbrauchsrechts. Das Insiderrecht basiert maßgeblich auf dem Insiderhandelsverbot nach 14 MAR. Danach ist als Hauptanwendungsfall die Vornahme von Insidergeschäften verboten, daneben aber auch eine solche Empfehlung an Dritte oder die unrechtmäßige Offenlegung von Insiderinformationen. Dem vorgelagert und hierzu miteinander verschränkt sind die Ad hoc-Pflichten i.S.d. Art. 17 MAR und die Meldepflichten für Directors' Dealings i.S.d. Art. 19 MAR. Das Verbot des Insiderhandels nach Art. 14 MAR wird ergänzt um die Führung von Insiderlisten i.S.d. Art. 18 MAR.

Schwierig ist es dabei stets, einem obzwar des Verbots vorgenom- 186
menen Insiderhandel auf die Spur zu kommen. Die Dunkelziffer dürfte hoch sein, schließlich ist die Aufdeckung schwierig und die möglichen Gewinnspannen sind immens. Kaum ein Ermittlungsverfahren führt zu einer Verurteilung, auch wenn die Strafdrohung abstrakt sehr hoch ist. Eine Möglichkeit für das Auffliegen von verbotenem Insiderhandel ist das sog. **Whistleblowing**, wobei informierte Personen etwa an Staatsanwaltschaften, die Polizei oder die BaFin Hinweise zu Tat und/oder Täter geben. Zudem wertet die BaFin im Rahmen ihrer Marktüberwachung etwa in Form von **Marktanalysen** Daten über alle Wertpapiergeschäfte aus, die Banken und Börsen melden müssen. Ferner analysiert die BaFin Ad hoc-Mitteilungen und schaut sich auffällige Kursverläufe dazu an.

II. Die einzelnen Vorschriften

Die wesentlichen Vorschriften zu verbotenem Insiderhandel sind im 187
Überblick:

- Art. 7 MAR definiert Insiderinformationen.
- Art. 8 MAR erläutert, was Insidergeschäfte sind.
- Art. 14 MAR regelt das Insiderhandelsverbot.
- Art. 18 MAR verpflichtet zur Führung von Insiderlisten.
- Aufsichtsrechtliche Sanktionen finden sich in den §§ 119, 120, 125 WpHG.

1. Verbotener Insiderhandel, Art. 8 und Art. 14 MAR

Anders als viele andere Zulassungsfolgepflichten ist der verbotene 188
Insiderhandel nicht auf am Handelsplatz des organisierten Markts gelistete Finanzinstrumente limitiert. Vielmehr erweitert Art. 2 Abs. 1 Unterabs. 1 MAR den Anwendungsbereich von verbotenem Insiderhandel auch auf solche Finanzinstrumente, für die bereits ein Antrag auf Zulassung zum organisierten Markt gestellt worden ist sowie auf Finanzinstrumente, die auf Initiative des Emittenten im Freiverkehr gehandelt werden. Finanzinstrumente i.S.d. MAR sind solche, auf die sich laut § 8 Abs. 1 Satz 1 MAR Insiderinformationen beziehen kön-

nen. Dazu zählen im Wege eines in Art 3 Abs. 1 Nr. 1 MAR angelegten Verweises auf die MiFID II u.a. Wertpapiere in Form von Aktien. Ein **Insidergeschäft** liegt nach Art. 8 Abs. 1 Satz 1 MAR insbesondere dann vor, wenn die **Insiderinformationen** für eigene oder fremde Rechnung direkt oder indirekt **zum Erwerb oder der Veräußerung des entsprechenden Finanzinstruments genutzt** werden.

189 Art. 8 Abs. 4 MAR erläutert, **wie Insiderinformationen erlangt werden können**. Dies ist dann der Fall, wenn die entsprechende Person

- dem Verwaltungs-, Leitungs- oder Aufsichtsorgan etwa des Emittenten angehört,
- am Kapital etwa des Emittenten beteiligt ist,
- aufgrund der Ausübung einer Arbeit oder eines Berufs oder der Erfüllung von Aufgaben Zugang zu den betreffenden Informationen hat, oder
- an kriminellen Handlungen beteiligt ist.

Die Varianten 1 und 3 dürften dabei am häufigsten vorkommen. So sind Mitglieder von Vorstand und Aufsichtsrat selbstverständlich im Besitz von Insiderinformationen bzgl. der eigenen Gesellschaft. Zudem erlangen natürlich auch Mitarbeiter von Börsen, Banken und Anwaltskanzleien sowie Behördenmitarbeiter z.B. bei der BaFin, der Bundesbank und der Wirtschafts- und Finanzministerien des Bundes und der Bundesländer Insiderinformationen. Durch interne Compliance-Regelungen wie Handelsverbote und Handelsbeschränkungen in Form von Genehmigungspflichten ist sicherzustellen, dass diese Personenkreise erlangte Insiderinformationen nicht nutzen können.

190 **Beispiel:** 2016 versuchte die Deutsche Börse AG im Ergebnis erfolglos, die London Stock Exchange zu übernehmen. Zwei Monate vor Ankündigung dieser Übernahme erwarb der damalige Vorstandsvorsitzende der Deutsche Börse AG 60.000 Aktien der Deutsche Börse AG. Aus dieser Transaktion erzielte er am Ende einen Gewinn von ca. 4,5 Mio. EUR.

2017 wurde in den Medien bekannt, dass in dieser Sache von der Staatsanwaltschaft Frankfurt wegen verbotenem Insiderhandel ermittelt wird. Daraufhin verließ der damalige Vorstandsvorsitzende die Deutsche Börse AG zum Jahresende, sein Vertrag wäre bis März 2018 gelaufen und ansonsten wohl verlängert worden. Später wurde über die Medien eine Einstellung des Verfahrens gegen Zahlung von 4,75 Mio. EUR bekannt.

191 **Insiderinformationen sind** i.S.d. Art. 7 Abs. 1 lit. a) MAR insbesondere **nicht öffentlich bekannte präzise Informationen**, die direkt

oder indirekt einen oder mehrere Emittenten oder ein oder mehrere Finanzinstrument(e) betreffen und die, wenn sie öffentlich bekannt würden, geeignet wären, den entsprechenden Kurs oder auch den Kurs damit verbundener derivativer Finanzinstrumente erheblich zu beeinflussen. Maßstab ist dabei nach Art. 7 Abs. 4 Unterabs. 1 MAR der verständige Anleger (vgl. bereits Rn. 139), welcher eine solche Information wahrscheinlich mindestens z.T. als Grundlage seiner Anlageentscheidung nutzen würde.

In der Praxis sind typischerweise **folgende Informationen als Insiderinformation** zu werten, die nicht in ein verbotenes Insidergeschäft münden dürfen: Veräußerung wichtiger Geschäftsfelder, einschneidende Kapital- und/oder Strukturmaßnahmen, bevorstehender Abschluss von Unternehmensverträgen oder essentielle personelle Veränderungen im Unternehmen als emittentenbezogene Umstände. Auch indirekte Umstände mit Emittentenbezug (unmittelbare Betroffenheit erforderlich) wie etwa bestimmte Branchendaten, politische Ereignisse oder Gesetzesvorhaben können einschlägig sein. Umstände mit Bezug auf Finanzinstrumente liegen ferner bei Handelsbetroffenheit vor. Schwierigkeiten bereiten im Insiderrecht bis heute ferner die Bestimmung von zukünftigen Ereignissen/Umständen, deren Eintritt vernünftigerweise erwartet werden kann als etwaige Insiderinformation i.S.d. Art. 7 Abs. 2 Satz 1 MAR. Hier geht es stets um die Bewertung eines Ereignisses/Umstands als nicht wahrscheinlich vs. hinreichend wahrscheinlich. 192

Auch ist bis heute umstritten, welcher Grad an Validität einem **Gerücht** i.S.d. Art. 17 Abs. 7 MAR zukommen muss, um eine zu einer Insiderinformation führende präzise Marktinformation darstellen zu können (vgl. bereits Rn. 139). Jedenfalls steht nun anders als früher fest, dass der betroffene Emittent nicht mehr nur Gerüchte aus seiner Sphäre beachten und ggf. hierauf reagieren muss, vielmehr kommt es auch auf externe Vertraulichkeitslücken an, welche dann insbesondere eine Selbstbefreiung i.S.d. Art. 17 Abs. 4 MAR ins Wanken bringen und zu einer Stellungnahme nötigen können (Ende der „no comment"-policy). 193

Ferner ist bei **gestreckten Sachverhalten** nach wie vor schwierig zu bestimmen, wann genau eine präzise Information als Insiderinformation vorliegt (vgl. bereits Rn. 142). Art. 7 Abs. 3 MAR erfordert jedenfalls – basierend auf entsprechender EuGH-Rspr. – eine Prüfung bei jedem einzelnen Zwischenschritt. Danach gilt es zu überblicken, ob die Insiderinformation nicht bereits i.S.d. Art. 7 Abs. 1 MAR öffentlich bekannt ist und zudem, ob sie i.S.d. Art. 7 Abs. 1 lit. a) MAR Kursrelevanz besitzt. 194

2. Insiderlisten, Art. 18 MAR

195 Ergänzend zum Insiderhandelsverbot müssen Emittenten und/oder alle in seinem Auftrag oder für seine Rechnung handelnden Personen regelmäßig **Insiderlisten i.S.d. Art 18 MAR** anfertigen und rasch aktualisieren. Diese Insiderlisten verfolgen den Zweck, die aufsichtsbehördliche Verfolgung und Aufdeckung von Insiderverstößen zu erleichtern und Emittenten die Kontrolle über relevante Insiderinformationen zu ermöglichen. Vom Erfordernis aufzustellender Insiderlisten erfasst sind dabei i.S.d. Art. 18 Abs. 7 MAR Emittenten des organisierten Markts (ebenso erfasst sind MTFs und OTFs) bereits ab Antragstellung mit dem Ziel der Zulassung des Finanzinstruments zum Handel. Auf den Insiderlisten müssen sodann i.S.d. Erwägungsgrunds (57) MAR alle Personen stehen, die bestimmungsgemäß auf Basis eines Arbeitsverhältnisses gleich weder Form und nicht nur zufällig oder tatsächlich Zugang zu Insiderinformationen mit direktem oder indirektem Bezug zum Emittenten haben. Die für den jeweiligen Emittenten individuell vorzunehmende Abgrenzung des Personenkreises bereitet dabei wohl auch nach Inkrafttreten der MAR samt Ausführungsbestimmungen immer noch erhebliche Schwierigkeiten.

3. Aufsichtsrechtliche Sanktionen

196 Wie im Zusammenhang mit verbotener Marktmanipulation wird auch bei verbotenem Insiderhandel nach Art. 14 MAR zwischen **Straftaten** (§ 119 Abs. 3 WpHG) **und Ordnungswidrigkeiten** (§ 120 Abs. 14 WpHG) unterschieden.

197 Bei der Strafbarkeit wird es im Wesentlichen um die Tathandlung des Tätigens von Eigengeschäften gehen. Andere Tathandlungen sind das Empfehlen oder Verleiten hierzu sowie das unbefugte Offenlegen von Insiderinformationen. Da § 119 Abs. 3 WpHG auf Abs. 1 verweist, in dem jedoch keine gesonderte Strafdrohung ausgesprochen wird, ist die Strafdrohung völlig identisch mit derjenigen bei verbotener Marktmanipulation. Das bedeutet im Normalfall des vorsätzlichen Handelns bis zu fünf Jahren Freiheitsstrafe, ggf. aber auch in Sonderfällen der Begehung **bis zu zehn Jahre Freiheitsstrafe** (vgl. bereits Rn. 182).

198 Wird eine nach § 119 Abs. 3 WpHG unter Strafe gestellte Handlung lediglich leichtfertig begangen, handelt es sich nach § 120 Abs. 14 WpHG um eine Ordnungswidrigkeit, für die die BaFin ein Bußgeld verhängen kann. Auch die Bußgeldhöhe ist nach § 120 Abs. 18 WpHG, welcher sowohl die Bußgeldhöhen für verbotene Marktmanipulation als auch für verbotenen Insiderhandel regelt, völlig identisch (vgl. bereits Rn. 181).

Im Zusammenhang mit Insiderlisten nach Art. 18 MAR gelten andere Maßstäbe (jedenfalls keine Straftat, allenfalls Ordnungswidrigkeit). Stellt der Listenführungspflichtige eine Insiderliste nicht, nicht richtig, nicht vollständig oder nicht rechtzeitig auf oder macht er Fehler bei der Aktualisierung, Zurverfügungstellung, Aufklärung oder Aufbewahrung, dann kommt nach § 120 Abs. 15 Nr. 12 bis Nr. 16 und Abs. 18 WpHG ein Bußgeld von bis zu 500.000 EUR bei natürlichen Personen oder einer Mio. EUR bzw. bis zum Dreifachen des aus dem Verstoß gezogenen Vorteils bei juristischen Personen/Personenvereinigungen in Betracht. Voraussetzung ist in subjektiver Hinsicht Vorsatz oder Leitfertigkeit. **199**

Ferner ist an die gebotene Bekanntmachung der vorgenannten Sanktionen durch die BaFin nach § 125 WpHG (sog. Naming and Shaming) zu denken. **200**

C. Verbotene Leerverkäufe

Literatur: *Buck-Heeb*, Kapitalmarktrecht, § 10; *Langenbucher*, Aktien- und Kapitalmarktrecht, § 17 V; *Mülbert*, ZHR 182 (2018), 105 ff.; *Poelzig*, Kapitalmarktrecht, § 16; *Riederer/Weick-Ludewig*, RdF 2017, 284 ff.; *Schockenhoff/Culmann*, AG 2016, 517 ff.; *Tüngler*, BOARD 2019, 82 f.; *Wentz*, WM 2019, 196 ff.; *Wilken/Bertus*, BB 2019, 2754 ff.

Leerverkäufe (Short Selling) sind Verkäufe eines zugrundeliegenden Basiswerts, die sich beim Abschluss des Verkaufsgeschäfts noch nicht im Eigentum des Verkäufers befinden und mit denen sich der Verkäufer spätestens bei Erfüllung des Verkaufsgeschäfts eingedeckt haben muss. Ungedeckte Leerverkäufe wurden 2010 erstmals durch § 30h Abs. 1 WpHG a.F. verboten. 2012 trat sodann die Leerverkaufs-VO in Kraft. Für Leerverkaufsverbote gelten damit europaweit einheitliche Regeln. **201**

I. Grundlegendes

Leerverkäufen haftet wie vielen höchst spekulativen Transaktionen oder Finanzinstrumenten ein absolutes Negativimage an. Das spekulative Element liegt bei Leerverkäufen eben darin begründet, dass der Verkäufer im Zeitpunkt des schuldrechtlichen Geschäfts etwas zu liefern verspricht, was ihm zu diesem Zeitpunkt noch gar nicht gehört. Seine Hoffnung besteht also darin, dass er sich bis zum Lieferzeitpunkt günstiger mit dem Basiswert (Underlying) eindecken kann, als es im Kaufvertrag des Leerverkaufs geregelt ist. Motive für Leerverkäufe **202** sind dabei einerseits die reine Spekulation, andererseits aber womöglich auch die Absicherung anderer Geschäfte (Hedging).

203 **Beispiel:** Die Security Trading AG verkauft der Investment Universum GmbH am 2.1.2020 500.000 Aktien der Daimler AG. Die Lieferung der Aktien soll am 5.01.2020 erfolgen. Der Kaufpreis liegt bei 42,50 EUR je Daimler-Aktie. Die Security Trading AG hält am 2.1.2020 keinerlei eigene Bestände von Daimler-Aktien. Allerdings hat sie sich von Securities Lending PLC 500.000 Daimler-Aktien im Wege der Wertpapierleihe besorgt. Diese Wertpapierleihe muss sie am 31.1.2020 zurückführen, Die Gebühr für die Wertpapierleihe beträgt einen EUR pro Daimler-Aktie. Am 2.1.2020 lag der Kurswert der Daimler-Aktie bei 42,60 EUR, in den drei Monaten zuvor stets innerhalb einer Range von 40 EUR bis 46 EUR.

Die Wertpapierleihe führt dazu, dass die Security Trading AG am 5.1.2020 juristisch betrachtet Eigentümerin der 500.000 Daimler-Aktien war. Wirtschaftlich betrachtet gehören diese Aktien aber immer noch der Securities Lending PLC, denn diese hat als Verleiherin einen fortwährenden Rückübertragungsanspruch von Aktien der gleichen Gattung i.H. des konkreten Leihgegenstandes. Daher muss die Security Trading AG nun hoffen, dass der Kurswert der Daimler Aktie bis zum 31.1.2020 fällt, denn sie muss sich nun entweder börslich oder außerbörslich mit 500.000 Daimler-Aktien eindecken, um die Rückübertragung an die Securities Lending PLC zu gewährleisten.

Die Transaktion lohnt sich nun dann, wenn der Kurswert der Daimler-Aktie bis zum 31.1.2020 ca. unter 41,30 EUR fällt. Denn der Kaufpreis pro Daimler-Aktie lag bei 42,50. Hiervon muss ein EUR Leihgebühr abgezogen werden. Zudem fallen weitere Bearbeitungskosten für Berater etc. an, geschätzt bei 0,20 EUR pro Daimler-Aktie, die abgezogen werden müssen. Fällt die Daimler-Aktie jetzt z.B. am 28.1.2020 auf 40,30 EUR und die Securities Lending PLC deckt sich entsprechend mit 500.000 Aktien ein, macht sie einen EUR pro Aktie brutto an Gewinn, also insgesamt 500.000 EUR. Hierauf würde noch Kapitalertragssteuer fällig. Allerdings kann auch das Gegenteil passieren. So ist es etwa möglich, dass der Kurswert der Daimler-Aktie beginnend ab dem 5.1.2020 stetig steigt und am Monatsende bei 46 EUR liegt. Die Securities Lending PLC muss sich nun spätestens am 31.1.2020 mit den entsprechenden Aktien eindecken. Dann würde sie 4,70 EUR pro Daimler-Aktie Verlust machen, insgesamt 2,35 Mio. EUR.

Das vorgenannte Beispiel eines gedeckten Leerverkaufs (vgl. dazu nachfolgend Rn. 206) zeigt illustrativ, dass Leerverkäufe ebenso wie bestimmte Finanzinstrumente (etwa Swaps oder Optionsscheine) faktisch reine Wetten auf einen bestimmten Kursverlauf sind.

Ebenso zeigt das Beispiel die Marktbedeutung von Leerverkäufen. Nicht selten kommt es an der Börse an gewissen Tagen zu starken Kurssprüngen bestimmter Aktien oder gar des ganzen Index, was sich durch die Marktlage oder Ad hoc-Mitteilungen nicht reell erklären lässt. Dies sind dann häufig Stichtage etwa am Monatsende, an denen sich zahlreiche Leerverkäufer final eindecken müssen, was dann aufgrund der hohen Nachfrage die Kurse nach oben treibt.

Durch ein großes Maß an Leerverkäufen **droht** jedenfalls eine **204** **Kursverzerrung**. Dies wird oftmals dadurch verschlimmert, dass Leerverkäufe meistens in großem Stil, d.h. mit großen Aktienpaketen vorgenommen werden. Plötzlich große Handelsvolumina und eine zeitlich punktuelle Nachfrage haben schließlich automatisch eine Auswirkung auf den Kurs des Basiswerts. Dies kann im Ergebnis so weit reichen, dass die jeweilige Kursverzerrung eine verbotene Marktmanipulation bedeutet. Zumindest können die einzelnen Transaktionen aber zu einer gewissen Marktenge beim Handel im jeweiligen Basiswert bedeuten. Beides sind Entwicklungen, denen die Leerverkaufs-VO begegnen will. Ziele der Leerverkaufs-VO sind daher laut Erwägungsgrund (1) stabile Kapital- und Finanzmärkte (auch das ordnungsgemäße Funktionieren des Binnenmarkts), die Gewährleistung eines hohen Maßes an Verbraucher- und Anlegerschutz und ein gemeinsamer europäischer Rechtsrahmen.

II. Die einzelnen Vorschriften

Die wesentlichen Vorschriften zu verbotenen Leerverkäufen sind im **205** Überblick:

- Art. 2 Leerverkaufs-VO definiert Leerverkäufe.
- Die Art. 5 bis 11 Leerverkaufs-VO legen die Details zu Transparenz- und Veröffentlichungspflichten bei gedeckten Leerverkäufen fest.
- Verbotsregelungen stellen die Art. 12 und Art. 13 Leerverkaufs-VO dar. Diese beziehen sich auf ungedeckte Leerverkäufe.
- Art. 16 und Art. 17 Leerverkaufs-VO legen Ausnahmen von den Transparenz- und Veröffentlichungspflichten sowie von den Verbotsregelungen fest.
- § 53 WpHG beinhaltet formelle Vorgaben zur Durchführung der Leerverkaufs-VO.
- Sanktionen finden sich in § 120 WpHG.

1. Leerverkäufe, Art. 2 Leerverkaufs-VO

206 Leerverkäufe sind in Art. 2 Abs. 1 lit. b) Leerverkaufs-VO legal definiert. Leerverkäufe sind danach gekennzeichnet vom **Verkauf von Aktien oder Schuldinstrumenten, die sich zum Zeitpunkt des Eingehens der Verkaufsvereinbarung nicht im Eigentum des Verkäufers befinden**, einschließlich eines Verkaufs, bei dem der Verkäufer zum Zeitpunkt des Eingehens der Verkaufsvereinbarung die Aktien oder Schuldinstrumente geliehen oder eine Vereinbarung getroffen hat, diese zu leihen, um sie bei der Abwicklung zu liefern. Schuldinstrumente wiederum sind in Art. 1 Abs. 1 lit. c) Leerverkaufs-VO definiert. Diese Definition arbeitet mit komplizierten Verweisen. Letztlich geht es aber um **Finanzinstrumente** (inklusive Aktien und Derivate). Diese müssen an einem organisierten Markt oder MTF wie dem Freiverkehr innerhalb der EU zugelassen sein.

207 Seit jeher ist zu unterscheiden zwischen **ungedeckten und gedeckten Leerverkäufen**. Ungedeckte Leerverkäufe zeichnen sich dadurch aus, dass es kein Deckungsverhältnis gibt wie z.B. eine Wertpapierleihe. Ein ungedeckter Leerverkauf meint also alleine ein Grundverhältnis, bei dem im Zeitpunkt des schuldrechtlichen Verpflichtungsgeschäfts (Kaufvertrag) die zu liefernden Finanzinstrumente zwecks Erfüllung des Kaufvertrags dinglich noch nicht vorhanden sind. Demgegenüber gibt es bei gedeckten Leerverkäufen im Zeitpunkt des schuldrechtlichen Verpflichtungsgeschäfts (Kaufvertrag) eben zumindest ein Deckungsverhältnis, aus welchem heraus die Belieferung des Käufers sichergestellt ist.

2. Verbot ungedeckter Leerverkäufe, Art. 12 und Art. 13 Leerverkaufs-VO

208 Ungedeckte Leerverkäufe sind heute sehr selten in der Diskussion. Unter dem Regime von **§ 30h WpHG a.F.** waren sie **komplett verboten**. Die Ratio dahinter war, dass ungedeckte Leerverkäufe dazu führen können, dass ein bestimmter Basiswert praktisch unbegrenzt verkauft werden kann, so dass bei immensen Verkaufsordern der Kurswert in künstlich verzerrter Weise zunächst extrem fallen kann. Später kann der gegenteilige Effekt entstehen, wenn sich die Verkäufer kurzfristig mit dem Basiswert großflächig eindecken müssen, diese Mengen in Bezug auf den Basiswert aber real gar nicht existieren.

209 **Beispiel:** Laut Satzung der Daimler AG in der aktuellen Fassung vom Juli 2019 beträgt das Grundkapital der Gesellschaft 3.069.671.971,76 EUR, eingeteilt in 1.069.837.447 auf den Namen

lautende Stückaktien. Laut Internetseite der Daimler AG betrug der durchschnittliche Handelsumsatz in 2019 ca. 4,3 Mio. Stückaktien. Würden jetzt in wenigen Tagen mehrere ungedeckte Leerverkäufe mit einem Volumen von insgesamt ca. 500 Mio. Stückaktien erfolgen, wird das Problem offenkundig. Diese massiven Verkäufe würden den Kurswert der Daimler-Aktie zunächst aller Voraussicht nach deutlich zum Absinken bringen. Wenn sich die Verkäufer dann zwei bis drei Tage später mit Daimler-Aktien eindecken müssen, um die Kaufverträge zu erfüllen, würde ein Run auf die vergleichsweise wenigen Stückaktien erfolgen, die täglich gehandelt werden. Die Nachfrage wäre also ein Vielfaches höher als das Angebot, was den Kurswert der Aktie voraussichtlich enorm nach oben treiben würde. Damit wäre die Daimler AG aufgrund dieser ungedeckten Leerverkäufe Dritter enormen Belastungen ausgesetzt, denn der Kurswert der Aktie hat bei enormen Schwankungen stets Auswirkungen auf das Unternehmen selbst bzw. sein wirtschaftliches Handeln (etwa Bonität, Marktvertrauen, Ziel von Übernahmeaktivitäten etc.). Diese Effekte von ungedeckten Leerverkäufen könnten dabei sogar absichtlich herbeigeführt werden, um den Kurswert der Daimler-Aktie i.S. einer **Marktmanipulation** zu beeinflussen.

Auf Basis des Regimes der Leerverkaufs-VO hat sich nominell im **210** Vergleich zu zuvor auf Basis des § 30h WpHG a.F. zwar einiges verändert. So sprechen Art. 12 und Art 13 Leerverkaufs-VO in den Überschriften nur noch von Beschränkungen ungedeckter Leerverkäufe in Aktien bzw. von öffentlichen Schuldtiteln. Jedoch sind die impliziten Beschränkungen so formuliert, dass die Voraussetzungen für gedeckte Leerverkäufe vorliegen müssen. So muss eine Wertpapierleihe oder ein ähnliches Geschäft abgeschlossen werden, damit ein Leerverkauf stattfinden darf. Im Umkehrschluss bedeutet dies entgegen dem missverständlichen Wortlaut der Überschriften von Art. 12 und Art. 13 Leerverkaufs-VO, dass **ungedeckte Leerverkäufe auch unter dem europäischen Regime vollständig verboten** sind.

3. Transparenz bei gedeckten Leerverkäufen, Art. 5 bis Art. 11 Leerverkaufs-VO

Durch Art. 12 und Art. 13 Leerverkaufs-VO steht zugleich fest, dass **211** gedeckte Leerverkäufe jedenfalls zulässig sind. Der Verkäufer muss lediglich sicherstellen, dass zum Zeitpunkt des Verkaufs ein Deckungsgeschäft wie eine Wertpapierleihe o.ä. abgeschlossen wurde. Zugleich muss der Verkäufer seine sog. **Netto-Leerverkaufsposition**

transparent machen. Dies erfolgt dadurch, dass diese Netto-Leerverkaufsposition der BaFin als zuständiger Aufsichtsbehörde i.S.d. § 53 WpHG zu melden ist, vgl. Art. 5 Abs. 1 Leerverkaufs-VO. Allerdings muss der Verkäufer nicht jede Netto-Leerverkaufsposition melden. Vielmehr gibt es nach Art. 5 Abs. 2 Leerverkaufs-VO eine **Mindestmeldeschwelle i.H.v. 0,2 % des ausgegebenen Aktienkapitals** des betreffenden Emittenten. Weitere Meldeschwellen liegen bei jeweils weiteren 0,1 %. Sind Netto-Leerverkaufspositionen in Aktien ab 0,5 % bzw. jeweils weiteren 0,1 % betroffen, muss eine solche Meldung auch veröffentlicht werden, vgl. Art. 6 Abs. 1 und Abs. 2 Leerverkaufs-VO. Art. 7 betrifft Meldungen an die BaFin in Bezug auf signifikante Netto-Leerverkaufspositionen in öffentlichen Schuldtiteln. Die Umstände des Melde- und Veröffentlichungsverfahrens sind in Art. 9 Leerverkaufs-VO zu finden. Zudem finden sich weitere Details zu Form und Umfang vermittels der Verordnungsermächtigung aus § 53 Abs. 4 WpHG in der Leerverkaufs-Anzeigeverordnung.

4. Ausnahmen

212 Für Netto-Leerverkaufspositionen in Aktien gelten nach Art. 16 Leerverkaufs-VO weder das Verbot für ungedeckte Leerverkäufe i.S.d. Art. 12 Leerverkaufs-VO noch die Transparenz- und Veröffentlichungspflichten i.S.d. Art. 5 und Art. 6 Leerverkaufs-VO, wenn sich der Haupthandelsplatz in einem Drittland befindet. Nach Art. 17 Leerverkaufs-VO gibt es weitere Ausnahmen für Market Maker und Primärhändler, da beide Gruppen Liquidität gewährleisten.

5. Aufsichtsrechtliche Sanktionen

213 Verstöße im Zusammenhang mit Leerverkäufen sind grds. als Ordnungswidrigkeiten nach Maßgabe von § 120 WpHG einzustufen. Zu einer Strafbarkeit nach § 119 WpHG gelangt man nur, wenn die entsprechenden Leerverkäufe in eine verbotene Marktmanipulation münden. Im Rahmen des § 120 WpHG geht es insbesondere um Verstöße gegen Transparenz- und Veröffentlichungspflichten oder die Vornahme von ungedeckten Leerverkäufen, vgl. § 120 Abs. 6 Nr. 1 bis Nr. 3 WpHG. Subjektive Voraussetzung ist dabei vorsätzliches oder leichtfertiges Handeln. Nach § 120 Abs. 24 WpHG kann dabei ein **Bußgeld** i.H.v. bis zu 500.000 EUR bzw. 200.000 EUR verhängt werden. Diese Sanktionen werden dann auf der Internetseite von ESMA veröffentlicht, vgl. Art. 41 Unterabs. 4 Leerverkaufs-VO.

214 In bestimmten Fällen kann auch ein **gesondertes Leerverkaufsverbot** angeordnet werden. Und zwar einerseits von der BaFin nach Maß-

gabe von Art. 20 Leerverkaufs-VO, wenn ungünstige Ereignisse oder Entwicklungen eingetreten sind, die eine ernstzunehmende Bedrohung für die Finanzstabilität oder das Marktvertrauen in Deutschland oder in einem oder mehreren anderen Mitgliedstaaten darstellen, die Maßnahme erforderlich ist, um der Bedrohung zu begegnen, und die Effizienz der Finanzmärkte im Vergleich zum Nutzen der Maßnahme nicht unverhältnismäßig beeinträchtigt wird. Andererseits kann dies nach Art. 28 Leerverkaufs-VO auch durch ESMA erfolgen, wenn die ordnungsgemäße Funktionsweise und Integrität der Finanzmärkte oder die Stabilität des gesamten oder eines Teils des Finanzsystems in der EU bedroht ist, die Auswirkungen grenzübergreifend sind und keine zuständige Behörde Maßnahmen ergriffen hat, um der Bedrohung zu begegnen, oder eine oder mehrere der zuständigen Behörden Maßnahmen ergriffen hat, die der Bedrohung nicht in angemessener Weise gerecht werden.

Beispiel: Im Februar 2019 erließ die BaFin eine Allgemeinverfügung, wonach es ab sofort verboten war, neue Netto-Leerverkaufspositionen in Aktien der Wirecard AG zu begründen oder bestehende Netto-Leerverkaufspositionen zu erhöhen. Dieses auf Art. 20 Leerverkaufs-VO gestützte Verbot per Allgemeinverfügung galt für zwei Monate. Auffällig war, dass die Wirecard belastenden Short Selling-Attacken zeitgleich mit einer kontinuierlich negativen Berichterstattung über Wirecard durch eine bestimmte Zeitung zusammenfielen. Die BaFin stellte in diesem Zusammenhang auch Strafanzeige gegen einzelne Journalisten dieser Zeitung wegen des Verdachts der verbotenen Marktmanipulation. **215**

Kapitel 4. Regulierung von Marktinfrastruktur und von einzelnen Finanzintermediären

Neben Publizitätspflichten für Marktteilnehmer und einem Verbotsregime bezogen auf marktschädliches Verhalten liegt ein weiterer Ansatz in der grundlegenden Regulierung von Marktinfrastruktur und von einzelnen wichtigen Finanzintermediären. Die **Marktinfrastruktur** meint dabei die einzelnen **börslichen Handelsplätze oder** aber einen **bilateralen Handel im Wege Systematischer Internalisierung oder** eines **OTC-Handels**. Oftmals betrifft die Regulierung der Marktinfrastruktur institutionell WpDiUs als Finanzintermediäre. 216

Darüber hinaus ist an die **spezielle Regulierung von sonstigen Finanzintermediären wie Vermögensverwaltern, Stimmrechtsberatern, Finanzanalysten und Ratingagenturen** zu denken. 217

A. Regulierung von Marktinfrastruktur

Literatur: *Bialluch*, WM 2015, 2030 ff.; *Buck-Heeb*, Kapitalmarktrecht, § 3; *Güllner*, WM 2017, 938 ff.; *Hoops*, RdF 2017, 14 ff.; *Langenbucher*, Aktien- und Kapitalmarktrecht, § 13; *Lehmann*, Grundriss des Bank- und Kapitalmarktrechts, § 10; *Poelzig*, Kapitalmarktrecht, §§ 7 ff.; *Veil*, BB 2018, I

Die Regulierung von Marktinfrastruktur knüpft insbesondere an die jeweiligen **Handelsplätze** an. Finanzinstrumente werden schließlich an verschiedenen Handelsplätzen gehandelt (vgl. bereits Rn. 5). Laut § 2 Abs. 22 WpHG und § 2 Abs. 5 BörsG lassen sich Handelsplätze einteilen in organisierter Markt, MTFs oder OTFs. In der Praxis wird in Deutschland zumeist der Freiverkehr als wichtigstes MTF besonders betont (Freiverkehr und weitere MTFs). Neben den Handelsplätzen kommt **Systematischen Internalisierern** im Zusammenhang mit **bilateralem Handel** eine besondere Bedeutung zu. Auch hier kann strukturell reguliert werden. Darüber hinaus kann es natürlich wie stets einen allgemeinen **OTC-Handel** geben. Institutionell sind oftmals WpDiUs betroffen. 218

I. Systematisierung

Um Regulierungsansätze auf struktureller Ebene zu bestimmen muss zunächst die Unterschiedlichkeit von Handelsplätzen, professio- 219 nellem bilateralen Handel und dem OTC-Handel herausgearbeitet werden.

1. Die einzelnen Handelsplätze

220 Der **organisierte Markt** (in anderen kapitalmarktrechtlichen Gesetzen als dem WpHG teils auch regulierter Markt genannt) ist nach § 2 Abs. 11 WpHG ein im Inland, in einem anderen Mitgliedstaat der EU oder des EWR betriebenes oder verwaltetes, durch staatliche Stellen genehmigtes, geregeltes und überwachtes multilaterales System, welches die Interessen einer Vielzahl von Personen am Kauf und Verkauf von dort zum Handel zugelassenen Finanzinstrumenten innerhalb des Systems und nach nichtdiskretionären Bestimmungen in einer Weise zusammenbringt oder das Zusammenbringen fördert, die zu einem Vertrag über den Kauf dieser Finanzinstrumente führt. Vereinfacht ausgedrückt sind organisierte Märkte Börsen, an denen Kauf- und Verkaufsaufträge für Finanzinstrumente zusammengeführt werden, wobei der Börsenbetreiber einzig den Börsenbetrieb vornehmen will, ohne auf die konkreten Aufträge Einfluss zu nehmen. Der Börsenbetrieb des organisierten Marktes wird dabei staatlich erlaubt, gesetzlich geregelt und fortwährend kontrolliert, vgl. § 48b BörsG. Derzeit existieren sieben Wertpapierbörsen des organisierten Markts (hierzu zählt neben den Börsen Frankfurt, Stuttgart, Hamburg-Hannover, Düsseldorf, München und Berlin auch Tradegate Exchange). Wertpapierbörsen sind nach § 2 Abs. 2 BörsG Börsen, an denen insbesondere Wertpapiere und sich hierauf beziehende Derivate gehandelt werden.

221 Bei **MTFs** (Multilateral Trading Facilities) werden nach § 2 Abs. 8 Satz 1 Nr. 8 WpHG Wertpapierdienstleistungen in einer Weise erbracht, dass hierfür ein multilaterales System betrieben wird, welches die Interessen einer Vielzahl von Personen am Kauf und Verkauf von Finanzinstrumenten innerhalb des Systems und nach nichtdiskretionären Bestimmungen in einer Weise zusammenbringt, die zu einem Vertrag über den Kauf dieser Finanzinstrumente führt. Recht ähnlich hierzu definiert § 2 Abs. 21 WpHG ein multilaterales System dahingehend, dass dies ein System oder ein Mechanismus ist, das/der die Interessen einer Vielzahl Dritter am Kauf und Verkauf von Finanzinstrumenten innerhalb des Systems zusammenführt. Der Unterschied zum organisierten Markt besteht somit alleine im unterschiedlichen Bezug zum Staat. Denn bei beiden Handelsplätzen findet ein Handel der Handelsteilnehmer miteinander am Handelsplatz statt, wobei der Betreiber des Handelsplatzes keinen Einfluss auf die einzelnen Transaktionen nimmt. Bei MTFs entfällt lediglich die staatliche Genehmigung, Regelung und Überwachung. Die Genehmigung ist vielmehr

Sache des jeweiligen Börsenträgers. So erfordert etwa der wichtige **Freiverkehr** nach § 48 Abs. 1 BörsG lediglich, dass durch eine Handelsordnung sowie durch Geschäftsbedingungen des Börsenträgers, die von der Geschäftsführung gebilligt wurden, eine ordnungsmäßige Durchführung des Handels und der Geschäftsabwicklung gewährleistet erscheint.

Bei **OTFs** erfolgt nach § 2 Abs. 8 Satz 1 Nr. 9 WpHG der Betrieb **222**
eines multilateralen Systems, bei dem es sich nicht um einen organisierten Markt oder ein multilaterales Handelssystem handelt und das die Interessen einer Vielzahl Dritter am Kauf und Verkauf von Schuldverschreibungen, strukturierten Finanzprodukten, Emissionszertifikaten oder Derivaten innerhalb des Systems auf eine Weise zusammenführt, die zu einem Vertrag über den Kauf dieser Finanzinstrumente führt (Betrieb eines organisierten Handelssystems). OTFs sind zwar wie MTFs privatrechtlich organisiert. Jedoch hat der OTF-Betreiber anders als der MTF-Betreiber einen Ermessensspielraum, ob er einzelne Kauf- und Verkaufsaufträge i.S. eines Matchings zusammenführt. OTFs sind daher schon grds. etwas anderes als organisierte Märkte und MTFs. Zudem besteht ein weiterer Unterschied zwischen organisierten Märkten und MTFs einerseits sowie OTFs andererseits darin, dass über OTFs jedenfalls keine Aktien gehandelt werden können.

2. Systematische Internalisierer

Nach § 2 Abs. 8 Satz 1 Nr. 2 lit. b) WpHG meint **Systematische** **223**
Internalisierung das häufig organisierte und systematische Betreiben von Handel für eigene Rechnung in erheblichem Umfang außerhalb eines organisierten Marktes oder eines multilateralen oder organisierten Handelssystems, wenn Kundenaufträge außerhalb eines geregelten Marktes oder eines multilateralen oder organisierten Handelssystems ausgeführt werden, ohne dass ein multilaterales Handelssystem betrieben wird. Damit geht es anders als bei organisierten Märkten, MTFs und OTFs nicht um ein Matching von Aufträgen der Handelsteilnehmer. Der Handel findet vielmehr zwischen dem einzelnen Handelsteilnehmer und dem Systematischen Internalisierer statt. Der Systematische Internalisierer handelt zwar für einen Dritten (regelmäßig dem Kunden einer Bank, die ihrerseits eben als Systematischer Internalisierer tätig wird). Dieser Handel ist dabei ebenso wenig als börslich anzusehen wie bei einem MTF oder OTF, sondern er ist ebenfalls ein **außerbörslicher Handel**, hier allerdings dann als **bilateraler Handel**, da keine Vermittlung über ein multilaterales Handelssystem erfolgt.

Zum Systematischen Internalisierer wird insbesondere eine Bank **224**
aber nicht schon bei einer einzigen Transaktion. Vielmehr kommt es auf eine gewisse Quantität an, um nicht nur zufällig, sondern plange-

mäß (systematisch) vorzugehen. Daher handelt es sich dann um Systematische Internalisierung, wenn in erheblicher Dimension mit solchen Finanzinstrumenten gehandelt wird, die auch an Handelsplätzen gehandelt werden. Entscheidend sind dabei die Merkmale **„in organisierter und systematischer Weise häufig“** und **„in erheblichem Umfang“**. Um diese Bestimmung vornehmen zu können, muss die jeweilige Bank Berechnungen vornehmen und dabei das Eigenhandelsaufkommen mit einem bestimmten Finanzinstrument außerhalb eines Handelsplatzes in einem definierten Zeitraum in Relation zum EU-weiten Handelsaufkommen mit diesem Finanzinstrument setzen. Näheres regelt die Delegierte VO (EU) Nr. 2017/565. Möglich ist aber auch ein sog. Opt-In, bei dem sich etwa eine Bank freiwillig als Systematischer Internalisierer einstuft.

3. OTC-Handel

225 Der **OTC-Handel** hat durch die Einführung der OTFs aufgrund der MiFIR/MiFiD II an Bedeutung verloren. Die meisten OTC-Transaktionen sind nun seit 2018 bereits als OTF einzuordnen. Jedoch können in einem OTF wie bereits beschrieben (vgl. Rn. 222) insbesondere keine Aktien gehandelt werden, sondern lediglich Nicht-Eigenkapitalinstrumente. Daher verbleibt nach wie vor noch ein bestimmter Anwendungsbereich für einen möglichen OTC-Handel. Dabei geht es also v.a. um den OTC-Handel mit Aktien. OTC-Handel findet einerseits statt zwischen Banken und Akteuren des Nichtbankensektors sowie andererseits im Interbankenhandel. Auch der OTC-Handel ist **außerbörslich und** findet **stets bilateral** statt.

226 **Tipp:** Viele Privatpersonen handeln heutzutage über die Online-Funktion ihres Depotkontos. Dort muss dann bei der Eingabe einer Transaktion genau drauf geachtet werden, ob z.B. der Kauf eines Finanzinstruments OTC oder an einem Handelsplatz erfolgen soll. Dies ist häufig kaum voneinander getrennt, so dass z.B. im Eingabefeld zwischen Deutsche Bank OTC, Frankfurt und Stuttgart gewählt werden muss. In einem solchen Fall besteht durch den Zusatz OTC Klarheit. Bisweilen taucht dieser Zusatz aber nicht auf. Dann aber kann der Anleger den OTC-Handel zumindest daran erkennen, dass hier kein Handelsvolumen angezeigt wird, da keine Einsichtsmöglichkeiten in ein Orderbuch gegeben sind Beim OTC-Handel besteht jedenfalls ein ganz erhebliches Kontrahentenrisiko, das jedoch mit Besicherung (Netting) und einem Clearing über CCPs ausgeglichen werden kann.

227 Mit dem Begriff OTC-Handel ist in der Praxis heute aber zumeist weniger der reguläre, aber außerbörsliche Handel mit Aktien als vielmehr der Handel in Termingeschäften an Terminmärkten verbunden. Der Terminmarkt ist das Gegenstück zum Kassa- oder Spotmarkt, an dem eben der reguläre Handel mit Wertpapieren/Finanzinstrumenten, Devisen oder Rohstoffen mit einer Erfüllungsfrist der geschlossenen Verträge von bis zu zwei Börsentagen (t+2) erfolgt. Termingeschäfte sind demgegenüber von einem längeren Erfüllungszeitraum geprägt. Am bekanntesten ist für börsliche Termingeschäfte dabei die Terminbörse Eurex. Wesentlich häufiger als börslich werden Termingeschäfte aber außerbörslich zwischen den jeweils Beteiligten (OTC) abgeschlossen. Bei dieser Art von Termingeschäften spricht man typischerweise von **OTC-Derivaten**. OTC-Derivate werden dabei sehr häufig rein zwischen Banken abgeschlossen (sog. Interbankgeschäfte).

228 **Beispiel:** Die Lehman-Pleite als Folge der US-Immobilienblase und der Subprime-Krise im Jahr 2008 führte zu einer Regulierung des Handels mit OTC-Derivaten. Denn Lehman war ein großer Player im Interbankengeschäft mit OTC-Derivaten v.a. in Bezug auf Zins-, Währungs- und Kreditderivate. Da die einzelnen Derivate unzureichend besichert waren, gerieten dann auch andere Banken (aber auch Versicherungen) infolge der Verwirklichung des Ausfallrisikos auf Seiten von Lehman in Schieflage.

Die seit 2012 geltende **EMIR-VO** reguliert nun den Handel mit OTC-Derivaten. Standardisierte OTC-Derivategeschäfte müssen seither über zentrale Kontrahenten (CCPs) abgewickelt werden. Für die übrigen OTC-Derivategeschäfte gelten hohe Kapitalanforderungen zur Besicherung. Ferner müssen nun alle OTC-Derivategeschäfte an Transaktionsregister gemeldet werden. Details hierzu finden sich auch in den §§ 30 ff. WpHG.

II. Regulierung

229 Die Regulierung der Handelsplätze, des bilateralen Handels als Systematischer Internalisierer und OTC-Handel ist zunächst allgemein betrachtet völlig unabhängig von Publizitätspflichten aus dem Kapitel 2. Jene Publizitätspflichten knüpfen schließlich als Zulassungsfolgepflichten rein an die Zulassung eines bestimmten Finanzinstruments insbesondere zum organisierten Markt an. Demgegenüber geht es vorliegend um die gesamte Regulierung des Handelsplatzes oder aber des betreffenden bilateralen Handels bzw. OTC-Handels. Diese Regulierung bringt dabei ebenfalls Pflichten mit sich.

1. Handelsplätze

230 Bei den einzelnen Handelsplätzen organisierter Markt, MTFs und OTFs ist streng zu unterscheiden. Denn die jeweiligen Regulierungsansätze sind schließlich sehr unterschiedlich angelegt.

a) Organisierter Markt

231 Soweit es um den organisierten Markt geht, muss dabei zwischen der jeweiligen **Börse** (etwa die FWB) als Anstalt öffentlichen Rechts **und dem jeweiligen privatrechtlich organisierten Träger** (bei der FWB die Deutsche Börse AG) unterschieden werden. Der Börsenträger betreibt dann einerseits aufgrund einer Beleihung mit hoheitlichen Befugnissen den organisierten Markt, andererseits organisiert er aber auch MTFs wie den Freiverkehr. Um eine Börse betreiben zu können, bedarf es nach § 4 BörsG der **Erlaubnis** der Börsenaufsichtsbehörde. U.a. muss dabei die hinreichende finanzielle, personelle und sachliche Ausstattung nachgewiesen werden, ein Geschäftsplan ist vorzulegen und es sind bestimmte Angaben zur Geschäftsleitung und Eigentümerstruktur des Börsenträgers zu machen, vgl. § 4 Abs. 2 BörsG. Dabei ist es seit kurzem auch erforderlich, dass sämtliche Leitungsorgane des Börsenträgers zuverlässig sind und über Sachkunde verfügen, vgl. §§ 4a, 4b BörsG.

232 § 5 BörsG legt nach erhaltener Erlaubnis aber auch **weitere Pflichten des Börsenträgers im laufenden Betrieb** fest. So muss er etwa nach § 5 Abs. 1 BörsG auf Anforderung der Börse auch weitere Mittel zur Verfügung stellen, die für die Fortentwicklung der Börse erforderlich sind. Nach § 5 Abs. 2 BörsG muss er zudem fortwährend Details zu seiner Eigentümerstruktur auf der eigenen Internetseite veröffentlichen. Ein etwaiges Outsourcing von wesentlichen Bereichen ist nach § 5 Abs. 3 BörsG fortwährend zu kontrollieren und bereits im Vorfeld sowie bei Vollzug der Börsenaufsicht anzeigen. Ferner muss der Börsenträger strenge Compliance-Vorschriften schaffen und implementieren, welche sicherstellen, dass er oder seine Eigentümer keinen unzulässigen Einfluss auf den Börsenhandel nehmen. Schließlich sind nach § 5 Abs. 4 Nr. 2 und Nr. 3 sowie Abs. 4a BörsG auch hinreichend technische Systeme bereitzuhalten, um den Handel unter allen Umständen zu gewährleisten.

233 Im Bereich des organisierten Marktes sind auch die Pflichtorgane der Börse, insbesondere die **Börsengeschäftsführung**, zu bestellen. Die Börsengeschäftsführung entscheidet bei Vorliegen der entsprechenden sachlichen Voraussetzungen insbesondere darüber, ob eine Zulassung von Handelsteilnehmern und Börsenhändlern zur Börse erfolgt (§ 19 BörsG), ob ein Finanzinstrument zugelassen oder in den

Handel einbezogen wird (§§ 32, 33 BörsG) und ob die Zulassung widerrufen wird (= Delisting, § 39 BörsG). Darüber hinaus ist die Börsengeschäftsführung nach § 15 BörsG auch ansonsten für die Leitung der Börse (Vertretung nach außen und Geschäftsführung nach innen) zuständig. Der **Börsenrat**, eine Art Aufsichtsrat bezogen auf die Börsengeschäftsführung, setzt sich nach § 12 BörsG aus Vertretern der Finanzwirtschaft, der Emittenten sowie der einzelnen Anlegergruppen zusammen. Die **Handelsüberwachungsstelle** ist nach § 7 Abs. 1 BörsG für die fortlaufende Überwachung des Handels an der Börse und die Börsengeschäftsabwicklung zuständig. Sie ist ein Element der dreigeteilten Börsenaufsicht, welche im Verbund mit der BaFin und der Landesbörsenaufsicht gewährleistet wird.

Beispiel: Kurz vor dem Sprengstoffanschlag auf den Bus des Borussia Dortmund-Teams im Jahr 2017 gab es beim Handel von Put-Optionen auf die Aktie der BVB KGaA auffällige Transaktionen. Während sonst durchschnittlich 30.000 Stück pro Tag gehandelt werden, waren es an diesem Tag 200.000. Ein Put ist eine Verkaufsoption, die letztlich auf einen fallenden Kurswert des bezogenen Werts (Underlying) setzt. Aufgrund der immanenten Hebelwirkung bedeutet der fallende Kurswert des Underlyings einen mitunter enormen Anstieg des Kurswerts des Puts. Die schlechten Nachrichten in Bezug auf Borussia Dortmund und die BVB KGaA führten also zu einem deutlichen Kursanstieg bzgl. aller auf die BVB KGaA bezogenen Puts. Wie hoch der Anstieg ist, hängt von verschiedenen Faktoren ab (z.B. Laufzeit des Puts, durchschnittliches Handelsvolumen, Emittent, Ausübung amerikanisch (= täglich) oder europäisch (= zum Ende der Laufzeit) etc.). 234

U.a. die Handelsüberwachungsstelle wird als unabhängiges Organ der Börse einen solchen auffälligen Vorgang untersuchen. Denn die Frage stellt sich, warum das Handelsvolumen um das kritische Ereignis herum ungewöhnlich hoch war. Dabei sammelt sie Daten von Transaktionen (an der FWB ca. zwei Mrd. Datensätze täglich) und wertet diese mithilfe eines elektronischen Überwachungssystems aus. Konkreten Anhaltspunkten wird dann weiter nachgegangen, etwa durch Nachfrage bei den Börsenhändlern. Nach Maßgabe von § 7 Abs. 5 BörsG wird die Handelsüberwachungsstelle bei Tatsachenfeststellungen in Bezug auf börsenrechtliche Missstände (i.d.R. wird es dabei um Insiderhandel oder Marktmanipulation gehen) auf die Landesbörsenaufsicht und die BaFin zugehen. Von dort kann der Vorgang nach näherer Untersuchung dann an die zuständige Staatsanwaltschaft zur Strafverfolgung abgegeben werden.

In der Praxis können diese mehrfachen Zuständigkeiten auch zu Problemen führen. So ist etwa bei vorsätzlichem Insiderhandel aufgrund der hohen Strafdrohung damit zu rechnen, dass sich der Täter mit dem erlangten Geld absetzt, während die gestufte Ermittlung seinen Gang nimmt und aufgrund der Stufung eben eine gewisse Zeit erfordert.

235 Bei organisierten Märkten legt die MiFIR, ergänzt durch mehrere Delegierte Verordnungen, **bestimmte Vor- und Nachhandelstransparenzpflichten** fest. So müssen Marktbetreiber und Wertpapierfirmen, die einen Handelsplatz betreiben, nach Art. 3 MiFIR während der regulären Handelszeiten für Aktien, Aktienzertifikate, börsennotierte Fonds, Zertifikate und ähnliche Finanzinstrumente die aktuellen Geld- und Briefkurse und die Tiefe der Handelspositionen zu diesen Kursen veröffentlichen. Entsprechend hierzu gibt es nach Art. 6 MiFIR auch eine Nachhandelstransparenz, welche Preis, Volumen sowie den Zeitpunkt der Geschäfte einer Veröffentlichungspflicht unterwirft. Vorsätzliche oder leichtfertige Verstöße hiergegen werden als Ordnungswidrigkeit i.S.d. § 120 Abs. 9 Nr. 1 lit. a) oder lit. b) bzw. Nr. 2 lit. a) oder lit. b) WpHG verfolgt. Nach § 120 Abs. 20 WpHG kann dies bei einer natürlichen Person mit einer Geldbuße von bis zu fünf Mio. EUR geahndet werden. Gegenüber einer juristischen Person/Personenvereinigung liegt die Bußgeldobergrenze ggf. darüber hinaus bei 10 % des (Konzern-)Umsatzes bzw. beim Zweifachen des wirtschaftlichen Vorteils.

b) MTFs

236 Regulatorische Vorgaben des öffentlichen Rechts gibt es für MTFs zunächst nur bedingt, da MTFs privatrechtlich organisiert sind. § 48 Abs. 1 BörsG regelt insoweit, dass die Börse den Betrieb eines Freiverkehrs durch den Börsenträger zulassen kann, wenn durch eine Handelsordnung sowie durch Geschäftsbedingungen des Börsenträgers, die von der Geschäftsführung gebilligt wurden, eine **ordnungsmäßige Durchführung des Handels und der Geschäftsabwicklung gewährleistet** erscheint. Die Handelsordnung regelt dann den Ablauf des Handels. Die Geschäftsbedingungen regeln ferner die Teilnahme am Handel und die Einbeziehung von Wertpapieren zum Handel. Emittenten, deren Wertpapiere ohne ihre Zustimmung in den Freiverkehr einbezogen worden sind, können durch die Geschäftsbedingungen nicht dazu verpflichtet werden, Informationen in Bezug auf diese Wertpapiere zu veröffentlichen. Regelmäßig erfolgt die Einbeziehung von Wertpapieren in den Handel gerade nicht auf Antrag des Emittenten hin, sondern aufgrund eines Antrags von Marktteilnehmern oder gar von Amts wegen. Stimmt der Emittent allerdings zumindest der Einbeziehung in den Handel zu, gelten zahlreiche Publizitätspflichten (als Teil der Zulassungsfolgepflichten), die auch im organisierten Markt gelten. Auch hier bedarf es für den Betrieb nach § 48 Abs. 3 BörsG einer Erlaubnis von Seiten der Börsenaufsicht.

Nachdem das Betreiben eines MTFs eine Wertpapierdienstleistung i.S.d. § 2 Abs. 8 Nr. 8 WpHG darstellt, gelten die §§ 63 ff. WpHG (**Verhaltens-, Organisations- und Transparenzpflichten**). Adressat dieser Pflichten ist das jeweilige WpDiU. Gesonderte Transparenzpflichten gibt es dabei obzwar des missverständlichen Wortlauts nicht. Vielmehr folgt die Transparenz (jedenfalls aus dem WpHG) schon aus der Befolgung der Verhaltens- und Organisationspflichten, welche ihrerseits Transparenzansätze enthalten. 237

Tipp: Aufgrund der Herkunft der Pflichten aus den §§ 63 ff. WpHG spricht die Praxis bei den Verhaltens-, Organisations- und Transparenzpflichten auch von den **„MiFID-Pflichten“**. Die einzelnen Pflichten werden durch die Delegierte VO (EU) Nr. 2017/565, mehrere RTS, Leitlinien und Q&As von ESMA sowie das „Rundschreiben der BaFin zu den Mindestanforderungen an Compliance und die weiteren Verhaltens-, Organisations- und Transparenzpflichten – MaComp“ (letzter Stand: 29.4.2020) weiter konkretisiert. Die Fülle der einschlägigen Bußgeldtatbestände in § 120 WpHG ist dabei mit ca. 100 verschiedenen Nummern immens und sollte bei Bedarf im Detail nachvollzogen werden. 238

Für die Bestimmung des Umfangs der jeweiligen MiFID-Pflichten muss zunächst der einschlägige Anlegerkreis i.S.d. § 67 WpHG ausgemacht werden (sog. **Kundenkategorisierung**). Je nach Kategorie sind die einzelnen Anlegergruppen nämlich in einem unterschiedlichen Maße schutzbedürftig. Zunächst ist dabei zu unterscheiden in **Privatkunden** und **professionelle Kunden**. Bei professionellen Kunden wird nach § 67 Abs. 2 Satz 1 WpHG davon ausgegangen, dass diese über ausreichende Erfahrungen, Kenntnisse und Sachverstand verfügen, um ihre Anlageentscheidungen zu treffen und die damit verbundenen Risiken angemessen beurteilen zu können. § 67 Abs. 2 Satz 2 WpHG enthält eine Liste, wer jedenfalls als professioneller Kunde gilt. Der Pflichtenkreis der WpDiUs ihnen gegenüber ist aufgrund ihrer größeren Sachkunde deutlich kleiner als gegenüber Privatkunden. Kommt es etwa zur Anlageberatung gegenüber einem Kunden, kommt es dann für die konkret erbrachte Beratung samt Aufklärung etwa über die Risiken der Anlage entscheidend darauf an, in welche Kundenkategorie eingestuft wurde. 239

240 **Tipp:** Auch bei der rein zivilrechtlichen Anlageberatung stellen sich dieselben Fragen wie bei der aufsichtsrechtlichen Anlageberatung. Dort schuldet das WpDiU/die Bank nach der sog. Bond-Rspr. des BGH eine anleger- und objektgerechte Beratung als Pflicht aus dem in aller Regel konkludent geschlossenen Anlageberatungsvertrag. Beim Merkmal „anlegergerecht" kommt es dabei entscheidend darauf an, was für eine Art Kunde dem Bankberater gegenüber gesessen hat. Die mit Finanzgeschäften allgemein und mit der konkreten Anlage unbedarfte Rentnerin oder doch eher der Bankkaufmann/Volkswirt, welcher regelmäßig Geld investiert und eine umfangreiche Vorerfahrung mit dem konkreten Finanzprodukt hat? Je nachdem müssen die Kunden ganz anders beraten werden. So sind etwa die Risiken der Anlage der Rentnerin wesentlich genauer zu erklären als dem erfahrenen Volkswirt, welcher die Risiken z.B. eines Zertifikats oder eines Optionsscheins bereits kennen wird.

241 Die auf der Liste des § 67 Abs. 2 Satz 2 WpHG stehenden professionellen Kunden (z.B. WpDiUs, Versicherungsunternehmen, bestimmte Fonds) gelten dabei als **geborene professionelle Kunden**. Demgegenüber gibt es nach § 67 Abs. 6 WpHG auch **gekorene professionelle Kunden**. Dies sind solche Anleger, welche an und für sich als Privatkunden eingestuft werden müssten. Jedoch kann sich ein solcher Kunde qua Vereinbarung mit dem WpDiU zum professionellen Kunden hochstufen lassen, sofern er zumindest eine gewisse Sachkunde und Erfahrung besitzt. Unter den professionellen Kunden sind einige Kunden auch i.S.d. § 67 Abs. 4 WpHG (geborene oder gekorene) **geeignete Gegenparteien.** Ihnen gegenüber ist der Pflichtenkreis der WpDiUs insoweit noch weiter reduziert, als dass einige Verhaltenspflichten ganz entfallen.

242 Als **Verhaltenspflichten** kennen die §§ 63 ff. WpHG die folgenden Einzelpflichten:

- Allgemeine Interessenwahrungspflicht (§ 63 Abs. 1 WpHG),
- Vermeidung bzw. Offenlegung von Interessenkonflikten (allgemein nach § 63 Abs. 2 und Abs. 3 WpHG sowie speziell etwa in Bezug auf das Verbot der Annahme von Zuwendungen wie etwa Kick-Backs nach § 70 WpHG),
- Informationspflichten (allgemein nach § 63 Abs. 6 bis Abs. 9 WpHG sowie speziell bei der Anlageberatung nach § 64 Abs. 1 und Abs. 2 WpHG – hier spielt das Zurverfügungstellen eines sog. Beipackzettels zum Finanzinstrument eine Rolle, welcher aber dann entbehrlich ist, wenn etwa bereits ein Basisinformationsblatt nach der PRIIP-VO vorliegen muss),

- Geeignetheits- und Angemessenheitsprüfung (bei der Anlageberatung und Finanzportfolioverwaltung nach § 64 Abs. 3 und Abs. 4 WpHG sowie bei sonstigen Wertpapierdienstleistungen nach § 63 Abs. 10 WpHG).

Unabhängig vom Verhalten bei der Erbringung einer konkreten Wertpapierdienstleistung gibt es für das WpDiU auch grundlegende **Organisationspflichten**, die aus den §§ 80 ff. WpHG folgen. Dies sind im Einzelnen: **243**

- Allgemeine Organisationspflichten nach § 80 WpHG (Einrichtung einer Compliance-Funktion, Vermeidung von Interessenkonflikten, spezielle Organisationspflichten bei Honoraranlageberatung, ein Produktfreigabeverfahren und Pflichten der Geschäftsleiter),
- bestmögliche Ausführung von Kundenaufträgen nach § 82 WpHG,
- Regelungen zu Mitarbeitergeschäften,
- Aufzeichnungspflichten nach § 83 WpHG,
- Schutz der Kundengelder nach § 84 WpHG,
- Qualitätsanforderungen an Mitarbeiter nach § 87 WpHG.

Daneben legt § 72 WpHG für den Betrieb u.a. eines MTFs **weitere spezielle Pflichten** fest. Dabei handelt es sich insbesondere um die Pflicht zu Schaffung und Vollzug von nichtdiskriminierenden Regelungen für den Zugang zum MTF (Nr. 1), von Regelungen für die Einbeziehung von Finanzinstrumenten in den Handel, für die ordnungsgemäße Durchführung des Handels und der Preisermittlung, für die Verwendung von einbezogenen Referenzpreisen und für die vertragsgemäße Abwicklung der abgeschlossenen Geschäfte (Nr. 2) und von angemessenem Verfahren zur Überwachung der Einhaltung der Regelungen nach Nr. 2 und MAR (Nr. 3). Darüber hinaus sind nach Nr. 4 alle Informationen zu veröffentlichen, die unter Berücksichtigung der Art der Nutzer und der gehandelten Finanzinstrumente für die Nutzung u.a. des MTFs erforderlich und zweckdienlich sind. **244**

Ferner gibt es **noch weitere Anforderungen** nur an MTFs. So müssen die Regeln für den Zugang zu einem MTF nach § 74 Abs. 1 WpHG mindestens den Anforderungen i.S.d. § 19 Abs. 2 und Abs. 4 Satz 1 und Satz 2 BörsG entsprechen. Auch dürfen die Regeln für den Handel und die Preisermittlung dem Betreiber eines MTFs nach § 74 Abs. 2 WpHG keinen Ermessensspielraum einräumen. Nach § 74 Abs. 3 WpHG muss es gesonderte Vorkehrungen für den ordnungsgemäßen Betrieb des Systems und für den Abschluss der einzelnen Geschäfte geben. Schließlich bedarf es nach § 74 Abs. 4 WpHG stets einer angemessenen Finanzausstattung für das ordnungsgemäße Funktionieren des Systems. **245**

246 Die **Vor- und Nachhandelstransparenzpflichten** aus der MiFIR, welche beim organisierten Markt gelten (vgl. bereits Rn. 235), gelten zudem genauso bei MTFs.

c) OTFs

247 Nachdem das Betreiben eines OTFs eine Wertpapierdienstleistung i.S.d. § 2 Abs. 8 Nr. 9 WpHG darstellt, gelten die §§ 63 ff. WpHG sowie Art. 3 ff. MiFIR **mit wenigen Besonderheiten in der gleichen Weise wie bei MTFs** (vgl. bereits Rn. 236 ff.). So ist anstatt § 74 WpHG nun § 75 WpHG anzuwenden. Insbesondere hat danach der Betreiber eines OTFs geeignete Vorkehrungen zu treffen, durch welche die Ausführung von Kundenaufträgen im OTF unter Einsatz des eigenen Kapitals des Betreibers oder eines Mitglieds derselben Unternehmensgruppe verhindert wird. Außerdem soll es nach § 75 Abs. 4 Satz 1 WpHG keine organisatorischen Überscheidungen eines OTFs mit Systematischer Internalisierung geben.

2. Systematische Internalisierer

248 Nachdem Systematische Internalisierung nach § 2 Abs. 8 Satz 1 Nr. 2 lit. b) WpHG ebenfalls eine Wertpapierdienstleistung darstellt, gelten auch insoweit die §§ 63 ff. WpHG (vgl. bereits Rn. 236 ff.). Anstelle der §§ 72, 74 WpHG für MTFs und §§ 72, 75 für OTFs gilt bei Systematischen Internalisierern § 79 WpHG. Danach müssen WpDiUs, die **als Systematischer Internalisierer tätig** sind, dies unverzüglich **der BaFin mitteilen**. Die BaFin übermittelt diese Information dann an ESMA.

249 Im Unterschied zu MTFs und OTFs gibt es aus der MiFIR (Art. 14 ff.) spezielle und **noch weiterreichende Transparenzpflichten**, darunter auch eine Vor- und Nachhandelstransparenz (vgl. bereits Rn. 235).

3. OTC-Handel

250 Der OTC-Handel ist – mit Ausnahme der §§ 30 ff. WpHG für Details zu OTC-Derivaten – nicht mit MiFID-Pflichten ausgestattet, welche dann im WpHG umgesetzt wurden.

251 Allerdings existieren auch für Wertpapierfirmen (nach deutschem Wording: WpDiUs) Transparenzpflichten nach der MiFIR. Dabei gibt es für den OTC-Handel keine Vorhandelstransparenz (vgl. Erwägungsgrund (22) MiFIR). Die Nachhandelstransparenz bestimmt sich nach Art. 20 f. MiFIR.

B. Regulierung von einzelnen Finanzintermediären

Literatur: *Buck-Heeb*, Kapitalmarktrecht, § 2 III; *Deipenbrock*, WM 2016, 2277 ff.; *Glander/Lühmann*, RdF 2020, 12 ff.; *Langenbucher*, Aktien- und Kapitalmarktrecht, § 6; *Poelzig*, Kapitalmarktrecht, §§ 26 ff.; *Schockenhoff/Nußbaum*, ZGR 2019, 163 ff.; *Stüber*, WM 2020, 211 ff.; *Velte*, AG 2019, 893 ff.

Finanzintermediäre sind nach herkömmlichen Verständnis Unter- **252** nehmen, die auf dem Finanzmarkt insbesondere als Vermittler zwischen Nachfrage und Angebot nach Finanzinstrumenten in Erscheinung treten. Nach Art. 2 lit. b) Aktionärsrechte-RL II werden Finanzintermediäre nun wie folgt bestimmt: Eine Person, wie etwa ein WpDiU, ein Kreditinstitut oder ein Zentralverwahrer, die Dienstleistungen der Verwahrung von Wertpapieren, der Verwaltung von Wertpapieren oder der Führung von Depotkonten im Namen von Aktionären oder anderen Personen erbringt. Wichtig ist es also, nicht nur rein die Börseninfrastruktur zu regeln, sondern sämtliche Institutionen, die den Handel ermöglichen, begleiten oder lenken. Das können etwa, wie aus der Aktionärsrechte-RL II erkennbar, reine **Handels-, Verwahr- und Abwicklungsintermediäre** sein, daneben kann es aber auch um **Informationsintermediäre** gehen, welche z.B. jeweils mit der Zurverfügungstellung von entsprechenden Informationen über den Emittenten oder das Finanzinstrument das fundierte Treffen der Anlageentscheidungen durch die einzelnen Anleger gewährleisten.

Finanzintermediäre sind zumeist **WpDiUs**. WpDiUs sind nach § 2 **253** Abs. 10 WpHG Kreditinstitute, Finanzdienstleistungsinstitute und nach § 53 Abs. 1 Satz 1 KWG tätige Unternehmen, die Wertpapierdienstleistungen allein oder zusammen mit Wertpapiernebendienstleistungen gewerbsmäßig oder in einem Umfang erbringen, der einen in kaufmännischer Weise eingerichteten Geschäftsbetrieb erfordert. Diese werden dann allerdings nicht gezielt in ihrer Eigenschaft als WpDiU reguliert, sondern sie sind oftmals als Marktakteur von der Regulierung der Marktinfrastruktur betroffen. **Weitere wichtige Finanzintermediäre**, die dementgegen gezielt einer Regulierung in ihrer Eigenschaft als Finanzintermediär unterliegen, sind **Vermögensverwalter, Stimmrechtsberater, Finanzanalysten und Ratingagenturen**.

I. Vermögensverwalter

Vermögensverwaltung (Asset Management) ist eine **Finanz- 254** **dienstleistung**, bei der es um die Verwaltung von Vermögen geht, welches in Finanzinstrumenten investiert ist. Vermögensverwalter treffen dabei – anders etwa als bei Anlageberatung – **eigene Anlageentscheidungen** für die jeweiligen Kunden. Aufsichtsrechtlich wird

Vermögensverwaltung, so die entsprechenden materiellen Voraussetzungen vorliegen, als Finanzportfolioverwaltung nach § 1 Abs. 1a Nr. 3 KWG eingeordnet, so dass dann eine erlaubnispflichtige Finanzdienstleistung vorliegt. Nach § 134a Abs. 1 Nr. 2 AktG ist ein Vermögensverwalter zudem neuerdings definiert als ein Finanzdienstleistungsinstitut mit Erlaubnis zur Erbringung von Finanzportfolioverwaltung oder eine KVG mit Erlaubnis nach § 20 Abs. 1 KAGB.

255 Bei Vermögensverwaltung wird unterschieden in Vermögensverwaltung **für Privatpersonen** (Private Wealth Management), welches weltweit überwiegend in den Händen von großen Kreditinstituten liegt, und Vermögensverwaltung für institutionelle Kunden wie Versicherungen, Pensionskassen oder Staatsfonds etwa aus dem Verkauf von Erdgas oder Erdöl. Bei der Vermögensverwaltung **für institutionelle Kunden** liegt im Vergleich ein noch größeres zu verwaltendes Vermögen vor und es treten auch andere Akteure als Kreditinstitute wie z.B. der globale Marktführer in diesem Bereich BlackRock auf den Plan. Die Vermögensverwaltung wird gerade im Fall, dass sie für Privatpersonen erbracht wird, bereits eine Eigenschaft als WpDiU begründen, so dass die Pflichten und ggf. aufsichtsrechtlichen Sanktionen bei Nichterfüllung nach den §§ 63 ff., 120 WpHG gelten (vgl. bereits Rn. 237 ff.).

256 Zudem gibt es Sonderformen der Vermögensverwaltung. Dies sind zum einen Vermögensverwalter, die sich zwar als Vermögensverwalter bezeichnen, tatsächlich aber anders als zu erwarten wäre anstatt der erlaubnispflichtigen Finanzdienstleistung Finanzportfolioverwaltung vielmehr erlaubnispflichtige Anlageberatung erbringen. Zum anderen existiert der **Sonderfall Family Office**. Ein Family Office ist typischerweise die von einer vermögenden Person oder einer vermögenden Familie im Rahmen einer professionell aufgesetzten Struktur betriebene Verwaltung des eigenen Vermögens. Der Unterschied liegt also darin, dass nicht Dritte das Vermögen verwalten, sondern grds. die vermögende Privatperson/Familie selbst. Allerdings erfolgt dies streng genommen nicht in eigener Person, sondern vielmehr über einen Stab an Mitarbeitern insbesondere auf der Berufsebene Investmentbanker, Rechtsanwalt, Steuerberater. Hier wird in aller Regel keine erlaubnispflichtige Finanzportfolioverwaltung vorliegen, allerdings hängt dies stark von den Umständen des Einzelfalls ab. Nicht umsonst gibt es zur Frage Family Office und Finanzportfolioverwaltung ein eigenes BaFin-Merkblatt.

257 **Tipp:** Die soeben zur Abgrenzung herangezogene **Anlageberatung** stellt übrigens ebenfalls eine erlaubnispflichtige Finanzdienstleistung dar. Nach § 1 Abs. 1a Nr. 1a KWG versteht man darunter die bloße Abgabe von persönlichen Empfehlungen an Kunden oder deren

Vertreter, die sich auf Geschäfte mit bestimmten Finanzinstrumenten beziehen, sofern die Empfehlung auf eine Prüfung der persönlichen Umstände des Anlegers gestützt oder als für ihn geeignet dargestellt wird und nicht ausschließlich über Informationsverbreitungskanäle oder für die Öffentlichkeit bekannt gegeben wird.

Anlageberatung darf z.B. innerhalb eines Kreditinstituts nicht jedermann erbringen. Vielmehr muss gegenüber der BaFin die Sachkunde durch Aus- und Weiterbildungen nachgewiesen werden, wobei diese Sachkunde dann den Anforderungen der WpHG-Mitarbeiteranzeigeverordnung genügen muss. Darüber hinaus muss für jede Anlageberatung ein **Beratungsprotokoll** erstellt und dem Anleger ausgehändigt werden. Daraus muss sich insbesondere ergeben, dass dem Anleger im Ergebnis ein für ihn geeignetes Produkt empfohlen wurde.

Dass Anlegern dennoch immer mal wieder ungeeignete Produkte empfohlen werden (z.B. volatiler Aktientitel bei konservativem Risikoprofil und geäußertem Anlageziel einer langfristigen Geldanlage), liegt einerseits sicher an individuellen Fehlern. Andererseits ist der klassische Bankberater zumeist auch nicht völlig unabhängig, sondern Teile seines Gehalts werden flexibel nach Erfüllung einer bestimmten Verkaufsquote einzelner Finanzprodukte bezahlt. D.h. es besteht dann wohl stets ein Risiko, dass ein Produkt nur deshalb empfohlen wird, da die Verkaufsquote etwa zum Monatsende noch restlos erfüllt werden muss. Dieses System eines nicht unerheblichen flexiblen Gehaltsbestandteils geknüpft an Verkaufsquoten ist seit der Jahrtausendwende im Markt eigentlich überall üblich. Wer diese Risiken meiden will, kann seit 2014 von **Honorar-Finanzanlagenberatern** i.S.d. § 34h GewO eine unabhängige Beratung erhalten, muss dafür aber in irgendeiner Form (z.B. ein Fest- oder Zeithonorar) zahlen. Diese Honorar-Finanzanlagenberater sollen zusammen mit den wesentlich häufiger anzutreffenden Finanzanlagenvermittlern i.S.d. § 34f GewO ab 2021 einem neuen Erlaubnistatbestand im WpHG unterfallen und damit der Aufsicht der BaFin unterstellt werden.

Ein weiterer Sonderfall ist im Übrigen die kollektive Vermögens- **258**
verwaltung durch eine KVG, für die es nach den §§ 26 ff. KAGB gesonderte Pflichten gibt.

Für Vermögensverwalter bestehen seit Umsetzung der Aktionärs- **259**
rechte-RL II im Jahr 2019 im AktG neue Vorgaben. So müssen Vermögensverwalter nun nach § 134b Abs. 1 und Abs. 5 AktG ihre **Mit-**

wirkungspolitik in den sog. Portfoliogesellschaften **veröffentlichen**. Das sind:

- die Ausübung von Aktionärsrechten, insbesondere im Rahmen ihrer Anlagestrategie,
- die Überwachung wichtiger Angelegenheiten der Portfoliogesellschaften,
- der Meinungsaustauch mit den Gesellschaftsorganen und den Interessenträgern der Gesellschaft,
- die Zusammenarbeit mit anderen Aktionären, sowie
- der Umgang mit Interessenkonflikten.

260 Ebenso müssen Vermögensverwalter nun nach § 134b Abs. 3 und Abs. 5 AktG ihr **Abstimmungsverhalten veröffentlichen**. Bei den entsprechenden Veröffentlichungen nach § 134b Abs. 5 AktG müssen die Informationen für mindestens drei Jahre auf der Internetseite der Vermögensverwalter öffentlich zugänglich sein und mindestens jährlich aktualisiert werden.

261 Nach § 134c Abs. 1 und Abs. 2 AktG müssen institutionelle Anleger ihre **Anlagestrategie offenlegen** und für sie handelnde Vermögensverwalter müssen offenlegen, auf Basis welcher Vereinbarung im Innenverhältnis sie diese Anlagestrategie verfolgen und die entsprechenden Anlageentscheidungen treffen. Nach § 134c Abs. 3 AktG hat zu diesen Offenlegungspflichten nach § 134c Abs. 1 und Abs. 2 AktG eine Veröffentlichung im Bundesanzeiger oder auf der Internetseite des institutionellen Anlegers oder pflichtwahrend für diesen auf der Internetseite des Vermögensverwalters für einen Zeitraum von mindestens drei Jahren zu erfolgen, wobei dies mindestens jährlich zu aktualisieren ist.

262 Insgesamt geht es bei der Regulierung von Vermögensverwaltern darum, **Transparenz** bei deren Anlageentscheidungen herzustellen. Denn angesichts des enormen Vermögens, welches die Vermögensverwalter verwalten (insbesondere auch mit Blick auf die betroffenen Aktien deutscher AGs) besteht eine enorme Marktmacht mit Relevanz für die gesamte Volkswirtschaft. Als enorm erscheint auch die Vernetzung v.a. großer Vermögensverwalter für institutionelle Investoren mit der Politik und der Einfluss auf Stabilitätsmaßnahmen, so dass auch aus diesem Grund heraus die verfolgte Anlagestrategie künftig veröffentlicht werden soll. Wird die Transparenz nicht i.S.d. §§ 134b, 134c AktG hergestellt, weil die entsprechenden Informationen nicht oder nicht lange genug öffentlich zur Verfügung gestellt werden, liegt nach § 405 Abs. 2a Nr. 8 oder Nr. 9 AktG eine Ordnungswidrigkeit vor, welche nach § 405 Abs. 4 AktG mit einer Geldbuße von bis zu 25.000 EUR geahndet werden kann.

II. Stimmrechtsberater

Weiterhin werden mittlerweile auch die Stimmrechtsberater (sog. Proxy Advisors) institutionell reguliert. Stimmrechtsberater wie ISS oder Glass Lewis sind Unternehmen, die **Aktionären raten, wie diese auf Hauptversammlungen börsennotierter Unternehmen ihr Stimmrecht wahrnehmen sollen**. Gerade ausländische institutionelle Anleger verlassen sich zumeist auf deren Ratschlag. Da die deutschen DAX-Unternehmen mehrheitlich in den Händen solcher ausländischer institutioneller Investoren sind, kommt den Ratschlägen der Stimmrechtsberater also eine hohe Bedeutung zu. 263

Beispiel: Die Bayer AG übernahm mit Wirkung 2018 den US-Chemieriesen Monsanto für ca. 60 Mrd. EUR. Monsanto stellt u.a. das wirtschaftlich erfolgreiche, jedoch v.a. wegen etwaiger Gesundheitsgefährdung für den Menschen umstrittene Unkrautvernichtungsmittel Glyphosat her. Glyphosat wird in immer mehr Ländern verboten. In den Vereinigten Staaten verlor Monsanto bereits die ersten Prozesse um Schadensersatz und Schmerzensgeld, welche Verbraucher wegen Erkrankungen geführt hatten, die sie auf Glyphosat zurückführen. In der Folge brach der Aktienkurs der Bayer AG deutlich ein. Auf der nachfolgenden Hauptversammlung 2019 der Bayer AG wurde der Vorstandsvorsitzende nicht entlastet, was ein Novum in der deutschen Wirtschaftsgeschichte war. ISS und Glass Lewis hatten dies zuvor empfohlen. Laut Internetseite von Bayer sind 89 % der bekannten Aktionäre institutionelle Anleger, 80,1 % der Anleger sitzen außerhalb Deutschlands. 264

Für Stimmrechtsberater gelten seit Umsetzung der Aktionärsrechte-RL II verbindliche Regeln, welche allerdings an einen freiwilligen Verhaltenskodex (sog. **Code of Conduct**) anknüpfen. Nach § 134d Abs. 1 AktG haben Stimmrechtsberater jährlich zu erklären, dass sie den Vorgaben eines näher bezeichneten Verhaltenskodex entsprochen haben und entsprechen oder welche Vorgaben des Verhaltenskodex sie nicht eingehalten haben und einhalten und welche Maßnahmen sie stattdessen getroffen haben. Wenn Stimmrechtsberater keinen Verhaltenskodex einhalten, haben sie zu erklären, warum nicht. 265

Nach § 134d Abs. 2 AktG müssen Stimmrechtsberater jährlich **Informationen veröffentlichen** über: 266

- die wesentlichen Merkmale der eingesetzten Methoden und Modelle sowie ihren Hauptinformationsquellen,
- die zur Qualitätssicherung sowie zur Vermeidung und zur Behandlung von potentiellen Interessenkonflikten eingesetzten Verfahren,

- die Qualifikation der an der Stimmrechtsberatung beteiligten Mitarbeiter,
- die Art und Weise, wie nationale Marktbedingungen sowie rechtliche, regulatorische und unternehmensspezifische Bedingungen berücksichtigt werden,
- die wesentlichen Merkmalen der verfolgten Stimmrechtspolitik für die einzelnen Märkte, und
- den Umstand, wie und wie oft das Gespräch mit den betroffenen Gesellschaften und deren Interessenträgern gesucht wird.

267 Die Veröffentlichungen i.S.d. § 134d Abs. 1 und Abs. 2 AktG müssen nach § 134d Abs. 3 AktG gesondert oder gebündelt auf der Internetseite des Stimmrechtsberaters für mindestens drei Jahre öffentlich zugänglich gemacht werden und sind jährlich zu aktualisieren.

Auch bei den Stimmrechtsberatern erfolgt also die Regulierung
268 durch die Herstellung umfassender **Transparenz**. Wird diese Transparenz nicht i.S.d. § 134d AktG hergestellt, weil die entsprechenden Informationen nicht oder nicht lange genug öffentlich zur Verfügung gestellt werden, liegt nach § 405 Abs. 2a Nr. 10 AktG eine Ordnungswidrigkeit vor, welche nach § 405 Abs. 4 AktG mit einer Geldbuße von bis zu 25.000 EUR geahndet werden kann.

III. Finanzanalysten

269 Finanzanalysten sind alle diejenigen Personen, die nach § 85 WpHG in Ausübung ihres Berufs oder im Rahmen ihrer Geschäftstätigkeit für die **Erstellung oder Weitergabe von Anlagestrategieempfehlungen und Anlageempfehlungen** verantwortlich sind. Hierfür muss nach § 86 Abs. 1 WpHG bei der BaFin eine Anzeige erfolgen. Durch Finanzanalysen (Anlagestrategieempfehlungen und Anlageempfehlungen) sollen Anleger in die Lage versetzt werden, selbständig Anlageentscheidungen zu treffen. Daher kommt auch Finanzanalysten ein gewisses Einflusspotenzial zu.

270 Regulierung erfolgt dadurch, dass Finanzanalysten nach § 85 WpHG so organisiert sein müssen, dass **Interessenkonflikte möglichst gering** sind. Finanzanalysten müssen insbesondere über angemessene Kontrollverfahren verfügen, die geeignet sind, Verstößen gegen die Verpflichtungen nach Art. 20 MAR entgegenzuwirken. Genaueres ergibt sich aus Art. 20 MAR, der Delegierten VO (EU) Nr. 1095/2010 und RTS von ESMA. Werden insoweit Pflichten verletzt, namentlich eine Anzeige nach § 86 WpHG nicht, nicht richtig, nicht vollständig oder nicht rechtzeitig erstattet oder Informationen werden nicht i.S.d. Art 20 MAR ggf. i.V.m. dem RTS objektiv dargestellt oder Interessen oder Interessenkonflikte werden nicht offengelegt, liegt nach § 120 Abs. 2 Nr. 14 oder Abs. 15 Nr. 23 WpHG eine Ordnungswidrigkeit vor. Dies kann im erstgenannten Fall nach § 120 Abs. 24 WpHG zu einer Geldbuße von bis zu 500.000 EUR führen. Im zweitgenannten Fall kann dies nach § 120 Abs. 18 WpHG ebenfalls mit einer Geldbuße von bis zu 500.000 EUR geahndet werden. Jedoch gilt hier, dass die Bußgeldobergrenze gegenüber einer juristischen Person/Personenvereinigung ggf. darüber hinaus bei einer Mio. EUR bzw. dem dreifachen wirtschaftlichen Vorteil liegen kann.

IV. Ratingagenturen

Ratingagenturen sind Unternehmen, welche gewerbsmäßig die Kre- **271**
ditwürdigkeit (Bonität) etwa von Staaten, Unternehmen und Finanzinstrumenten bewerten. In der Folge vergeben Ratingagenturen wie Moody's, Fitch oder Standard & Poor's ein Rating, welches ein **Signal für den Anleger** ist, ob die jeweilige **Bonität** i.S. der Wahrscheinlichkeit eines Ausfalls eher hoch oder eher niedrig ist. Ratingagenturen kommt daher ein ähnlich großer Einfluss auf Anlageentscheidungen zu wie Finanzanalysten.

Beispiel: Ratingagenturen wird eine gewisse Verantwortung an der **272**
Finanzkrise ab 2008 zugeschrieben. In der zugrundeliegenden Subprime-Krise war die Situation so, dass zu viele Hypothekenkredite an Schuldner mit zu schlechter Bonität ausgegeben wurden. Als diese Kredite bei einer Rezession der US-Wirtschaft immer mehr ausfielen, wurden gute und schlechte Hypothekenkredite miteinander gebündelt, verbrieft und (teils wieder gestückelt) an andere Kreditinstitute oder Versicherungen weiterveräußert. Ratingagenturen vergaben für diese Verbriefungen aber offenbar viel zu gute Ratings, worauf sich die Käufer auch verließen. Nunmehr hatten sie – ohne dies zu wissen – in ihren Büchern zu einem guten Teil risikoreiche Kredite. Als immer mehr davon ausfielen, kamen auch die Käufer der Verbriefungen in finanzielle Schieflage.

Seit 2009 gibt es als eine Konsequenz der Finanzkrise daher die **Ra-** **273**
ting-VO. Ihr **Anwendungsbereich** ist jedoch **bislang gering**. Denn die Rating-VO gilt nach Art. 2 Abs. 1 Rating-VO ausschließlich für Ratings, welche von in der EU registrierten Ratingagenturen abgegeben werden. Eine solche Registrierung ist nach Art. 14 Abs. 1 Rating-VO allerdings nur erforderlich, soweit die Ratingagentur ihren Sitz innerhalb der EU hat, was aber bei den großen Ratingagenturen nicht der Fall ist. Der demzufolge in der EU verkündete Plan des Aufbaus einer europ. Ratingagentur, welche nicht auf Gewinnerzielung gerich-

tet und damit frei(er) von Interessenkonflikten ist, wurde bislang noch nicht umgesetzt. Soweit die Rating-VO praktisch relevant wäre, müssten folgende wesentlichen Anforderungen umgesetzt werden:

- die Ratingagentur müsste unabhängig und frei von Interessenkonflikten sein (Art. 6 Rating-VO),
- das am Ratingvorgang beteiligte Personal der Ratingagentur müsste eine entsprechende Sachkunde nachweisen (Art. 7 Rating-VO),
- Methoden, Modelle und grundlegende Annahmen für die Ratings wären offenzulegen (Art. 8 Rating-VO), und
- jährlich müsste ein Transparenzbericht erstellt werden (Art. 12 Rating-VO).

274 Die Ratingtätigkeit nach der Rating-VO wird ausnahmsweise **von ESMA selbst beaufsichtigt**, auch wenn es flankierende Befugnisse der BaFin nach Art. 22 Rating-VO i.V.m. § 29 WpHG gibt. ESMA kann die betreffende Ratingagentur nach Art. 24 Abs. 1 lit. d) Rating-VO zunächst auffordern, ein rechtswidriges Verhalten zu unterlassen. Die Pflichtverletzung kann zudem nach Art. 24 Abs. 1 lit. e) Rating-VO öffentlich bekannt gemacht werden. Ferner kommt nach Art. 20 i.V.m. Art. 24 Abs. 1 lit. a) Rating-VO der Widerruf der Registrierung oder nach Art. 24 Abs. 1 lit. b) Rating-VO die vorläufige Einstellung des Geschäftsbetriebs als Sanktion in Betracht. Über Art. 22 Rating-VO i.V.m. § 29 WpHG läge es dann bei der BaFin, weitere Sanktionsmaßnahmen i.e.S. festzulegen, welche dann aber i.S.d. Art. 36 Rating-VO wirksam, verhältnismäßig und abschreckend sein müssten. Nach § 120 Abs. 4 und Abs. 24 WpHG läuft dies auf eine etwaige Geldbuße von bis zu 50.000 bzw. 100.000 EUR hinaus.

Kapitel 5. Produktbezogene Regulierung

Produktbezogene Regulierung lässt sich im Wesentlichen einteilen in Product Governance, Produktinformation und Produktintervention. 275

A. Product Governance

Literatur: *Buck-Heeb*, Kapitalmarktrecht, § 12 I; *dieselbe*, ZHR 179 (2015), 782 ff.; *Busch*, WM 2017, 409 ff.; *Feger*, CB 2018, 355 ff.; *Geier/Druckenbrodt*, RdF 2015, 21 ff.; *Lercara/Kittner*, RdF 2018, 100 ff.; *Poelzig*, Kapitalmarktrecht, § 12

Die §§ 63 Abs. 4 und Abs. 5, 80 Abs. 9 WpHG regeln i.V.m. der Konkretisierung in den MaComp als Teil der MiFiD-Pflichten erstmals seit 2018 eine sog. Product Governance. Die Product Governance zieht die Lehren aus der Finanzmarktkrise 2008 mit den dort entworfenen und vertriebenen komplexen Verbriefungen und strukturierten Produkten, welche rein auf Gewinnmaximierung und nicht mehr auf die Interessen der entsprechenden Anleger zugeschnitten waren. Folge davon ist eine **zusätzliche Regulierung**, die erstmals nicht nur bei den allgemeinen Pflichten und Obliegenheiten der Handelnden, sondern **am einzelnen Finanzprodukt selbst ansetzt**. 276

WpDiUs i.S.d. § 2 Abs. 10 WpHG (die sog. **Konzepteure** eines Finanzprodukts) müssen insoweit gewisse Regeln bezogen auf das einzelne Finanzprodukt beachten. So wie Corporate Governance eine gute Unternehmensführung postuliert, zielt der Begriff der Product Governance auf einen **verantwortungsvollen und nachhaltigen Herstellungs- und Vertriebsprozess für Finanzprodukte** ab, welcher sich nicht (nur) am Ziel der Gewinnmaximierung des Unternehmens orientiert, sondern v.a. am Interesse der (potenziellen) Anleger. Im Prinzip bedeutet dies ein Stück weit die Integration des seit einigen Jahren im Vordringen befindlichen ESG-Gedankens in der Finanzwirtschaft, also die Herstellung und der Vertrieb von Finanzprodukten mit nachhaltigen Aspekten. Wobei der Schwerpunkt bei ESG-Finanzprodukten seit jeher auf dem konkreten Investment in nachhaltige Finanzprodukte (z.B. Fonds mit Bezügen zu erneuerbarer Energie oder fair gehandelten Rohstoffen) liegt und weniger auf einem nachhaltigen Herstellungs- und Vertriebsprozess für womöglich auch eher nicht nachhaltige Finanzprodukte (z.B. Fonds mit Bezügen zu Atomkraft, Kohlestrom, 277

Sojaanbau, Waffenproduktion etc.). Konzepteure sind i.S.d. § 11 Abs. 1 Satz 1 WpDVerOV jedenfalls diejenigen WpDiUs, welche Finanzprodukte (Finanzinstrumente) neu schaffen, entwickeln, begeben oder gestalten. Weiterer Adressat neben den Konzepteuren sind **Vertriebsunternehmen**.

278 Bei der Herstellung existiert nun nach § 80 Abs. 9 WpHG ein **Produktfreigabeverfahren des Konzepteurs**. Dieses bezieht sich letztlich auf jedes einzelne Finanzinstrument. Mit einem solchen Produktfreigabeverfahren soll in zahlreichen Prozessschritten gewährleistet werden, dass das neue Finanzprodukt mit den Interessen und Bedürfnissen der Anleger vereinbar ist und zugleich keine Gefahr für das geordnete Funktionieren oder die Stabilität der Finanzmärkte darstellt. Bevor ein neues Finanzprodukt in den Verkehr gebracht werden darf, muss der Konzepteur es – ähnlich wie bei der Arzneimittelzulassung – auf mögliche Gefahren untersuchen, dabei etwaige Interessenkonflikte beachten und das Finanzprodukt einer Kostenkontrolle unterziehen. Die jeweilige Gefahrenuntersuchung beinhaltet dabei nach § 11 Abs. 9 WpDVerOV auch eine Szenarioanalyse samt **Stresstest**. Das Gleiche gilt, wenn ein bereits bestehendes und gehandeltes Finanzprodukt wesentlich verändert wird. Ferner muss der Konzepteur für jedes Finanzprodukt einen Zielmarkt festlegen. Das betrifft sowohl die positive Festlegung, mit wessen Interessen und Bedürfnissen das Finanzprodukt vereinbar ist, als auch die negative Festlegung, mit wessen Interessen und Bedürfnissen das Finanzprodukt unvereinbar ist. Bezugspunkt ist dabei insbesondere die Kundenkategorie i.S.d. § 67 WpHG (vgl. bereits Rn. 239 ff.). In der Folge muss das Finanzprodukt nach § 63 Abs. 4 WpHG so konzipiert sein, dass es den Interessen und Bedürfnissen des Zielmarkts entspricht. Zudem legt der Konzepteur eine Vertriebsstrategie für das Finanzprodukt fest und gewährleistet, dass die entsprechenden Mitarbeiter und Beauftragten über eine hinreichende Sachkunde verfügen. Nach § 63 Abs. 4 Satz 2 WpHG muss der Konzepteur nun noch den Vertrieb im Zielmarkt sicherstellen. Im laufenden Vertriebsprozess hat der Konzepteur nach § 80 Abs. 10 WpHG – ähnlich wie in der zivilrechtlichen Produkthaftung – sein Finanzprodukt fortwährend zu beobachten und evaluieren sowie nach § 80 Abs. 11 WpHG ggf. eingeschaltete Vertriebsunternehmen mit allen erforderlichen Informationen zum Finanzprodukt zu versorgen.

279 Ferner gibt es auch ein **Produktfreigabeverfahren des Vertriebsunternehmens**. Dies betrifft allerdings nur Vertriebsunternehmen, die gesondert tätig werden. Allein diese müssen ein solches weiteres Produktfreigabeverfahren implementieren und durchführen. Das Vertriebsunternehmen (selbst ein WpDiU) muss dabei zunächst entscheiden, ob es ein bestimmtes Finanzprodukt überhaupt vertreiben will.

Dabei müssen die Parameter des Produktfreigabeverfahrens des Konzepteurs beachtet werden. Im Wesentlichen geht es nun darum, dass der Vertrieb nach § 63 Abs. 4 WpHG, § 12 Abs. 4 WpDVerOV auf den Zielmarkt abgestimmt sein sollte. Ist dies nicht der Fall oder nicht möglich, kann der Vertrieb des maßgeblichen Finanzprodukts gleichwohl stattfinden, jedoch muss der jeweilige Konzepteur nach § 12 Abs. 9 WpDVerOV von diesem Umstand unterrichtet werden. Auch das Vertriebsunternehmen trifft in der Folge eine Produktüberwachungspflicht und eine Pflicht zum Informationsaustausch mit dem Konzepteur.

B. Produktinformation

Literatur: *Buck-Heeb*, Kapitalmarktrecht, § 12 II 1; *dieselbe*, WM 2018, 1197 ff.; *Gerold/Kohleick*, RdF 2017, 276 ff.; *Günther*, RdF 2014, 204 ff.; *Herkströter/Kimmich*, RdF 2014, 9 ff.; *Lercara/Kittner*, RdF 2018, 100 ff.; *Poelzig*, Kapitalmarktrecht, § 24

Ziel mehrerer Regulierungsansätze der letzten Jahre war und ist es, **280**
dem Anleger produktbezogen ein hinreichendes Maß an Informationen zur Verfügung zu stellen. Auf dieser Basis können dann Anlageentscheidungen getroffen werden. Zwar kann der Anleger auf den regelmäßig vorhandenen Wertpapierprospekt zurückgreifen. Tatsächlich zeigt sich aber, dass Wertpapierprospekte zumindest von Privatanlegern kaum gelesen oder wenn doch, dann in Teilen nicht verstanden werden. Dies liegt wohl nicht nur an zahlreichen fachspezifischen Termini, sondern auch am Volumen von Wertpapierprospekten. Von daher war es dem deutschen Gesetz- und europ. Verordnungsgeber ein Anliegen, dem Anleger eine **einfache und leicht verständliche Handreichung zum Finanzprodukt** an die Hand zu geben. Dabei gibt es v.a. zwei wichtige Ansätze.

Zu nennen ist einerseits das **Produktinformationsblatt nach § 64** **281**
Abs. 2 WpHG. Nach § 64 Abs. 2 WpHG ist jedem Privatkunden im Fall einer Anlageberatung rechtzeitig vor Abschluss des jeweiligen Geschäfts ein kurzer und leicht verständlicher Informationszettel zum Finanzinstrument zur Verfügung zu stellen. Dieser Informationszettel wird **auch PIB** (als Abkürzung für Produktinformationsblatt) **oder Beipackzettel genannt**. Die Angaben in den Produktinformationsblättern dürfen weder unrichtig noch irreführend sein und müssen mit den Prospektangaben zum Finanzinstrument kompatibel sein. Die Details zu den erforderlichen Angaben sowie zu Formalia (zwei bis drei Seiten, übersichtlich und leicht verständlich) regelt § 4 WpDVerOV. Bei Aktien, welche an einem organisierten Markt gehandelt werden, ge-

nügt ein vereinfachtes und standardisiertes Informationsblatt allgemein zum Typus Aktie. Darüber hinaus ist ein Produktinformationsblatt in zahlreichen Fällen ähnlicher Informationsblätter nicht erforderlich, insbesondere wenn Folgendes vorliegt:

- Basisinformationsblatt nach der PRIIP-VO,
- veröffentlichte wesentliche Anlegerinformationen bei vielerlei KAGB-Produkten,
- Wertpapier-Informationsblatt nach dem WpPG, oder
- Vermögensanlagen-Informationsblatt nach dem VermAnlG.

282 Andererseits gibt es das **Basisinformationsblatt nach der PRIIP-VO**. Die PRIIP-VO hat zur Einführung von Basisinformationsblättern (**auch** Key Information Documents – **KIDs genannt**) geführt. Das Basisinformationsblatt hat jedoch keinen derart allgemeinen Anwendungsbereich wie das Produktinformationsblatt nach § 64 Abs. 2 WpHG. Es bezieht sich ausschließlich auf Anlagen in verpackter Form, bei denen also die Gelder nicht unmittelbar am Kapitalmarkt platziert werden, sondern nur mittelbar oder aber eine Referenz zu Finanzinstrumenten aufweisen. Das sind etwa strukturierte Finanzprodukte wie Optionsscheine, die in Wertpapieren verpackt sind, derivate Finanzprodukte mit Bezug auf Aktien bzw. Wechselkurse oder Versicherungsprodukte wie Lebensversicherungen, welche dann einen Anlagecharakter aufweisen. Das Basisinformationsblatt soll in einer für den Kleinanleger leicht verständlichen Sprache geschrieben sein und einen Frage- und Antwortstil abbilden. Es darf maximal drei DIN-A4-Seiten lang sein und muss in der Sprache des Landes abgefasst sein, in dem das unterlegte Finanzprodukt vertrieben wird. Inhaltlich betrachtet sind Angaben zu Risiken, Renditemöglichkeiten und Kosten erforderlich.

C. Produktintervention

Literatur: *Buck-Heeb*, Kapitalmarktrecht, § 18 IV 2; *Busch*, WM 2017, 409 ff.; *Bußalb*, WM 2017, 553 ff.; *Ehlers*, WM 2017, 420 ff.; *Fischer*, WM 2019, 2004 ff.; *Geier/Druckenbrodt*, RdF 2015, 21 ff.; *Seitz*, WM 2017, 1883 ff.

283 2015 wurde der BaFin mit dem Kleinanlegerschutzgesetz die Aufgabe des kollektiven Verbraucherschutzes und damit einhergehend erstmals auch die Befugnis zur Produktintervention übertragen. Nach Art. 42 Abs. 1 MiFIR kann die jeweils national zuständige Behörde die **Vermarktung, den Vertrieb oder den Verkauf von bestimmten Finanzinstrumenten oder strukturierten Einlagen oder eine Form der Finanztätigkeit oder -praxis verbieten oder beschränken**.

Eingriffsschwelle ist nach Art. 42 Abs. 2 MiFIR allerdings, dass erhebliche Bedenken für den Anlegerschutz oder eine Gefahr für das ordnungsgemäße Funktionieren und die Integrität der Finanz- oder Warenmärkte bestehen oder in mindestens einem Mitgliedstaat die Stabilität des gesamten Finanzsystems oder eines Teils davon in Rede steht. Ebenso kann es um negative Auswirkungen auf den Preisbildungsmechanismus gehen. Genaueres regelt die Delegierte VO (EU) Nr. 2017/567. Die zu treffende Maßnahme muss sich dann als verhältnismäßig darstellen. § 15 WpHG erklärt die BaFin zur national zuständigen Behörde. Vorübergehend kann auch ESMA eine Produktintervention vornehmen, vgl. Art. 40 MiFIR.

Beispiel: Die BaFin hat bislang bereits zweimal per Allgemeinverfügung in 2017 und 2019 und ESMA hat bereits einmal per Beschluss in 2018 vorläufig die Vermarktung, den Vertrieb und den Verkauf von **Contracts for Difference (CFDs)** an Kleinanleger in Deutschland bzw. der EU beschränkt. Maßgeblich waren dabei die unbegrenzten Verlustrisiken von CFDs und die daraus für Anleger resultierenden unbegrenzten Nachschusspflichten. **284**

Ähnlich war dies 2018/2019 hinsichtlich des Verbots der Vermarktung, des Vertriebs und des Verkaufs von binären Optionen an Kleinanleger. Tragender Grund hierfür war ebenfalls der Anlegerschutz, insbesondere da **binäre Optionen** äußerst komplex und wenig transparent sind und ein doch starkes Ungleichgewicht von Chancen und Risiken besteht.

Kapitel 6. Sonstiges

Ein gesondertes Kapital bildet das Investmentrecht, welches seit 2013 im KAGB geregelt ist. Vereinfacht ausgedrückt geht es hier produktbezogen um kollektive Vermögensanlagen und institutionell um die Verwaltung von Fonds durch Kapitalverwaltungsgesellschaften (KVGs). Klarstellend ist darauf zu verweisen, dass der Begriff Fonds als Synonym für Investmentvermögen (vgl. nachstehend Rn. 286) nach wie vor allgemein gebräuchlich ist, mittlerweile aber im **Investmentrecht nach dem KAGB** keine Verwendung mehr findet. Zugleich heißt der frühere Fondsanteil heute im KAGB Investmentzertifikat. In der Praxis kann allerdings der durchschnittliche Anleger mit den Begriffen Investmentvermögen und Investmentzertifikat bis dato wenig anfangen. Das KAGB ist jedenfalls äußerst komplex abgefasst (360 Paragrafen, sehr viele und lange Absätze, schwierige Verweisketten). Es gilt hier also, den Überblick zu behalten. **285**

A. Grundbegriffe des KAGB

Literatur: *Buck-Heeb*, Kapitalmarktrecht, § 17 II; *Burgard/Heimann*, WM 2014, 821 ff.; *Hartrott/Goller*, BB 2013, 1603 ff.; *Lehmann*, Grundriss des Bank- und Kapitalmarktrechts, § 12; *Loritz/Uffmann*, WM 2013, 2193 ff.; *Wilhelmi*, WM 2019, 2093 ff.

Im KAGB sind mehrere unterschiedliche Fondstypen geregelt. **286** Sammelbegriff herfür ist das **Investmentvermögen**. Ein Investmentvermögen ist nach § 1 Abs. 1 Satz 1 KAGB jeder Organismus für gemeinsame Anlagen, der von einer Anzahl von Anlegern Kapital einsammelt, um es gemäß einer festgelegten Anlagestrategie zum Nutzen dieser Anleger zu investieren und kein operativ tätiges Unternehmen außerhalb des Finanzsektors ist. Der Begriff des Investmentvermögens wird der BaFin nach weit gefasst. Voraussetzung ist insoweit auch, dass die Anleger an den Chancen und Risiken der Anlage beteiligt sind. Der Begriff Organismus bedeutet dabei, dass vielerlei Rechtsformen möglich sind (z.B. eine bestimmte Gesellschaft oder ein Sondervermögen). Zudem darf die Zahl der Anleger nicht durch Anlagebedingungen, Satzung oder Gesellschaftsvertrag begrenzt sein, vgl. § 1 Abs. 1 Satz 2 KAGB.

287 Liegen die materiellen Voraussetzungen aus § 1 Abs. 1 KAGB vor, lässt sich weiter unterteilen **nach Anlageverhalten**. Denn dann handelt es sich entweder nach § 1 Abs. 2 KAGB um einen Organismus für gemeinsame Anlagen in Wertpapieren (OGAW) nach der OGAW-RL oder aber nach § 1 Abs. 3 KAGB um einen Alternativen Investmentfonds (AIF) nach der AIFM-RL. AIFs sind alle Fonds, die keine OGAWs sind. OGAWs wiederum sind Fonds, die in gesetzlich definierte Arten von Wertpapieren und ähnliche Finanzinstrumente wie z.B. Anleihen und Zertifikate investieren. Demgegenüber sind AIFs Investmentfonds, die in alles Mögliche außer Wertpapieren investieren. Dies sind dann z.B. Investments in Filmproduktionen, Geldmarkttitel, Immobilien, Indizes, Infrastruktur, Medien oder Schiffsfinanzierung.

288 Eine weitere Unterteilung ist **anhand des Zugangs für Anleger** möglich. So gibt es offene Fonds und geschlossene Fonds. Bei offenen Fonds ist ein fortwährender Beitritt von neuen Anlegern möglich und es besteht mindestens einmal im Jahr das Recht zur Rückgabe der Fondsanteile. Einzig mögliche Rechtsformen sind das Sondervermögen oder die Investment-AG mit veränderlichem Kapitalanteil, vgl. § 91 Abs. 1 KAGB. Die offenen Fonds dürfen sich ausschließlich an professionelle und semiprofessionelle Anleger richten, vgl. § 91 Abs. 2 KAGB. Demgegenüber zeichnen sich geschlossene Fonds dadurch aus, dass nur eine vorher festgelegte Anzahl von Fondsanteilen ausgegeben oder eine feste Kapitalsumme festgelegt wird. Eine jährliche Rückgabemöglichkeit gibt es nicht. Geschlossene Fonds sind dabei immer AIFs, niemals OGAWs, vgl. auch § 1 Abs. 4 und Abs. 5 KAGB. Rechtsformen für einen geschlossenen Fonds sind die Investment-AG mit fixem Kapital oder geschlossene Investment-KGs. Vor ihrer umfassenden Regulierung im KAGB waren die Rechtsformen KG, aber auch oHG und GbR gebräuchlich. Die heute immer noch häufige Rspr. zu geschlossenen Fonds betrifft zumeist die Rechtslage vor 2013, weist also noch keinerlei KAGB-Bezüge auf. Diese Rspr. ist aufgrund des hohen Risikos des Totalverlusts und ggf. einer Nachschusspflicht so häufig. Denn im Nachgang versuchen Anleger eines notleidenden (oder auch nur schlecht performenden) geschlossenen Fonds sehr häufig, die Rückabwicklung ihrer Anlage zu erreichen, wobei es als Aufhänger der Klage zumeist um Fehler im Rahmen des Vertriebs der Fonds geht. Jedenfalls waren die hohen Risiken von geschlossenen Fonds ausschlaggebend, geschlossene Fonds in jedem Fall als AIF einzustufen.

289 Eine weitere Unterteilung lässt sich vornehmen **anhand des Anlegerkreises**. Fonds können dabei entweder Publikumsfonds oder Spezialfonds sein. Publikumsfonds als der Standardfall von Fonds können dabei von jedem Anleger erworben werden. Spezialfonds sind dagegen nicht für die Kapitalmarktöffentlichkeit bestimmt. Sie sollen nicht von natürlichen Personen erworben werden können, sondern sind institutionellen Anlegern bzw. bestimmten Anlegergruppen (professionelle und semiprofessionelle Anleger) vorbehalten, vgl. § 1 Abs. 6 KAGB. Ähnlich wie bei den MiFiD-Pflichten nach dem WpHG (vgl. bereits Rn. 235 ff.) unterscheidet dabei auch das KAGB nach dem Grad der Schutzwürdigkeit der Anleger und bildet Anlegergruppen, wobei es auch nach dem KAGB zentral auf die jeweiligen Erfahrungen und Kenntnisse des jeweiligen Anlegers ankommt. Anlegergruppen sind wie bei den MiFiD-Pflichten zunächst die Privatanleger (§ 1 Abs. 19 Nr. 31 KAGB) und die professionellen Anleger (§ 1 Abs. 19 Nr. 32 KAGB). Aus der AIFM-RL entstammt die zusätzliche Anlegergruppe der semiprofessionellen Anleger (§ 1 Abs. 19 Nr. 33 WpHG). Bei semiprofessionellen Anlegern kommt es auf ein Mindestinvestment i.H.v. 200.000 EUR sowie bestimmte Marktkenntnisse an, die über denen von Privatanlegern liegen müssen.

Schließlich lassen sich Fonds nach dem KAGB auch **anhand ihres Herkunftsrechts** systematisieren. Der klassische Fall sind inländische Fonds, welche dem deutschen Recht unterliegen, vgl. § 1 Abs. 7 KAGB. Daneben gibt es EU-Fonds, welche dem Recht eines Staates innerhalb der EU/des EWR unterliegen, vgl. § 1 Abs. 8 KAGB. Schließlich existieren ausländische AIFs, welche dem Recht eines Drittstaats jenseits der EU/des EWR unterliegen, vgl. § 1 Abs. 9 KAGB. 290

Tipp: Hat man es also z.B. anwaltlich mit einem Fonds zu tun und versucht sich zurecht zu finden, sollte man in Schritten vorgehen: 291

1. KAGB anwendbar?

   Zunächst einmal müsste man wohl darauf schauen, ob der Fonds nach deutschem Recht aufgesetzt wurde (z.B. wird der Mandant dann den Prospekt, Werbeunterlagen, Anlagebedingungen oder die Zeichnungsunterlagen zur Verfügung haben, woraus sich dies ergibt).

   Dann ist zu prüfen, wann der Fonds aufgesetzt bzw. wann der Mandant dem Fonds durch Zeichnung beigetreten ist. Je nachdem gelten BGB/HGB samt entsprechender Rspr. speziell zu Fonds, VerkProspG, VermAnlG, InvG oder KAGB.

2. Um was für einen Fonds nach dem KAGB handelt es sich, wenn man in dessen Anwendungsbereich ist?

   OGAW oder AIF, offen oder geschlossen, Publikumsfonds oder Spezialfonds, inländisch oder ausländisch.

3. Welche Vorschriften gibt es?

Nun sollte man anhand der Überschriften der einzelnen Abschnitte und Unterabschnitte beginnend ab den §§ 91 ff. KAGB nach den passenden Vorschriften suchen. Dort ist dann auch Näheres z.B. zur jeweiligen Anlagepolitik geregelt.

B. Verwaltung, Verwahrung und Vertrieb

Literatur: *Buck-Heeb*, Kapitalmarktrecht, § 17 I; *Felcht/Glander*, RdF 2018, 293 ff.; *Jesch/Alten*, RdF 2013, 191 ff.; *Kapteina/Davis*, WM 2013, 1977 ff.; *Kraushaar*, WM 2016, 1377 ff.; *Lehmann*, Grundriss des Bank- und Kapitalmarktrechts, § 12

292 Verwaltung, Verwahrung und Vertrieb von Fonds sind gesondert geregelt. Am Wichtigsten sind dabei die Regeln für die Verwaltung. Generell spricht man von einem **KAGB-Investmentdreieck** zwischen dem Anleger, der KVG (als Verwaltung) und der Verwahrstelle (als Verwahrer der Fondsanteile). Der Vertrieb ist nochmals gesondert geregelt.

I. Verwaltung

293 Für die **Verwaltung** eines OGAWs oder AIFs bedarf es ähnlich der Erlaubnis als Kreditinstitut oder Finanzdienstleistungsinstitut nach dem KWG einer **Erlaubnis der BaFin für den Geschäftsbetrieb** nach dem KAGB. Dies ist in den §§ 20 ff. KAGB geregelt. Die Erlaubnis kann nach § 20 Abs. 1 KAGB **nur von einer KVG mit Inlandssitz** eingeholt werden, welche dann sowohl einen Fonds nach inländischen Recht, einen EU-Fonds nach dem Recht eines Staats innerhalb der EU/des EWR oder einen ausländischen AIF nach dem Recht eines Drittstaats jenseits der EU/des EWR verwalten kann. Ein Fonds kann nach § 20 Abs. 3 KAGB immer nur von einer einzigen KVG verwaltet werden. Dabei kann diese nach § 20 Abs. 2 KAGB vom Fonds als **externe KVG** bestellt oder aber rechtsformabhängig als **interne KVG** organisiert werden. Wird diese Erlaubnis nicht eingeholt und ein Geschäftsbetrieb als KVG betrieben, kann dies erneut ähnlich dem KWG zu entsprechenden Folgen führen: Strafbarkeit nach § 339 Abs. 1 Nr. 1 KAGB, aufsichtsrechtliche Anordnungen nach der Generalklausel des § 5 Abs. 6 KAGB, Einstellung des Geschäftsbetriebs nach § 15 Abs. 2 Satz 1 Nr. 1 KAGB und zivilrechtliche Haftung der Verantwortlichen über § 823 Abs. 2 BGB. Unterschieden wird ferner nach dem Verwaltungsobjekt in **OGAW-KVG** (§ 1 Abs. 15 KAGB) und **AIF-KVG** (§ 1 Abs. 16 KAGB).

Die KVGs sind dem umfassenden Pflichtenkatalog der §§ 26 ff. KAGB (**Verhaltens- und Organisationspflichten**) unterworfen. Diese Pflichten sind ähnlich strukturiert wie MiFID-Pflichten für WpDIUs. Nach § 26 Abs. 1 KAGB muss die KVG bei der Wahrnehmung ihrer Aufgaben unabhängig von der Verwahrstelle sein und ausschließlich im Interesse der Anleger handeln. Nach § 26 Abs. 2 KAGB hat sie: **294**

- ihrer Tätigkeit ehrlich, mit der gebotenen Sachkenntnis, Sorgfalt und Gewissenhaftigkeit und redlich nachzugehen (Nr.1),
- im besten Interesse der von ihr verwalteten Fonds oder der Anleger der Fonds und der Integrität des Marktes zu handeln (Nr. 2),
- alle angemessenen Maßnahmen zur Vermeidung von Interessenkonflikten und, wo diese nicht vermieden werden können, zur Ermittlung, Beilegung, Beobachtung und ggf. Offenlegung dieser Interessenkonflikte zu treffen (Nr. 3),
- über die für eine ordnungsgemäße Geschäftstätigkeit erforderlichen Mittel und Verfahren zu verfügen und diese wirksam einzusetzen (Nr. 4),
- alle auf die Ausübung ihrer Geschäftstätigkeit anwendbaren regulatorischen Anforderungen zu erfüllen, um das beste Interesse der von ihr verwalteten Fonds oder der Anleger dieser Fonds und die Integrität des Marktes zu fördern (Nr. 5), und
- alle Anleger der Fonds fair zu behandeln (Nr. 6).

Nach § 27 KAGB bestehen ausdrückliche Vorschriften zur Vermeidung von Interessenkonflikten. In § 28 KAGB ist ferner detailliert beschrieben, wie eine ordnungsgemäße Geschäftsorganisation auszusehen hat. Die §§ 26 ff. KAGB werden für AIF-KVGs durch die Delegierte VO (EU) Nr. 231/2013 und die nationale Kapitalanlage-Verhaltens- und Organisationsverordnung ergänzt.

Neben der allgemeinen Verwaltung (dem Management des Fonds) obliegt es der KVG auch, **Anlagebedingungen** zu erstellen, welche für die Anlage in den Fonds im Verhältnis KVG/Anleger gelten. Diese Anlagebedingungen sind in jedem Fall der BaFin vorzulegen, im Fall von Publikumsfonds sind sie von der BaFin darüber hinaus zu genehmigen, vgl. §§ 162 f., 266 ff. KAGB. Auch die **Prospektpflicht** und die **Pflicht zur Erstellung von wesentlichen Anlegerinformationen** nach den §§ 164 ff. KAGB bei Publikumsfonds trifft die KVG. **295**

II. Verwahrung

296 Die Fonds dürfen nicht von der KVG selbst verwaltet werden. Ziel ist v.a. die Vermögenstrennung für den Fall der Insolvenz der jeweiligen KVG. Jedenfalls muss die KVG für die Fonds im Rahmen des KAGB-Investmentdreiecks (vgl. bereits Rn. 292) einen **Verwahrstellenvertrag mit gesonderten Verwahrstellen** abschließen. Dies ist für OGAWs und AIFs jeweils separat in den §§ 68 Abs. 1, 80 Abs. 1 KAGB geregelt. Die Verwahrstellen sind de facto Depotbanken. Ihnen kommt zum einen die Aufgabe der Verwahrung und technischen Abwicklung der Fonds bzw. ihrer Anteile zu, wobei ein ständiger Informationsaustausch mit den KVGs sicherzustellen ist. Darüber hinaus kontrollieren sie nach den §§ 76 Abs. 1, 83 Abs. 1 KAGB die Geschäftsführung der KVGs und machen nach § 78 Abs. 1 KAGB bei Verletzung von Pflichten nach den Anleihebedingungen in eigenem Namen Ansprüche der Anleger gegen die KVG geltend. Die Verwahrstelle haftet aber nach § 77 KAGB auch selbst für den ordnungsgemäßen Bestand der Fonds. Wahl und Wechsel der Verwahrstelle ist von Seiten der BaFin zu genehmigen.

III. Vertrieb

297 Der Vertrieb von Fonds ist in den §§ 293 ff. KAGB geregelt. Vertrieb bedeutet nach § 293 Abs. 1 Satz 1 KAGB **das direkte oder indirekte Anbieten oder Platzieren von Anteilen oder Aktien eines Fonds**. In der Folge wird wieder nach Anlegergruppen unterschieden. In Bezug auf Privatanleger gilt der vorgenannte weite Anwendungsbereich uneingeschränkt, in Bezug auf professionelle und semiprofessionelle Anleger handelt es sich nach § 293 Abs. 1 Satz 2 KAGB nur dann um Vertrieb, wenn dieser letztlich von der KVG initiiert wurde. Es kommt also auf den Vertriebsadressaten an.

298 In Bezug auf **Privatanleger** als Vertriebsadressaten gelten die §§ 296–306 KAGB, somit insbesondere ein hohes Maß an zur Verfügung zu stellenden **Verkaufsunterlagen** (insbesondere einem Verkaufsprospekt und wesentliche Anlegerinformationen) sowie deutliche **Hinweispflichten** und **fortwährende Informationspflichten**. Der Verkaufsprospekt und die wesentlichen Anlegerinformationen unterliegen der besonderen KAGB-Prospekthaftung nach § 306 KAGB. Demgegenüber bestehen in Bezug auf **professionelle und semiprofessionelle Anleger** lediglich die **Informationspflichten** nach § 307 KAGB, welche aber kaum vom Inhalt eines Verkaufsprospekts abweichen.

Eine **Anzeige an oder Erlaubnis von der BaFin für den Vertrieb** der Fondsanteile hängt vom jeweiligen Fonds ab (OGAW oder AIF; Publikumsfonds oder Spezialfonds; für Privatanleger oder für professionelle/semiprofessionelle Anleger), was es in den §§ 312 – 335 KAGB einzelfallbezogen zu eruieren gilt. Die BaFin kann bei Pflichtverstößen Anordnungen und Maßnahmen treffen, insbesondere den Vertrieb der Fonds untersagen und/oder den Vertrieb einstellen. Dies wird regelmäßig dann in Frage kommen, wenn das Hauptziel des KAGB (Verbesserung des Anlegerschutzes) gravierend beeinträchtigt wird, wenn also Zustände eintreten, die im vormaligen (unregulierten) grauen Kapitalmarkt fast schon an der Tagesordnung waren (z.B. unseriöse Kontaktanbahnung; falsche Aussagen bei der Anlageberatung oder Anlagevermittlung; Verkaufsprospekte o.ä. werden nicht oder nicht rechtzeitig ausgehändigt; Informationspflichten werden nicht erfüllt; es bestehen Missstände bei Verhaltens- und Organisationspflichten, die sich auf den Vertrieb auswirken). **299**

Ähnlich wie im Prospektrecht besteht auch im Rahmen des KAGB die Möglichkeit der **Nutzung eines EU-Passes**. Vorbehaltlich einer Anzeige in Deutschland bei der BaFin dürfen Fondsanteile danach dann in Deutschland öffentlich angeboten werden, sofern sie über eine Zulassung in ihrem Herkunftsland verfügen. Näheres regeln § 310 KAGB für OGAWs und die §§ 320 ff. KAGB für AIFs. Natürlich ist dieser Weg auch in die umgekehrte Richtung nutzbar, wenn also deutsche OGAWs und AIFs im EU/EWR-Ausland angeboten werden sollen, vgl. die §§ 312 f., 331 ff. KAGB. **300**

IV. Aufsichtsrechtliche Sanktionen

Die aufsichtsrechtlichen Sanktionen beziehen sich auf die Verwaltung, die Verwahrung und den Vertrieb der Fonds bzw. der Fondsanteile. Insbesondere ist es nach § 339 Abs. 1 KAGB strafbar, ohne entsprechende Erlaubnis oder Registrierung einen KVG-Geschäftsbetrieb zu unterhalten. Dies wird mit Geldstrafe oder **Freiheitsstrafe von bis zu fünf Jahren** bestraft. In § 340 KAGB sind darüber hinaus eine Vielzahl von Tathandlungen normiert, die eine Ordnungswidrigkeit darstellen können. Je nach Tathandlung kommt es auf Fahrlässigkeit, Leichtfertigkeit oder Vorsatz an. Die Rechtsfolgen sind ähnlich strukturiert wie bei anderen kapitalmarktrechtlichen Gesetzen (z.B. WpPG, WpHG oder WpÜG). Für natürliche Personen gibt es gestaffelte **Geldbußen von bis zu fünf Millionen EUR**. Diese können bei juristischen Personen/Personenvereinigungen noch höher ausfallen, da über diesen Betragswert hinaus noch eine Geldbuße von gestaffelten Sätzen bis zu 10 % des jährlichen (Konzern-)Gesamtumsatzes verhängt **301** werden kann. Außerdem kann dann der wirtschaftliche Vorteil bis zur Höhe des Zweifachen des aus dem Verstoß gezogenen wirtschaftlichen Vorteils als Geldbuße abgeschöpft werden.

302 Das in den §§ 124, 125 WpHG bestehende sog. **Naming and Shaming** gibt es im KAGB ebenso und findet sich in § 341a KAGB. Ferner sind wie bereits bezeichnet (vgl. Rn. 293) aufsichtsrechtliche Anordnungen nach der Generalklausel des § 5 Abs. 6 KAGB oder Einstellung des Geschäftsbetriebs nach § 15 Abs. 2 Satz 1 Nr. 1 KAGB möglich.

Anhang

A. Wichtige Grundlagendefinitionen

Kapitalmarktrecht	Gesamtheit sämtlicher Normen und Grundsätze, welche die Emission, den öffentlichen Vertrieb und den Umlauf von Wertpapieren regeln und sowohl den Schutz der Kapitalanleger als auch den Funktionsschutz des Kapitalmarkts und der Wirtschaft zum Ziel haben.
Kapitalmarkt	Der Markt für Finanzinstrumente, an dem Angebot und Nachfrage bezogen auf Kapital aufeinander treffen.
Finanzinstrument	Finanzinstrumente sind Wertpapiere, Fondsanteile, Geldmarktinstrumente, Derivate bzw. Termingeschäfte, Emissionszertifikate, Rechte auf Zeichnung von Wertpapieren sowie Vermögensanlagen i.S.d. VermAnlG.
Wertpapier	Ein Wertpapier ist nach allgemeinem Verständnis ein in einer Urkunde verbrieftes Vermögensrecht, welches dann aus der Urkunde folgt.
Aktie	Die Aktie ist ein Wertpapier, das den Anteil an einer AG, SE oder KGaA verbrieft.

B. Aktuelle Rechtsprechung (2010–2020)

VGH Kassel v. 25.1.2010 – 6 A 2932/09	**Stimmrechtsmitteilungen/Öffentliches Übernahmerecht** Auch bei gesetzlicher Vertretungsmacht gelten die Stimmrechte als dem Meldepflichtigen anvertraut. Daher werden z.B. den Eltern als gesetzlichen Vertretern die Stimmrechte aus Aktien minderjähriger Kinder jeweils in voller Höhe nach § 34 Abs. 1 Satz 1 Nr. 6 WpHG zugerechnet.
BGH v. 22.3.2011 – XI ZR 33/10	**MiFID-Pflichten** Eine Bank muss bei der Anlageberatung vor der Abgabe einer Empfehlung die Risikobereitschaft des Anlegers erfragen, es sei denn, diese ist ihr aus einer langjährigen Geschäftsbeziehung oder dem bisherigen Anlageverhalten des Anlegers bereits bekannt. Die berufliche Qualifikation einer Mitarbeiterin des Anlegers als Diplom-Volkswirt lässt für sich allein weder den Schluss auf deren Kenntnis von den spezifischen Risiken des CMS Spread Ladder Swap-Vertrages zu, noch kann allein aus etwaigen vorhandenen Vorkenntnissen auf die konkrete Risikobereitschaft des Anlegers geschlossen werden. Bei einem so hochkomplexen Anlageprodukt wie dem CMS Spread Ladder SwapVertrag muss die Aufklärung gewährleisten, dass der Anleger im Hinblick auf das Risiko des Geschäfts im Wesentlichen den gleichen Kenntnis- und Wissensstand hat wie die ihn beratende Bank, weil ihm nur so eine eigenverantwortliche Entscheidung darüber möglich ist, ob er die ihm angebotene Zinswette annehmen will.
BVerwG v. 24.5.2011 – 7 C 6/10	**IFG-Klagen/Stimmrechtsmitteilungen** § 3 Nr. 1 lit. d) IFG (Kontroll- oder Aufsichtsaufgaben der Finanz-, Wettbewerbs- und Regulierungsbehörde) gibt der BaFin nicht das Recht, im Aufgabenfeld der Wertpapieraufsicht den Informationszugang generell zu verweigern.
BGH v. 19.7.2011 – II ZR 246/09	**Stimmrechtsmitteilungen/Öffentliches Übernahmerecht** Im Rahmen eines fremdnützigen Verwaltungstreuhandverhältnisses werden dem Treuhänder Stimmrechte eines Dritten, der sein Verhalten mit dem Treugeber abgestimmt hat, nicht nach § 34 Abs. 2 WpHG (damals: § 22 Abs. 2 WpHG a.F.) zugerechnet.
BGH v. 20.7.2011 – BGH 3 StR 506/10 (IKB)	**Marktmanipulation** Die Auslegung des Landgerichts, die Presseerklärung enthalte irreführende Angaben über die Betroffenheit der IKB AG und der Zweckgesellschaft „Rhineland Funding Capital Corporation“ (RFCC) von der Subprime-Krise, insbesondere zum Umfang der angekündigten Neubewertungen von verbrieften Kreditforderungen, ist unter Berücksichtigung des eingeschränkten revisionsrechtlichen Prüfungsmaßstabes nicht zu beanstanden. Rechtsfeh-

	lerfrei ist das Landgericht davon ausgegangen, dass ein verständiger Anleger die genannte Betroffenheit in Höhe eines einstelligen Millionenbetrages auf den Umfang der Wertpapiertranchen, die von den Ratingagenturen neu bewertet werden sollten, und nicht auf das Ausfallrisiko sowie die Auswirkungen auf den Ertrag der IKB AG bezog. Eine seriöse Aussage zu den Folgen einer Neubewertung war vor deren Ergebnissen überhaupt nicht möglich.
BGH v. 13.12.2011 – XI ZR 51/10 (IKB)	**Marktmanipulation/Ad hoc-Mitteilungen** Vorschriften, durch die Marktmanipulationen verboten werden (hier: § 20a WpHG a.F.), bezwecken in erster Linie, die Funktionsfähigkeit der Wertpapiermärkte zu gewährleisten und sind daher kein Schutzgesetz i.S.v. § 823 Abs. 2 BGB. Nach § 97 Abs. 1 WpHG (damals: § 37b Abs. 1 WpHG a.F.) kann ein Anleger wegen unterlassener Veröffentlichung einer Ad hoc-Mitteilung den Erwerbsschaden ersetzt verlangen, also Rückzahlung des Erwerbsentgelts Zug um Zug gegen Hingabe der erworbenen Finanzinstrumente. Die Darlegungs- und Beweislast dafür, dass die Finanzinstrumente wegen einer unterlassenen Ad hoc-Mitteilung erworben wurden, trägt der Anspruchsteller
BGH v. 15.12.2011 – I ZR 129/10 (Einkauf Aktuell)	**Stimmrechtsmitteilungen/Öffentliches Übernahmerecht** Auch i.S.d. der für eine Stimmrechtszurechnung relevanten Beherrschungsmöglichkeit ist der Abhängigkeitstatbestand nach § 17 AktG erfüllt, wenn ein rechtlich selbständiges Unternehmen aus seiner Sicht in eine Situation geraten ist, in der es der Möglichkeit einer Beherrschung durch ein anderes Unternehmen ausgesetzt ist. Dies wird nach § 17 Abs. 2 AktG vermutet, wenn ein Unternehmen im Mehrheitsbesitz eines anderen Unternehmens steht. Eine unter 50 % liegende Beteiligung kann in Verbindung mit weiteren verlässlichen Umständen rechtlicher oder tatsächlicher Art eine Abhängigkeit i.S.v. § 17 AktG begründen, wenn die abstrakte Möglichkeit einer beständigen und umfassenden gesellschaftsrechtlich vermittelten Einflussnahme besteht. Das kann auch dann der Fall sein, wenn die Hauptversammlungen einer AG aufgrund von Streubesitz erfahrungsgemäß so schlecht besucht sind, dass die unter 50 % liegende Beteiligung eines Großaktionärs regelmäßig ausreicht, um für einen längeren Zeitraum Beschlüsse mit einfacher Mehrheit durchzusetzen. Die Abhängigkeit kann ferner durch die Möglichkeit einer tatsächlichen Einflussnahme auf den Vorstand und seine Geschäftspolitik verstärkt werden, die ein Großaktionär bei einer Gesellschaft, an der überwiegend Klein- und Kleinstaktionäre beteiligt sind, in hohem Maße ausüben kann. Dies kommt insbesondere dann in Betracht, wenn der Großaktionär ein Mandat oder sogar mehrere Mandate im Aufsichtsrat besetzen kann.

OLG Frankfurt am Main v. 15.12.2011 – WpÜG 1/11	**Öffentliches Übernahmerecht** Auch nach Inkrafttreten der EU-Übernahmerichtlinie und des Übernahmerichtlinie-Umsetzungsgesetzes vermitteln die Vorschriften des WpÜG nach dessen § 4 Abs. 2 den Aktionären der Zielgesellschaft grds. keinen Drittschutz zur Erzwingung eines behördlichen Einschreitens der BaFin gegen einen Bieter.
EuGH v. 28.6.2012 – Rs. C-19/11 (Geltl/Daimler)	**Ad hoc-Mitteilungen** Nach Art. 1 Abs. 1 der Richtlinie 2003/124 ist eine Information dann als präzise anzusehen, wenn zwei kumulative Voraussetzungen erfüllt sind. Zum einen muss mit der Information eine Reihe von Umständen gemeint sein, die bereits existieren oder bei denen man mit hinreichender Wahrscheinlichkeit davon ausgehen kann, dass sie in Zukunft existieren werden, oder ein Ereignis, das bereits eingetreten ist oder mit hinreichender Wahrscheinlichkeit in Zukunft eintreten wird. Zum anderen muss sie spezifisch genug sein, dass sie einen Schluss auf die mögliche Auswirkung dieser Reihe von Umständen oder dieses Ereignisses auf die Kurse von Finanzinstrumenten oder damit verbundenen derivativen Finanzinstrumenten zulässt. Da die Begriffe „Reihe von Umständen“ und „Ereignis“ in dieser Richtlinie nicht definiert werden, ist auf ihren allgemeinen Sinn abzustellen. Ein Zwischenschritt eines zeitlich gestreckten Vorgangs kann selbst eine Reihe von Umständen oder ein Ereignis in dem diesen Begriffen im Allgemeinen zugeschriebenen Sinn darstellen.
BVerfG v. 11.7.2012 – 1 BvR 3142/07, 1 BvR 1569/08	**Delisting** (durch Neufassung des § 39 BörsG in 2015 aber weitestgehend irrelevant geworden) Der Widerruf der Börsenzulassung für den organisierten Markt auf Antrag des Emittenten berührt grds. nicht den Schutzbereich des Eigentumsgrundrechts des Aktionärs. Das für den Fall eines vollständigen Rückzugs von der Börse von den Fachgerichten (Macrotron-Rspr.) im Wege einer Gesamtanalogie verlangte, gerichtlich überprüfbare Pflichtangebot der Gesellschaft oder ihres Hauptaktionärs an die übrigen Aktionäre, deren Aktien zu erwerben, hält sich in den verfassungsrechtlichen Grenzen richterlicher Rechtsfortbildung (Art. 2 Abs. 1 i.V.m. Art. 20 Abs. 3 GG).
BGH v. 23.4.2013 – II ZB 7/09	**Ad hoc-Mitteilungen** Bei einem zeitlich gestreckten Vorgang wie der Herbeiführung eines Aufsichtsratsbeschlusses über den Wechsel im Amt des Vorstandsvorsitzenden kann jeder Zwischenschritt – auch bereits die Kundgabe der Absicht des amtierenden Vorstandsvorsitzenden gegenüber dem Aufsichtsratsvorsitzenden, vor Ablauf der Amtszeit aus dem Amt zu scheiden – eine Insiderinformation über einen bereits eingetretenen, nicht öffentlich bekannten Umstand sein.

	Der Zwischenschritt kann eine Insiderinformation über einen künftigen Umstand – hier: Zustimmung des Aufsichtsrats oder Wechsel im Amt – sein, wenn nach den Regeln der allgemeinen Erfahrung eher mit dem Eintritt des künftigen Umstands als mit seinem Ausbleiben zu rechnen ist. Die Emittentin macht sich nicht nach § 97 WpHG (damals: 37b WpHG a.F.) schadensersatzpflichtig, wenn sie sich bei Fehlen einer bewussten Entscheidung für eine Befreiung von der Veröffentlichungspflicht entschieden hätte und die weiteren Voraussetzungen einer Selbstbefreiung tatsächlich vorliegen.
BGH v. 11.6.2013 – II ZR 80/12 (BKN)	**Öffentliches Übernahmerecht** Die übrigen Aktionäre haben keinen Anspruch auf eine Gegenleistung, wenn ein Kontrollerwerber entgegen § 35 Abs. 2 WpÜG kein Pflichtangebot veröffentlicht. Zinsen werden nach § 38 Nr. 2 WpÜG nur geschuldet, wenn und soweit ein Pflichtangebot – verspätet – veröffentlicht wird. § 35 Abs. 2 WpÜG ist kein Schutzgesetz i.S.d. § 823 Abs. 2 BGB.
OLG Düsseldorf v. 13.6.2013 – I-6 U 148/12, 6 U 148/12	**Stimmrechtsmitteilungen/Öffentliches Übernahmerecht** Sinn und Zweck der Zurechnungsvorschriften in § 34 WpHG (damals: § 22 WpHG a.F.) ist es, dem Meldepflichtigen all diejenigen Stimmrechte zuzurechnen, auf deren Ausübung er bei abstrakter Betrachtung entweder von Rechts wegen („Tochterunternehmen") oder faktisch Einfluss hat oder haben kann („abgestimmtes Verhalten" bzw. sog. „Acting in Concert"). § 34WpHG soll sicherstellen, dass in der Markt-Öffentlichkeit ein zutreffendes Bild über die rechtlichen und tatsächlichen Stimm-, Einfluss- und Machtverhältnisse bei dem Emittenten entsteht.
BGH v. 8.10.2013 – II ZB 26/12 (Frosta)	**Delisting** (durch Neufassung des § 39 BörsG in 2015 aber weitestgehend irrelevant geworden) Bei einem Widerruf der Zulassung der Aktie zum Handel im organisierten Markt auf Veranlassung der Gesellschaft haben die Aktionäre keinen Anspruch auf eine Barabfindung. Es bedarf weder eines Beschlusses der Hauptversammlung noch eines Pflichtangebots.
BGH v. 15.7.2014 – II ZR 375/13	**Stimmrechtsmitteilungen/Öffentliches Übernahmerecht** Das Abspaltungsverbot und die Treupflicht des Aktionärs gegenüber der Gesellschaft stehen einer auf die Bindung im Einzelfall beschränkten Stimmbindung des Aktionärs gegenüber Dritten nicht generell entgegen.
BGH v. 29.7.2014 – II ZR 353/12 (Deutsche Bank/Postbank)	**Stimmrechtsmitteilungen/Öffentliches Übernahmerecht** Ist die vom Bieter im Rahmen eines Übernahmeangebots nach § 29 Abs. 1 WpÜG vorgesehene Gegenleistung nicht angemessen i.S.d. § 31 Abs. 1 Satz 1 WpÜG, so haben die Aktionäre, die das Übernahmeangebot angenommen haben, einen Anspruch gegen den Bieter auf Zahlung der angemessenen Gegenleistung.

	Die Referenzzeiträume der §§ 4, 5 WpÜG-AngVO verlängern sich entsprechend, wenn der Bieter bereits vor der Veröffentlichung seines Übernahmeangebots 30 % oder mehr der Stimmrechte der Zielgesellschaft und damit die Kontrolle i.S.d. § 29 Abs. 2 WpÜG erwirbt und es dennoch unterlässt, ein Pflichtangebot – oder ein als freiwilliges Übernahmeangebot nach § 29 Abs. 1 WpÜG bezeichnetes Angebot – innerhalb der Frist des § 35 Abs. 2 Satz 1 WpÜG zu veröffentlichen. Eine Zurechnung von Stimmrechten nach § 30 Abs. 1 Satz 1 Nr. 2 WpÜG setzt voraus, dass der Bieter die wesentlichen Risiken und Chancen aus den betreffenden Aktien trägt und die Möglichkeit hat, auf die Stimmrechtsausübung des Eigentümers der Aktien Einfluss zu nehmen. Eine Zurechnung von Stimmrechten nach § 30 Abs. 1 Satz 1 Nr. 5 WpÜG setzt voraus, dass der Bieter das Eigentum an den entsprechenden Aktien durch eine einseitige Willenserklärung ohne Mitwirkung des Vertragspartners oder eines Dritten erwerben kann; ein schuldrechtlicher Anspruch auf Übereignung der Aktien reicht dafür nicht aus.
OLG Frankfurt am Main v. 15.9.2014 – WpÜG 3/11	**IFG-Klagen/Öffentliches Übernahmerecht** Ein Aktionär einer Zielgesellschaft, der sich mit einem Widerspruch gegen den einem Bieter von der BaFin erteilten Gestattungsbescheid zur Veröffentlichung eines freiwilligen Angebotes wenden und eine Verpflichtung der BaFin zur Anordnung an den Bieter zur Abgabe eines höheren Pflichtangebotes erreichen will, hat keinen Anspruch auf Einsicht in die Akten der BaFin nach § 29 VwVfG, da es an einer Beteiligtenstellung nach § 13 VwVfG fehlt. Auch ein Anspruch auf ermessensfehlerfreie Entscheidung über die Akteneinsicht besteht nicht, weil ein berechtigtes Interesse mangels Drittschutzwirkung der Vorschriften des WpÜG und Fehlens eines unmittelbaren Eingriffs in das Eigentumsrecht des Art. 14 GG nicht gegeben ist. Ob ein Anspruch auf Akteneinsicht nach dem IFG besteht, ist im Rechtsweg vor den Verwaltungsgerichten zu entscheiden.
EuGH v. 11.3.2015 – Rs. C-628/13 (Lafonta)	**Insiderhandel/Marktmanipulation** Es ist davon auszugehen, dass es für eine präzise Information ausreicht, dass die Information hinreichend konkret oder spezifisch ist, um als Grundlage für die Beurteilung dienen zu können, ob die Reihe von Umständen oder das Ereignis, die oder das Gegenstand der Information sind, eine Auswirkung auf die Kurse der Finanzinstrumente haben kann, auf die sie sich bezieht. Daher schließt diese Bestimmung vom Begriff „Insider-Information" nur vage oder allgemeine Informationen aus, die keine Schlussfolgerung hinsichtlich ihrer möglichen Auswirkung auf den Kurs der betreffenden Finanzinstrumente zulassen.

OLG Stuttgart v. 26.3.2015 – 28 O 183/13	**Marktmanipulation** Bei Art. 15 MAR (damals: § 20a WpHG) handelt es sich nicht um ein Schutzgesetz i.S. v. § 823 Abs. 2 BGB. § 37b und § 37c WpHG betreffen die Haftung des Emittenten eines Finanzinstruments und sind nicht im Wege der Analogie auf Fälle auszudehnen, in denen eine Haftung des Informationsgebers für Transaktionen mit der Aktie eines dritten Unternehmens geltend gemacht wird. Zur Begründung der Sittenwidrigkeit im Rahmen eines Anspruchs aus § 826 BGB reicht der bloße Verstoß gegen eine gesetzliche Vorschrift nicht aus. Hinzutreten muss vielmehr eine besondere Verwerflichkeit des Verhaltens, die sich aus dem verfolgten Ziel, den eingesetzten Mitteln, der zu Tage tretenden Gesinnung oder den eingetretenen Folgen ergeben kann.
VG Düsseldorf v. 7.8.2015 – 2 U 102/14	**Delisting** Gegen den Widerruf der Zulassung von Wertpapieren zum regulierten Markt einer Börse auf Antrag des Emittenten können Anleger verwaltungsgerichtlich vorgehen. § 39 Abs. 2 Satz 2 BörsG vermittelt ihnen ein subjektiv-öfffentliches Recht.
OLG Frankfurt am Main v. 30.11.2016 – 23 Kap 1/06 (Deutsche Telekom)	**KapMuG-Verfahren/Prospektrecht** Selbst für einen bilanzkundigen Anleger, welcher eine sorgfältige und eingehende Lektüre des gesamten Prospekts der Musterbeklagten vorgenommen hat, war der festgestellte Prospektfehler nicht ersichtlich. Der Prospekthaftungsanspruch nach § 45 BörsG setzt nicht voraus, dass der Erwerber Kenntnis von der Existenz des Prospekts hat.
BGH v. 10.1.2017 – 5 StR 532/16	**Insiderhandel/Marktmanipulation** Durch die Neufassung von § 38 Abs. 3 Nr. 1, § 39 Abs. 3d Nr. 2 WpHG zum 02.07.2016 ist es zu keiner Lücke in der Ahndbarkeit von Insiderhandel und Marktmanipulation gekommen.
BGH v. 27.6.2017 – VI ZR 424/16 (vgl. auch BGH v. 16.5.2017 – VI ZR 266/16)	**Nationales Kapitalmarktrecht (Finanzdienstleistungsinstitute)** Hält der Täter des § 54 KWG seine Geschäfte für rechtlich zulässig und nicht erlaubnispflichtig, so unterliegt er aus strafrechtlicher Sicht einem Verbotsirrtum i.S.d. § 17 Abs. 1 StGB. Ist dieser unvermeidbar, so scheidet eine Haftung nach § 823 Abs. 2 BGB aus. Steht fest, dass eine ausreichende Erkundigung des einem Verbotsirrtum unterliegenden Täters bei der zuständigen Aufsichtsbehörde dessen Fehlvorstellung bestätigt hätte, so scheidet seine Haftung nach § 823 Abs. 2 BGB i.V.m. dem betreffenden Strafgesetz infolge eines unvermeidbaren Verbotsirrtums auch dann aus, wenn der Täter eine entsprechende Erkundigung nicht eingeholt hat.

LG Köln v. 20.10.2017 – 82 O 11/15	**Stimmrechtsmitteilungen/Öffentliches Übernahmerecht** Bei Stimmrechtsvereinbarungen ist für die Zurechnung von Stimmrechten nach § 30 Abs. 2 Satz 2 WpÜG keine dauerhafte und erhebliche Änderung der unternehmerischen Ausrichtung der Zielgesellschaft erforderlich. Bei der Bestimmung einer angemessenen Gegenleistung verlängert sich der Referenzzeitraum rückwirkend, wenn der Bieter die Kontrolle über die Zielgesellschaft bereits vor Veröffentlichung des freiwilligen Übernahmeangebots ausgeübt hat.
LG Köln v. 21.12.2017 – 30 O 23/17 (vgl. auch LG München I v. 03.04.2017 – 28 O 2272/16)	**Prospektrecht** Nur dann, wenn das in einem Prospekt gegebene Gesamtbild von einem geschlossenen Fonds unzutreffend ist, ist der Prospekt unrichtig. Der Einwand der geschäftsführenden Gründungskomplementärin, wonach sie sich auf die Richtigkeit und Vollständigkeit der Angaben in dem von der BaFin geprüften Prospekt verlassen dürfen, verfängt nicht.
BGH v. 7.11.2017 – II ZR 37/16 (Celesio)	**Öffentliches Übernahmerecht** Bei der Ermittlung der angemessenen Gegenleistung für ein Übernahmeangebot sind grds. auch die vom Bieter für den Erwerb von Wandelschuldverschreibungen gezahlten Preise zu berücksichtigen.
OLG Frankfurt am Main v. 8.1.2018 – WpÜG 1/17	**Öffentliches Übernahmerecht** Im Zusammenhang mit einer von einer Aktionärin als zu niedrig erachteten, von der BaFin gestatteten, veröffentlichten Übernahmeangebots der Bieterin wird an der ständigen Rspr. des Senats festgehalten, wonach die Vorschriften des WpÜG, also auch die im Verfahren von der Beschwerdeführerin konkret zur Begründung ihrer Ansprüche in Bezug genommenen §§ 15 Abs. 1 Nr. 2, 31, 35 WpÜG, grds. keine drittschützende Wirkung entfalten, mit der Folge, dass sie die von der Beschwerdeführerin begehrten Verpflichtungen der BaFin (Überprüfung und Rücknahme des Gestattungsbescheids, Verpflichtung der Bieterin auf Veröffentlichung eines Pflichtangebots mit angemessener Gegenleistung, Hinzuziehung der Beschwerdeführerin zum Gestattungsverfahren, Anhörung der Beschwerdeführerin im Gestattungsverfahren) nicht begründen können,
EuGH v. 19.6.2018 – C-15/16 (BaFin/Baumeister)	**IFG-Klagen** Als vertrauliche Informationen (Wahrung des Berufsgeheimnisses) sind weder alle Informationen, die das überwachte Unternehmen betreffen und von ihm an die zuständige Behörde übermittelt wurden, noch alle in der Überwachungsakte enthaltenen Äußerungen dieser Behörde anzusehen, einschließlich ihrer Korrespondenz mit anderen Stellen. Als vertraulich einzustufen sind aber die den Behörden vorliegenden Informa-

	tionen, die erstens nicht öffentlich zugänglich sind und bei deren Weitergabe zweitens die Gefahr einer Beeinträchtigung der Interessen der natürlichen oder juristischen Person, die sie geliefert hat, oder der Interessen Dritter oder des ordnungsgemäßen Funktionierens der Tätigkeit von Wertpapierfirmen bestünde. Die Vertraulichkeit von Informationen ist zu dem Zeitpunkt zu beurteilen, zu dem diese Behörden ihre Prüfung im Rahmen der Entscheidung über den Antrag auf Zugang zu den betreffenden Informationen vornehmen müssen, unabhängig davon, wie sie bei ihrer Übermittlung an diese Behörden einzustufen waren. Die den Behörden vorliegenden Informationen, die möglicherweise Geschäftsgeheimnisse waren, aber mindestens fünf Jahre alt sind, können aufgrund des Zeitablaufs grds. als nicht mehr aktuell angesehen werden und sind deshalb als nicht mehr vertraulich anzusehen, es sei denn, die Partei, die sich auf die Vertraulichkeit beruft, weist ausnahmsweise nach, dass die Informationen trotz ihres Alters immer noch wesentliche Bestandteile ihrer eigenen wirtschaftlichen Stellung oder der von betroffenen Dritten sind.
BGH v. 10.7.2018 – II ZB 24/14	**KapMuG-Verfahren/Ad hoc-Mitteilungen/Verbotener Insiderhandel** Für Zwecke des § 97 WpHG (damals: § 37b WpHG a.F.) wird festgestellt, dass der Beschluss des Aufsichtsrats der Musterbeklagten zur Erhebung einer Schadensersatzklage gegen den Altvorstand eine Insiderinformation war und dass die Voraussetzung einer Selbstbefreiung nicht vorlagen.
BGH v. 8.8.2018 – 2 StR 210/16	**Marktmanipulation** Die Auslegung der §§ 38, 39 WpHG in der Fassung des 1. FiMaNoG ergibt, dass das Verbot der Marktmanipulation in Fällen, in denen die Tathandlung einen Einwirkungserfolg in dem dort genannten Sinne herbeigeführt hat, auch am 02.07.2016 unter Strafe gestellt war. Dass der Gesetzgeber die MAR mit dem 1. FiMaNoG im Inland bereits zum 02.07.2016 und damit vorzeitig in Kraft gesetzt hat, verstößt nicht gegen das Bestimmtheitsgebot des Art. 103 Abs. 2 GG. Der nationale Gesetzgeber hatte auch unionsrechtlich die Kompetenz, die Vorschriften der MAR durch eine nationale Regelung vorzeitig für anwendbar zu erklären. Die Übergangsregelung des § 52 Abs. 1 WpHG bzw. § 137 Abs. 1 WpHG, die für Straftatbestände zwingend die Anwendung des Tatzeitrechts anordnet, begegnet weder verfassungsrechtlichen noch europarechtlichen Bedenken.

BGH v. 25.9.2018 – II ZR 190/17 (vgl. auch OLG Stuttgart v. 12.06.2019 – 20 U 1/16)	**Stimmrechtsmitteilungen/Öffentliches Übernahmerecht** Von der Änderung der unternehmerischen Ausrichtung des Emittenten i.S.d. § 34 Abs. 2 Satz 2 Fall 2 WpHG (damals: § 22 Abs. 2 Satz 2 Fall 2 WpHG a.F.) wird weder die erstmalige Bestimmung der Unternehmenspolitik noch eine Abrede mit dem Ziel, eine bestehende unternehmerische Ausrichtung und damit die jeweils bestehende Unternehmenspolitik beizubehalten, erfasst. Das Vorliegen eines Einzelfalls in § 34 Abs. 2 Satz 1 Halbsatz 2 WpHG (§ 22 Abs. 2 Satz 1 Halbsatz 2 WpHG a.F.) ist rein formal zu bestimmen.
KG Berlin v. 25.9.2018 – (4) 161 Ss 28/18 (35/18)	**Nationales Kapitalmarktrecht (FinTechs)** Bitcoins sind keine Rechnungseinheit i.S.d. KWG.
LG Stuttgart v. 24.10.2018 – 22 O 101/16	**Ad hoc-Mitteilungen** Über § 97 WpHG (damals: § 37b WpHG a.F.) ist der Kursdifferenzschaden zu ersetzen. Nach § 97 Abs. 1 Nr. WpHG (damals: § 37b Abs. 1 Nr. 1 WpHG a.F.) kann nur derjenige Anleger einen Schadensersatzanspruch geltend machen, der die Papiere zu einem Zeitpunkt erworben hat, zu dem die Veröffentlichung der Insiderinformation bereits hätte erfolgen müssen, sofern er bei Bekanntwerden der Information noch Inhaber der Papiere ist. Für den Begriff der Inhaberschaft ist auf das jeweilige schuldrechtliche Verpflichtungsgeschäft abzustellen; auf das dingliche Vollzugsgeschäft (clearing) kommt es nicht an. § 97 Abs. 1 Nr. 2 WpHG (damals: § 37b Abs. 1 Nr. 2 WpHG a.F.) erfasst nur positiv unterlassene, nicht hingegen negativ unterlassene Ad-hoc-Mitteilungen. Der Anleger muss darlegen und beweisen, dass der Kurs des Wertpapiers zum Kaufzeitpunkt infolge der Informationspflichtverletzung höher war, als er ohne die Informationspflichtverletzung gewesen wäre. Der Anleger muss dabei dagegen im Falle der Geltendmachung des Kursdifferenzschadens nicht nachweisen, dass sein Kaufentschluss auf der Informationspflichtverletzung beruht. Es ist für die Schadensschätzung nicht erforderlich, dass ein Anleger einen konkreten EUR-Betrag angeben muss, um den er die Aktie zu teuer erworben hat.
VG Frankfurt am Main v. 29.3.2019 – 7 L 704/19.F	**Leerverkäufe** Für die Anordnung der aufschiebenden Wirkung eines Widerspruchs gegen eine Allgemeinverfügung ist grds. ein Rechtsschutzbedürfnis erforderlich. Das Rechtsschutzbedürfnis an einer gerichtlichen Sachentscheidung fehlt, wenn das Rechtsmittel für den Rechtsmittelführer offensichtlich keinerlei rechtlichen oder tatsächlichen Vorteil bringen kann. Wird mit

	dem Widerspruch die Abwehr einer Allgemeinverfügung begehrt, mit der die Begründung von Netto-Leerverkaufspositionen sowie die Erhöhung einer bestehenden Netto-Leerverkaufsposition in Bezug auf bestimmte ausgegebene Aktien untersagt wird, so besteht regelmäßig kein Rechtschutzbedürfnis, wenn der Antragsteller nicht über ein Wertpapierdepot verfügt. Dabei ist unerheblich, dass jederzeit die Möglichkeit besteht, ein solches zu begründen.
BVerwG v. 10.4.2019 – 7 C 22/18 und 7 C 23/18	**IFG-Klagen** § 9 Abs. 1 KWG (sowie die entsprechenden Komplementärnormen z.B. aus dem WpHG und dem WpÜG) schützt auch das aufsichtsrechtliche Geheimnis der Finanzaufsichtsbehörden. Das aufsichtsrechtliche Geheimnis steht nach § 3 Nr. 4 IFG einem Informationszugang bereits dann entgegen, wenn durch allgemeine Überlegungen aufgezeigt wird, dass die reale Möglichkeit einer Beeinträchtigung der Funktionsfähigkeit der Finanzaufsicht gegeben ist. Die der BaFin übermittelten Geschäftsgeheimnisse der beaufsichtigten Unternehmen sind nach Ablauf von fünf Jahren typischerweise nicht mehr aktuell und unterliegen nicht mehr dem Berufsgeheimnis. Ob dieser Zeitraum verstrichen ist, bestimmt sich im Falle der Ablehnung eines Informationszugangsantrags im nachfolgenden gerichtlichen Verfahren, wie in der Regel bei Verpflichtungsklagen, nach dem Zeitpunkt der letzten mündlichen Verhandlung vor dem Tatsachengericht. § 7 Abs. 2 Satz 1 IFG (unverhältnismäßiger Verwaltungsaufwand) ist bei Zugang zu BaFin-Unterlagen auch dann anwendbar, wenn einem beschränkten Antrag auf Informationszugang Versagungsgründe nach §§ 3 bis 6 IFG nicht entgegenstehen.
VGH Kassel v. 19.9.2019 – 6 B 860/19	**Regelpublizität** Weder die Bekanntmachung nach § 124 Abs. 1 WpHG noch die dieser Bekanntmachung nach Maßgabe des § 124 Abs. 3 WpHG regelmäßig vorauszugehende Entscheidung, ob die Bekanntgabe ohne Nennung personenbezogener Daten zu erfolgen hat oder ob die Bekanntmachung der Entscheidung aufzuschieben ist, sind als Verwaltungsakte i.S.d.§ 35 Satz 1 VwVfG anzusehen. Folge davon ist Eilrechtsschutz gegen das Handeln der BaFin nach § 123 VwGO und nicht nach § 80 Abs. 5 VwGO.
OLG Frankfurt am Main v. 18.11.2019 – WpÜG 3/19 (Osram)	**Öffentliches Übernahmerecht** Weil die von der BaFin zu beachtenden Regelungen des WpÜG grds. nicht drittschützend sind, kann der Konzernbetriebsrat nicht aus eigenem Recht etwaige Verletzungen geltend machen.

BVerwG v. 30.1.2020 – 10 C 18/19 – 6 A 1293/13	**IFG-Klagen** Das von § 9 Abs. 1 KWG geschützte Berufsgeheimnis der Finanzaufsichtsbehörden steht auch einem verfassungsunmittelbaren presserechtlichen Auskunftsanspruch entgegen.
VGH Kassel v. 15.4.2020	**IFG-Klagen** Der Verschwiegenheitspflicht des § 9 Abs. 1 KWG unterliegen nicht nur Geschäfts- und Betriebsgeheimnisse, sondern allgemein Tatsachen, deren Geheimhaltung im Interesse des Instituts oder eines Dritten liegt. Geschäftsgeheimnisse sind nach einem Zeitraum von fünf Jahren typischerweise nicht mehr aktuell und deshalb nicht mehr als vertraulich anzusehen. § 9 Abs. 1 KWG schützt über seinen Wortlaut hinaus Angaben und Informationen, deren Geheimhaltung allein im Interesse der Finanzaufsicht liegt.

C. Schemata typische Anspruchsgrundlagen

I. IFG-Klage

1. Zulässigkeit

a) Eröffnung des Verwaltungsrechtswegs, § 40 Abs. 1 Satz 1 VwGO

Streitentscheidende Normen des IFG gehören zum öffentlichen Recht, daher ist der Verwaltungsrechtsweg eröffnet. Diese Normen zählen auch nicht zum Verfassungsrecht. Zudem ist keine abdrängende Spezialzuweisung erkennbar.

Somit ist der Verwaltungsrechtsweg eröffnet.

b) Statthafte Klageart

Die statthafte Klageart richtet sich nach dem Klagebegehren, § 88 VwGO. Hier ist genau darauf zu schauen, wie der (zumeist anwaltlich vertretene) Kläger sein Klagebegehren formuliert hat. Womöglich liegt nämlich z.B. eher ein Akteneinsichtsbegehren nach § 29 VwVfG vor. Bei unklarer Formulierung wäre zunächst auszulegen.

Da die BaFin vor Herausgabe der begehrten Informationen förmlich i.S. eines Verwaltungsakts nach § 35 VwVfG entscheiden muss, kann es sich bei der statthaften Klageart nur um eine Verpflichtungsklage handeln.

c) Klagebefugnis

Nach § 42 Abs. 2 VwGO ist eine Klagebefugnis erforderlich. Diese liegt dann vor, wenn die Möglichkeit besteht, dass der Kläger einen Anspruch auf Informationszugang nach § 1 Abs. 1 Satz 1 IFG hat. Dies ist regelmäßig der Fall, da kein besonderer Bezug zur begehrten Information wie etwa Verfahrensbeteiligung oder wirtschaftliche Betroffenheit vorliegen muss.

d) Vorverfahren

Der Kläger muss nach den §§ 68 Abs. 2 i.V.m. Abs. 1 Satz 1 VwGO, 9 Abs. 4 Satz 2 IFG zuvor erfolglos ein Vorverfahren durchlaufen haben. Regelmäßig stellt der Kläger zuerst einen Antrag auf umfassenden Informationszugang, den die BaFin ganz oder teilweise ablehnt, woraufhin sie diese Ablehnung dann so gut wie immer auch im Widerspruchsverfahren aufrechterhält.

e) Richtiger Klagegegner

Richtiger Klagegegner wäre nach § 78 Abs. 1 Nr. 1 VwGO der Bund als Rechtsträger der BaFin.

f) Klagefrist

Die Verpflichtungsklage muss nach § 74 Abs. 2 i.V.m. Abs. 1 Satz 1 VwGO innerhalb eines Monats nach ordnungsgemäßer Zustellung des Widerspruchsbescheids erhoben werden.

2. Begründetheit

Die Verpflichtungsklage ist begründet, wenn die Ablehnung des Informationszugangs in Gestalt des Widerspruchsbescheids rechtswidrig war, der Kläger dadurch in seinen Rechten verletzt wurde und die Sache spruchreif ist (vgl. § 113 Abs. 5 Satz 1 VwGO). Dies ist letztlich dann der Fall, wenn dem Kläger der Anspruch auf Informationszugang zusteht.

a) Anspruchsgrundlage

Anspruchsgrundlage ist § 1 Abs. 1 Satz 1 IFG. Danach hat jeder nach Maßgabe dieses Gesetzes gegenüber den Behörden des Bundes einen Anspruch auf Zugang zu amtlichen Informationen.

b) Formelle Anspruchsvoraussetzungen

Der Kläger müsste zunächst bei der BaFin einen Antrag auf Informationszugang gestellt haben.

c) Materielle Anspruchsvoraussetzungen

Der Kläger wird zunächst als jeder zu verstehen und damit tauglicher Anspruchsberechtigter sein.

Weiterhin müsste es sich bei den begehrten Informationen um amtlichen Zwecken dienende Aufzeichnungen i.S.d. § 2 Nr. 1 IFG und damit um amtliche Informationen i.S.d. § 1 Abs. 1 IFG handeln.

Schließlich müsste die BaFin anspruchsverpflichtet sein, d.h. es müsste um amtliche Informationen aus ihrem Bereich gehen.

d) Kein Ausschluss des Anspruchs

Der Anspruch dürfte nicht ausgeschlossen sein. Dabei wird die BaFin insbesondere versuchen, mit dem sog. aufsichtlichen Geheimnis nach § 3 Nr. 4 IFG und dem Schutz von Betriebs- und Geschäftsgeheimnissen nach § 6 IFG zu argumentieren. Mittelbar wird auch auf die speziellen Verschwiegenheitspflichten etwa aus dem KWG, dem WpHG oder dem WpÜG Bezug genommen werden.

II. Prospekthaftung

Zu unterscheiden ist zwar nach bürgerlich-rechtlicher Prospekthaftung als c.i.c.-Haftung und spezialgesetzlicher Prospekthaftung etwa nach dem WpPG (oder dem KAGB/VermAnlG), tatsächlich kommt es heute fast ausschließlich auf die spezialgesetzliche Prospekthaftung an. Daher wird exemplarisch der wichtigste Anspruch nach den §§ 8 ff. WpPG für fehlerhafte Prospekte abgehandelt. Die Haftung für fehlende Prospekte bestimmt sich nach § 14 WpPG. Diejenige für fehlerhafte oder fehlende Wertpapier-Informationsblätter nach den §§ 11, 15 WpPG. Die spezialgesetzliche Prospekthaftung nach dem KAGB/VermAnlG ist ähnlich strukturiert.

1. Anspruchsverpflichtete

§ 8 WpPG legt die Prospektverantwortlichen und damit den Haftungskreis fest. Verantwortlich für den Prospektinhalt (und dessen Richtigkeit) sind mindestens der Anbieter, der Emittent, der Zulassungsantragsteller oder der Garantiegeber. Weitere Anspruchsverpflichtete nach § 9 Abs. 1 Satz 1 Nr. 2 WpPG sind auch die Prospektveranlasser, untechnisch gesprochen also die Hintermänner des Emittenten, die in irgendeiner Form für die Konzeption des Prospekts und damit auch für den Vertrieb durch ihren maßgeblichen Einfluss zumindest mitverantwortlich sind.

2. Anspruchsberechtigte

Anspruchsberechtigt sind nach § 9 Abs. 1 WpPG die Erwerber derjenigen Wertpapiere, welche auf Grund des Prospekts zum Börsenhandel zugelassen sind, in dem für die Beurteilung der Wertpapiere wesentliche Angaben unrichtig oder unvollständig sind, sofern das Erwerbsgeschäft nach Veröffentlichung des Prospekts und innerhalb von sechs Monaten nach erstmaliger Einführung der Wertpapiere abgeschlossen wurde. Entsprechendes gilt nach § 10 WpPG, sofern es um einen Prospekt geht, der nicht Grundlage für die Zulassung von Wertpapieren zum Handel an einer inländischen Börse ist.

3. Fehlerhaftigkeit des Prospekts

Nach den §§ 9 Abs. 1, 10 WpPG müssten sodann wesentliche Angaben des Prospekts unrichtig oder unvollständig sein.

Die Rspr. hat bereits zu den Vorgängernormen §§ 44, 45 BörsG a.F. und §§ 21 ff. WpPG a.F. festgestellt, dass es sich bei den Angaben nicht nur um Tatsachen, sondern auch um Werturteile und Prognosen mit Tatsachengrundlage handeln kann.

Unrichtig sind Angaben des Prospekts, wenn diese nicht der Realität entsprechen. Dabei kann es sich auch dann um unrichtige Angaben handeln, wenn zwar die einzelnen Angaben per se der Realität entsprechen, jedoch hierdurch in der Gesamtschau ein unrichtiges Bild etwa des Emittenten i.S. eines dann falschen Gesamteindrucks gezeichnet wird.

Von Unvollständigkeit ist demgegenüber auszugehen, wenn wesentliche Angaben wie insbesondere Pflichtangaben nach Art. 6 und 13 ff. Prospekt-VO nicht im Prospekt enthalten sind.

Ob Unrichtigkeit oder Unvollständigkeit vorliegt, ist dabei anhand des Horizonts eines durchschnittlichen Anlegers zu bestimmen.

4. Haftungsbegründende Kausalität

Weiterhin müsste der fehlerhafte Prospekt nach § 12 Abs. 2 Nr. 1 WpPG kausal für den Erwerb der unterlegten Wertpapiere gewesen sein.

5. Verschulden

Schließlich müsste der Anspruchsverpflichtete nach § 12 Abs. 1 WpPG die Unrichtigkeit oder Unvollständigkeit des Prospekts gekannt oder grob fahrlässig nicht gekannt haben.

6. Kein sonstiger Haftungsausschluss

Auch aus sonstigen Gründen dürfte die Haftung nicht ausgeschlossen sein. Dies ist etwa nach § 12 Abs. 2 Nr. 2 WpPG bei einem Sachverhalt der Fall, bei dem unrichtige oder unvollständige Angaben im Prospekt enthalten sind, diese aber nicht zu einer Minderung des Börsenpreises der Wertpapiere beigetragen haben. Ebenso ist die Haftung ausgeschlossen, wenn der Erwerber nach § 12 Abs. 2 Nr. 3 WpPG die Unrichtigkeit oder Unvollständigkeit der Angaben des Prospekts bei dem Erwerb kannte. Weitere Haftungsausschlüsse liegen vor, wenn unrichtige oder unvollständige Angaben mit einer entsprechenden Veröffentlichung berichtigt wurden (§ 12 Abs. 2 Nr. 4 WpPG) oder sich letztlich alleine in einer Zusammenfassung manifestieren (§ 12 Abs. 2 Nr. 5 WpPG).

7. Rechtsfolgen

Der Erwerber/Anspruchsberechtigte kann nach § 9 Abs. 1 Satz 1 WpPG vom Anspruchsverpflichteten die Übernahme der Wertpapiere gegen Erstattung des Erwerbspreises, soweit dieser den ersten Ausgabepreis der Wertpapiere nicht überschreitet, und die mit dem Erwerb verbundenen üblichen Kosten verlangen, sofern das Erwerbsgeschäft nach Veröffentlichung des Prospekts und innerhalb von sechs Monaten nach erstmaliger Einführung der Wertpapiere abgeschlossen wurde.

III. Haftung für die Angebotsunterlage

Ähnlich wie die Prospekthaftung ist die Haftung für die Angebotsunterlagen nach § 12 WpÜG aufgebaut. Dieser Anspruch wird sehr selten geltend gemacht. Häufiger sind Top Up-Klagen von Aktionären, die das Angebot auf Basis der Angebotsunterlage angenommen haben, gegen den Bieter auf Nachzahlung der dann höher anzusetzenden Gegenleistung. Aktionäre, die das Angebot nicht angenommen haben, können bis dato keine Ansprüche geltend machen. Im Vordringen befindlich ist allerdings eine Auffassung in der Lit., wonach solche Aktionäre dann womöglich eine c.i.c.-Haftung gegen den Bieter beanspruchen können.

1. Anspruchsverpflichtete

Anspruchsverpflichtete sind nach § 12 Abs. 1 Nr. 1 WpÜG diejenigen Personen, die für die Angebotsunterlage die Verantwortung übernommen haben, faktisch also die Prospektverantwortlichen, da die Angebotsunterlage eine Art Prospekt ist. Ferner sind anspruchsverpflichtet nach § 12 Abs. 1 Nr. 1 WpÜG auch diejenigen Personen, von denen der Erlass der Angebotsunterlage ausgeht. Faktisch also wieder die sämtlichen Prospektveranlasser.

2. Anspruchsberechtigte

Anspruchsberechtigt sind nach § 12 Abs. 1 WpÜG diejenigen Personen, die das Angebot angenommen haben oder deren Aktien dem Bieter nach § 39a übertragen worden sind.

3. Fehlerhaftigkeit der Angebotsunterlage

Die Angebotsunterlage müsste ferner fehlerhaft sein. Eine Angebotsunterlage ist nach § 12 Abs. 1 WpÜG dann fehlerhaft, wenn für die Beurteilung des Angebots wesentliche Angaben der Angebotsunterlage unrichtig oder unvollständig sind. Was für die Beurteilung des Angebots wesentliche Angaben sind, ist dabei nicht immer schematisch bestimmbar und hängt damit vom Einzelfall ab. Jedenfalls wird zumindest der Pflichtinhalt der Angebotsunterlage erfasst sein, also der Inhalt des Angebots und ergänzende Angaben i.S.d. § 11 Abs. 2 WpÜG und § 2 WpÜG-AV. Wie der Versatz von § 11 Abs. 1 Satz 2 WpÜG (Die Angebotsunterlage muss die Angaben enthalten, die notwendig sind, um in Kenntnis der Sachlage über das Angebot entscheiden zu können) und § 11 Abs. 2 WpÜG zeigt, können dies aber auch weitere Angaben sein.

Unrichtig sind Angaben der Angebotsunterlage, wenn diese nicht der Realität entsprechen.

Von Unvollständigkeit ist demgegenüber auszugehen, wenn wesentliche Angaben nicht in der Angebotsunterlage enthalten sind.

Ebenso wie bei der Prospekthaftung die Billigung der BaFin hilft auch die Gestattung der Veröffentlichung der Angebotsunterlage durch die BaFin als tauglicher Einwand nicht weiter. Der jeweilige Anspruchsverpflichtete kann also nicht einwenden, dass die Angebotsunterlage gar nicht fehlerhaft (unrichtig oder unvollständig) sein kann, da die BaFin ansonsten keine ausdrückliche oder konkludente Gestattung ausgesprochen hätte. Denn die BaFin nimmt (vgl. § 15 WpÜG) ebenso wie im Prospektrecht keine inhaltliche Vollprüfung vor.

4. Haftungsbegründende Kausalität

Das Merkmal der haftungsbegründenden Kausalität ergibt sich aus § 12 WpÜG zwar nicht ausdrücklich. Jedoch ist aus dem Wortlaut der entscheidenden Passage von § 12 Abs. 1 WpÜG („Sind für die Beurteilung des Angebots wesentliche Angaben der Angebotsunterlage unrichtig oder unvollständig, so kann derjenige, der das Angebot angenommen hat …“) zu folgern, dass die konkrete, zum eingetretenen Schaden führende Annahmeentscheidung nur deswegen getroffen wurde, weil die Angebotsunterlage fehlerhaft war. Anders gewendet: Es wird unterstellt, dass das Angebot nicht angenommen worden wäre, wenn die enthaltenen Angaben vollständig und/oder korrekt gewesen wären.

5. Verschulden

Schließlich müsste der Anspruchsverpflichtete nach § 12 Abs. 2 WpÜG die Unrichtigkeit oder Unvollständigkeit der Angebotsunterlage gekannt oder grob fahrlässig nicht gekannt haben.

6. Kein sonstiger Haftungsausschluss

Auch aus sonstigen Gründen dürfte die Haftung nicht ausgeschlossen sein. Dies ist etwa nach § 12 Abs. 3 Nr. 1 WpÜG der Fall, wenn die Annahme des Angebots nicht auf Grund der Angebotsunterlage erfolgt ist (was den Kausalitätstatbestand noch weiter fasst als unter 4.). Weiterhin ist die Haftung nach § 12 Abs. 3 Nr. 2 WpÜG ausgeschlossen, wenn diejenige Person, die das Angebot angenommen hat, die Unrichtigkeit oder Unvollständigkeit der Angaben der Angebotsunterlage bei der Abgabe der Annahmeerklärung kannte. Schließlich besteht nach § 12 Abs. 3 Nr. 3 WpÜG ein Haftungsausschluss, wenn die unrichtigen oder unvollständigen Angaben vor der Annahmeentscheidung im Wege einer Ad hoc-Mitteilung oder einer ähnlichen Veröffentlichung nachgereicht wurden.

7. Keine Verjährung

Der Haftungsanspruch dürfte auch noch nicht verjährt sein. Nach § 12 Abs. 4 WpÜG verjährt der Anspruch in einem Jahr seit dem Zeitpunkt, zu dem derjenige, der das Angebot angenommen hat oder dessen Aktien dem Bieter nach § 39a WpÜG übertragen worden sind, von der Unrichtigkeit oder Unvollständigkeit der Angaben der Angebotsunterlage Kenntnis erlangt hat, spätestens jedoch in drei Jahren seit der Veröffentlichung der Angebotsunterlage.

8. Rechtsfolgen

Nach § 12 Abs. 1 WpÜG kann der Anspruchsberechtigte von den Anspruchsverpflichteten ggf. in gesamtschuldnerischer Weise den Ersatz des ihm aus der Annahme des Angebots oder Übertragung der Aktien entstandenen Schadens verlangen.

IV. Schadensersatzanspruch bei Ad hoc-Mitteilungen

In §§ 97 f. WpHG geht es um die Emittentenhaftung für fehlerhafte Ad hoc-Mitteilungen. Davon unabhängig ist die Außenhaftung der Organmitglieder des Emittenten etwa nach c.i.c. im Rahmen der bürgerlich-rechtlichen Prospekthaftung und nach Deliktsrecht.

1. Anspruchsverpflichteter

Anspruchsverpflichtet ist nach den §§ 97 Abs. 1, 98 Abs. 1 WpHG ein Emittent, der für seine Finanzinstrumente die Zulassung zum Handel an einem inländischen Handelsplatz genehmigt oder an einem inländischen regulierten Markt oder MTF beantragt hat. Damit geht es um Emittenten, die eben auch der Ad hoc-Pflicht nach Art. 17 MAR unterliegen.

2. Anspruchsberechtigter

Anspruchsberechtigt ist nach §§ 97 Abs. 1, 98 Abs. 1 WpHG jeder Dritte, der die betreffenden Finanzinstrumente nach der Unterlassung/Veröffentlichung erwirbt und bei Bekanntwerden der (Unrichtigkeit der) Insiderinformation noch Inhaber der Finanzinstrumente ist oder der die Finanzinstrumente vor dem Entstehen der Insiderinformation/der Veröffentlichung erwirbt und nach der Unterlassung/vor dem Bekanntwerden der Unrichtigkeit der Insiderinformation veräußert.

3. Unterlassene oder unwahre Ad hoc-Mitteilung

Weiterhin müsste eine Pflichtverletzung in Form einer Unterlassung der unverzüglichen Veröffentlichung einer Insiderinformation (§ 97 WpHG) oder der Veröffentlichung einer unwahren Insiderinformation (§ 98 WpHG) vorliegen. Das Merkmal der Unwahrheit bestimmt sich danach, ob die tatsächlich vorgenommene Veröffentlichung in diesem Moment der Realität entsprochen hat oder nicht. Unwahr ist eine Veröffentlichung auch im Fall ihrer Unvollständigkeit. Soweit andere Veröffentlichungen jenseits von Art. 97 WpHG (z.B. ergänzende Pressemitteilungen) unwahr waren, so ist dies allerdings nicht von § 98 WpHG erfasst.

4. Transaktion des Anlegers

Eng verwoben mit dem Tatbestandsmerkmal des Anspruchsberechtigten ist die erforderliche Transaktion des Anlegers. Ohne eine solche Transaktion könnte ein Anleger auch gar keinen Schaden haben, jener Anleger würde sich ohne Betroffenheit zu einem Popularkläger aufschwingen.

Eine entsprechende Transaktion ist jedenfalls der Kauf oder Verkauf eines entsprechenden Finanzinstruments, welche jeweils eine Anlageentscheidung des Anlegers voraussetzt.

5. Haftungsbegründende Kausalität

Ferner müsste eine haftungsbegründende Kausalität bestehen. Das bedeutet, dass die konkrete Anlageentscheidung auf der unterlassenen oder unwahren Ad hoc-Mitteilung beruhen muss. Anders ausgedrückt: Wäre die betroffene Insiderinformation ordnungsgemäß veröffentlicht worden, wäre die Anlageentscheidung womöglich anders ausgefallen. Diese „hypothetische Kausalität“ muss dabei vom Anleger dargelegt und im Bestreitensfall auch bewiesen werden, was nicht immer leicht fallen wird. Der Anleger muss also mitunter beweisen, dass er gerade im Vertrauen auf die falsche Ad hoc-Lage das Finanzinstrument gekauft oder verkauft hat. Eine mögliche Beweislastumkehr bei §§ 97 f. WpHG lehnt der BGH bis heute ab. Dieses Problem kann in schwierigen Fällen nur dadurch umgangen werden, dass der Anleger als Schadensposition nicht die Naturalrestitution verlangt, sondern lediglich den Kursdifferenzschaden. Bei Geltendmachung des Kursdifferenzschadens genügt nämlich bei der haftungsbegründenden Kausalität die Darlegung/der Beweis, dass die unterlassene oder unwahre Ad hoc-Mitteilung kausal für die Preisbildung in Bezug auf das konkrete Finanzinstrument war. Der Nachweis des Einflusses auf die Anlageentscheidung entfällt dann.

6. Verschulden

Aus den §§ 97 Abs. 2, 98 Abs. 2 WpHG wird ferner deutlich, dass der Emittent im Zusammenhang mit der unterlassenen oder unwahren Ad hoc-Mitteilung schuldhaft i.S.v. Vorsatz oder zumindest grober Fahrlässigkeit gehandelt haben muss. Dem Emittenten ist eine Entlastung von der im Gesetz angelegten Verschuldensvermutung möglich, wenn er nachweist, dass er keine Kenntnis bzw. keine grob fahrlässige Unkenntnis von derjenigen Insiderinformation hatte, welche (richtig) hätte veröffentlicht werden müssen. Zumeist wird es im Verschuldenskontext dann darum gehen, ob eine tatsächlich vorgenommene Selbstbefreiung i.S.d. Art. 17 Abs. 4 MAR in Ordnung war oder nicht.

7. Kein sonstiger Haftungsausschluss

Zudem ist nach §§ 97 Abs. 3, 98 Abs. 3 WpHG ein Haftungsausschluss möglich, wenn der Dritte die (Unrichtigkeit der) Insiderinformation beim Erwerb oder bei der Veräußerung kannte.

8. Rechtsfolge

Die Rechtsfolge ist entweder Naturalrestitution oder die Zahlung des Kursdifferenzschadens. Nachdem der Anleger regelmäßig Beweisprobleme in Bezug auf die haftungsbegründende Kausalität haben wird, wenn er Naturalrestitution begehrt, wird es typischerweise auf das Begehr der Zahlung des Kursdifferenzschadens hinauslaufen. Dieser Kursdifferenzschaden ist der Unterschiedsbetrag zwischen dem tatsächlichem Transaktionspreis bzgl. des in Rede stehenden Finanzinstruments und dem hypothetischem Preis bei pflichtgemäßem Verhalten des Emittenten zur Zeit des Geschäftsabschlusses.

Stichwortverzeichnis